◇ 现代经济与管理类系列教材

运 营 管 理

（第 3 版）

主编 丁 宁

清 华 大 学 出 版 社
北京交通大学出版社
·北京·

内 容 简 介

本书对运营管理的基本理论作了系统的介绍,具体介绍了运营管理基本概念及运营策略与竞争;按照运营系统设计一般关联的活动顺序,介绍了运营系统设计,包括产品开发与流程选择、设施选址、设施布置、流程设计与工作设计的相关理论;在运营系统运行这部分,主要介绍了运营系统运行过程中所涉及的相关理论,即需求预测、生产能力与生产计划、库存管理、供应链管理、项目管理、作业排序管理;最后,就运营系统维护与修正方面的内容,主要介绍了质量管理、硬件维修与软件维护管理、业务流程再造的相关理论。每章除设有导入案例外还在结束后附有思考题和案例分析题,以帮助读者理解书中的原理和方法。本书的最大特点不仅体现在其清晰的脉络上,而且通过大量资料收集与整理而成的大小案例随处可见,始终贯穿于本书的主线,使本书通俗易懂,且颇具启发性。

本书可作为管理学专业本科高年级学生专业教材,也可作为管理学相关专业的教材或参考书。同时也可供生产运作管理专业人员阅读参考。对于从事生产运作管理或企业管理工作的人员来说,本书也是一本了解运营管理基本理论和知识体系的实用参考书。

图书在版编目(CIP)数据

运营管理／丁宁主编. —3 版. —北京:北京交通大学出版社:清华大学出版社,2019.3
(2024.8 重印)
(现代经济与管理类系列教材)
ISBN 978-7-5121-3845-2

Ⅰ. ① 运… Ⅱ. ① 丁… Ⅲ. ① 企业管理-运营管理-高等学校-教材 Ⅳ. ① F273

中国版本图书馆 CIP 数据核字(2019)第 036257 号

运营管理
YUNYING GUANLI

策划编辑:吴嫦娥　　责任编辑:崔　明

出版发行:清华大学出版社　　邮编:100084　　电话:010-62776969　　http://www.tup.com.cn

北京交通大学出版社　　邮编:100044　　电话:010-51686414　　http://www.bjtup.com.cn

印刷者:北京虎彩文化传播有限公司

经　销:全国新华书店

开　本:185 mm×260 mm　　印张:15.5　　字数:387 千字

版　次:2024 年 8 月第 3 版第 1 次修订　　2024 年 8 月第 5 次印刷

书　号:ISBN 978-7-5121-3845-2/F·1855

定　价:39.00 元

本书如有质量问题,请向北京交通大学出版社质监组反映。对您的意见和批评,我们表示欢迎和感谢。

投诉电话:010-51686043,51686008;传真:010-62225406;E-mail:press@bjtu.edu.cn。

第3版前言

本书第 2 版于 2014 年 2 月发行后，仍然得到广大读者的认可，被许多院校选为教材使用；第 2 版又先后印刷 4 次，总计销售 10 000 册之多。本次修订除保留了原书的特色和风格外，一是对第 2 版中的案例及相关内容进行了修订，以适应时代的要求。二是增加了每章的课后习题内容，便于学生更好地理解学习的内容。三是采纳了一些高校教师提出的宝贵建议，对有些内容进行了重新整合，并增加了新的内容。

全书共分 4 篇 15 章，主要讲述运营管理基本知识、运营系统设计、运营系统运行、运营系统维护与修正。本书的特点是简明易懂、深入浅出，并强调系统性和综合性。

本书由丁宁总策划，具体编写人员及分工如下：穆志强、丁宁（第 1、2 章）、丁宁、马博（第 3、4 章）、丁宁、李春艳（第 5、6 章）、丁宁、王卓（第 7、8 章）、丁宁、杨道殿（第 9、10、11 章）、丁宁、肖志文（第 12 章）、陈玉保、丁宁（第 13、14、15 章）。初稿完成后，由丁宁统稿并担任主编。

本书的第 3 版仍然由丁宁总策划，并负责完成了全书第 3 版的审稿、定稿和绝大部分的修订工作。另外，林爽、臧迪、何琪也参加了本书第 3 版的修订工作。

在完成本书的过程中，得到了许多同人的帮助。他们为本书提出了许多建设性的意见和想法。特别是为本书案例研究直接提供帮助的同人。同时，本书的出版及再出版得到了北京交通大学出版社吴嫦娥等编辑以及该出版社的鼎力支持。在此一并表示衷心的感谢。

本书配有教学课件及习题答案，可以发邮件至 cbswce@ jg. bjtu. edu. cn 索取。

由于时间紧迫，加之水平所限，书中错误遗漏之处敬请广大读者批评指正。如果本书的再次出版能对广大读者有所裨益，我们则不胜欣慰。

编　者

2019 年 2 月于大连

前　言

当今社会生产运作管理者所作的决策及其在提高生产率方面所扮演的角色非常重要。随着竞争的加剧，高效成功的运营管理者成为急需的紧缺人才。为了适应现代市场的发展趋势和企业发展对生产运作管理的新需求，我们组织编写了这部教材。

尽管运营管理带有"现代"的特色，但是它和传统的运营管理学仍然有着不可分割的联系，其理论系统的构成是一个不断继承、完善、吸收、扬弃、创新和发展的完整过程。因此，在本书的编写过程中十分注意以下几个方面的关系：既注意运营管理知识结构体系的完整性，又注意突出运营管理内容的重点性；既注意介绍传统运营管理中目前仍在使用的基本知识，又注意集中引入现代运营管理的最新方法；既注意运营管理的共性研究，又注意结合实际的可操作性的特点。因此，使得本书的内容更加适应当前运营管理的需要。

全书共分 4 篇 15 章，主要讲述运营管理基本知识、运营系统设计、运营系统运行、运营系统维护与修正。本书的特点是简明易懂、深入浅出，并强调系统性和综合性。

全书由丁宁总策划并担任主编，具体编写人员及分工如下：穆志强，第 1、2 章；丁宁、马博，第 3、4 章；丁宁、李春艳，第 5、6 章；丁宁、王卓，第 7、8 章；丁宁、杨道殿，第 9、10、11 章；丁宁、肖志文，第 12 章；陈玉保，第 13、14、15 章。

在完成本书的过程中，得到了许多同人的帮助，特别是为本书案例研究直接提供帮助的同人。他们为本书提出了许多建设性的意见和想法。同时在本书的编写过程中也参考了一些书籍，在参考文献中已经列出，在此表示衷心的感谢！

为方便教师教学，本书配有教学课件，需求者可从北京交通大学出版社网站（http://press.bjtu.edu.cn）下载，也可发邮件至 cbswce@jg.bjtu.edu.cn 索取。

由于时间紧迫，加之水平所限，书中错误遗漏之处敬请广大读者批评指正。如果本书的出版能对广大读者有所裨益，我们将不胜欣慰。

编　者

2009 年 1 月于大连

目　录

第 1 篇　运营管理绪论

第 2 篇　运营系统设计

第3篇　运营系统运行

运营管理绪论

1

❖ 基本概念
❖ 运营策略与竞争

第1章

基本概念

【学习目标】

1. 了解什么是运营管理；
2. 理解运营系统的类型；
3. 认识运营管理的发展历程。

【导入案例】 宜家家居

不管你是否喜欢，宜家家居都是家居零售业中最为成功的典范。它在 36 个国家拥有 276 家家居商场，并自创了一种独特的家居产品销售方法。其商场布局的特点意味着顾客在宜家商场中要逗留两个小时，远高于在竞争对手那里逗留的时间。宜家的商业理念可以追溯到 20 世纪 50 年代，英格瓦·坎普拉德（Ingvar Kamprad）在瑞典创业之初，选择了在土地廉价的斯德哥尔摩郊区建立了一个家具展厅，并按照家居布置方式将供应商的家具进行简单的陈列。随着销售量的不断提升，宜家开始从当地供应商那里订购自己设计的产品。这种运营创举大大降低了生产和运输成本。并且，其"展厅—仓库"概念还要求顾客自己到仓库挑选喜欢的家具（减少了零售成本）。这两种运营原则至今仍是宜家零售运营方式的基础。

宜家商场的设计非常利于客户从停车、店内浏览，一直到购买、拣选整个过程的流动顺畅。每家商场的入口处都设有大型的广告标志牌。为了方便那些带小孩的顾客，商场内设有一个专人看管的儿童游乐区、一个小型电影院、一个母婴室。以便父母们可以放心地将孩子放在游乐区内，然后放心去购物。

支撑这些大型商场的是宜家遍布全球的供应网络，共有 1 300 家直接供应商和大约 1 万家间接供应商、批发商和运输企业，26 个配送中心。这些辅助网络对宜家至关重要。

资料来源：梅雷迪斯，谢弗. MBA 运营管理. 5 版. 唐奇，译. 北京：中国人民大学出版社，2015.

1.1　运营管理的定义

运营管理（operations management）是指对生产过程和生产系统的管理，它包括对生产过程和生产系统的设计、组织、运行、评价和改进等。

生产是以一定生产关系联系起来的人们利用劳动资料，改变劳动对象，以适合人们需要的过程，也是社会组织将它的输入转化为输出的过程。产出可分为有形产品和无形产品两大类，人们习惯把提供有形产品的活动称为制造型生产，而将提供无形产品即服务的活动称为服务型生产。过去，有的学者把有形产品的生产称作"production"（生产），而将提供服务的生产称作"operations"（运营），而近几年来更为明显的趋势是把提供有形产品的生产和提供服务的生产统称为"operations"（运营）。简单地讲，企业的生产过程就是将输入转化为输出的过程，如图 1-1 所示。

图 1-1 输入转化为输出的过程

生产过程是指从原材料到成品之间各个相互联系的活动所组成的全过程。生产过程由基本工艺过程、辅助工艺过程和非工艺过程等几部分组成。基本工艺过程是改变劳动对象的几何形状、尺寸精度、物理化学性能和组合关系的加工制造过程，如汽车整车生产的基本工艺过程是冲压、焊接、喷涂和总装。辅助工艺过程是为保证基本工艺过程顺利实现而进行的一系列辅助工作，如工件装卡、设备调试、理化检验、计量工作等。非工艺过程是指生产过程中的运输过程、库存保管过程和停歇过程等。生产系统是为了实现输入转化为输出，而由生产设施设备组成的整体，是生产过程得以实现的基础，生产系统通常是指厂房、设备、工具、工艺装备等。运营管理决策范围可以分为 3 个层次。

（1）运营战略决策：包括产品与品种选择、竞争策略与重点选择、生产的组织方式设计与选择等。

（2）生产过程与生产系统管理决策：包括设施选址、生产能力规划、产品设计、工艺路线确定、设施布置、工作分析等。

（3）生产运行决策：包括生产计划与调度、现场管理、采购与供应管理、库存管理、质量管理、设备管理、环境与安全管理等。

运营管理的目标是高效、低耗、灵活、准时、安全、低成本地生产合格产品和（或）提供客户满意的服务。运营管理的任务是通过合理组织生产过程、有效利用生产资源，以期实现以下目标。

（1）为实现企业的战略目标，全面完成生产计划所规定的任务，包括完成产品的品种、质量、产量、成本和交货期等各项要求。

（2）不断降低物耗，降低生产成本，缩短生产周期，减少在制品和库存，压缩占用的生产资金，提高企业的经济效益。

（3）提高运营系统的柔性，更好地适应不断变化的市场需求。

小资料

服装生产过程和生产设备

裁剪：将衣料分割成各种形态衣片的工艺。有批量裁剪（又称工业裁剪）和单件裁剪之分。

批量裁剪：按照服装号型系列制作样板进行多叠层的裁剪。

单件裁剪：对合体要求较高或特殊体型的定制服装、样品等进行裁剪。根据穿着对象的体型或样品测取各种裁剪数据。上衣主要测量部位有衣长、胸围、肩宽、袖长、领围。紧身式女装还需增测腰围、臀围、乳高、乳距、前后腰节长度等。裤的主要测量部位有裤长、腰围、臀围、上裆长。

缝纫：把衣片缝合成服装的工艺。可分为手缝工艺、机缝工艺、特殊工艺等。

手缝工艺：采用手针进行缝制的工艺。手缝工艺的很多针法及其作用是机缝工艺所不能替代的。手缝具有线迹精细、平整，针法丰富等特点，被誉为高档工艺。

手缝工艺的主要工具是手缝针和顶针箍。丝绸等纤维较细的织物宜用7～9号针，锁眼钉纽宜用4～5号针，一般毛料则用粗细适中的6～8号针。

机缝工艺：采用缝纫机进行缝制的工艺。具有针迹整齐、工作效率高等优点。

装饰工艺：起装饰点缀作用的服装加工工艺。装饰工艺有传统装饰、花式装饰、特艺装饰3种。

传统装饰：主要指传统的镶、嵌、滚（也称绲）、荡、盘。

花式装饰：主要指在服装上增设荷叶边、穗坠、包纽、绒球、穿绳等附件，或进行绲线、绲花、抽褶、打裥等。

特艺装饰：在服装上运用特殊技艺显示装饰效果。绣花、手绘、蜡染、扎染等是常用的特艺装饰手法。

熨烫：对服装部件或成衣作热处理的工艺。熨烫的作用有：① 平整，消除织物褶皱；② 整纬，矫正织物染整工艺中形成的纬向丝缕歪斜，使织物复原，以利裁剪、缝制；③ 预伸缩，防止衣片在缝制中因受热而产生伸缩现象；④ 变形，利用织物可塑性，将织物局部变形，促使衣片形态由直变弧或由弧变直，以便加工出合体的成衣；⑤ 整形，对成衣外形进行修改整理，弥补工艺操作中的不足，使外观平挺、帖服、不外翘。

1.2　运营系统类型

1.2.1　生产运营系统

1. 按生产的连续程度划分

按生产的连续程度划分，可分为连续型生产和离散型生产。

连续型生产是指物料均匀、连续地按一定工艺顺序移动，在运动中不断改变形态和性能，最后形成产品的生产。连续型生产又称流程式生产，如炼油、玻璃制造、织布等。离散型生产是指物料离散地按一定工艺顺序移动，在运动中不断改变形态和性能，最后形成产品的生产，如齿轮加工、汽车制造、服装加工等。像汽车制造这类由多种零件组装成一种产品的离散型生产也叫加工装配式生产。

流程式生产与加工装配式生产具有不同的特点，其管理特点也有所不同。流程式生产的生产设施、地理位置往往相对集中；生产过程自动化程度高，只要设备运转正常、工艺参数得到控制，就能生产合格产品；生产过程中的协作与协调任务也比较少；但由于高温、高压、易燃、易爆等特点，对生产系统的可靠性和安全性的要求很高。加工装配式生产的产品是由离散的零部件装配而成的，组成产品的零部件可以在不同地区、不同国家制造，因此生产设施地理位置往往很分散；由于零件种类繁多、加工工艺多样化，所以跨车间、跨企业的协作关系复杂，生产中的计划、组织、协调的任务相当繁重，提高了生产管理的复杂性。表 1-1 对流程式生产和加工装配式生产作了比较。

表 1-1　流程式生产与加工装配式生产的比较

特　征	流程式生产	加工装配式生产
产品品种数	较少	较多
产品差别	有较多标准产品	有较多用户需求的产品
营销特点	依靠产品价格与可获性	依靠产品特点
资本/劳动力/材料密集	资本密集	劳动力、材料密集
自动化程度	较高	较低
设备布置的性质	流水生产	批量或流水生产
设备布置的柔性	较低	较高
生产能力	可明确规定	模糊的
扩充能力的周期	较长	较短
对设备可靠性要求	高	较低
维修的性质	停产检修	多数为局部修理
原材料品种数	较少	较多
能源消耗	较高	较低
在制品库存	较低	较高
副产品	较多	较少

2. 按生产计划的来源划分

按生产计划的来源划分，制造型生产可分为备货型生产（make-to-stock，MTS）与订货型生产（make-to-order，MTO）两种。

备货型生产是指在没有接到用户订单时，运用市场预测的方法安排生产，以补充成品库存，以库存满足用户订货的需要。例如，轴承、紧固件、小型电动机等产品的生产往往采用备货型生产，这是因为这些产品的通用性强、标准化程度高，有广泛的用户。

订货型生产是指按照用户的特定要求进行生产。用户提出产品性能、质量数量、价格和交货期的要求，经过谈判签订合同，企业然后组织设计和生产。例如，船舶、锅炉、大型电机等这些专用性强、非标准的产品往往是订货型生产。

一般来说，备货型生产的标准化程度高、生产效率高，但对客户的个性化要求满足程度低；订货型生产的标准化程度低、生产效率低，但是对客户的个性化要求满足程度高。为了兼顾顾客的个性化要求和生产过程的效率，可以将备货型生产和订货型生产组合成各种不同的生产方式，这种组合的关键是确定备货型生产与订货型生产的分离点（customer order decoupling point，CODP）。在 CODP 的上游是备货型生产，由预测和计划驱动；在 CODP 的下游是订货型生产，由客户订单驱动。可以将 CODP 安排在加工装配式生产的产品设计、原材料采购、零部件加工和产品装配等几个典型生产阶段之间的某个位置上，这样就构成了不同的组织生产方式，如图 1-2 所示。

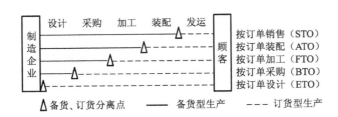

图 1-2   备货型生产和订货型生产的结合

3. 按照物流的特征划分

按照物流的特征划分，可分为 V 型、A 型和 T 型生产。制造企业可以分成 V 型、A 型和 T 型企业或它们的混合型，如图 1-3 所示。V 型企业原材料种类很少，经过基本相同的加工过程转换成种类繁多的最终产品。例如，轧钢厂由少数几种原材料加工成各种各样的钢板、型材和管材，炼油厂用原油提炼成不同标号的汽油、柴油和润滑油。A 型企业由许多原材料和零部件转换成少数几种产品，例如，飞机、汽车和机床的制造。T 型企业的最终产品是用相似零部件以不同方式组装成不同产品，例如，家用电器的生产。

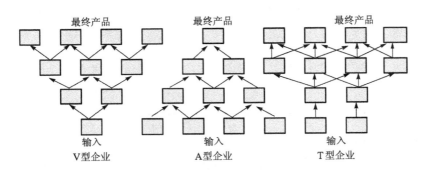

图 1-3   V 型、A 型和 T 型企业

V 型企业一般是资本密集型的，机械化和自动化程度很高，专用性强，专业化程度高，生产系统缺乏柔性，降低成本是关注的焦点。A 型企业通用性强，生产系统有柔性，加工过程复杂多样，生产管理十分复杂。T 型企业一般分加工和装配两部分，加工路线和装配时间都比较短，库存高，交货状况参差不齐。

4. 按产品品种和生产数量划分

按产品品种和生产数量划分，可分为大量生产、成批生产与单件生产。

在通常情况下，企业生产的产品产量越大，产品的品种则越少，生产专业化程度也越高，而生产的稳定性和重复性也就越大。反之，企业生产的产品产量越小，产品的品种则越多，生产专业化程度越低，而生产稳定性和重复性亦越小。可见，决定生产类型的产品产量、产品品种和专业化程度有着内在的联系，并由此对企业技术、组织和经济产生不同的影响和要求。

大量生产：生产品种单一，产量大，生产重复程度高。例如，美国福特汽车公司曾经长达 19 年始终生产 T 型车一个车种，就是大量生产的典型例子。

单件生产：生产品种繁多，每个品种仅生产一台，生产的重复程度低。汽车公司冲模厂的模具生产是典型的单件生产。

成批生产：介于大量生产和单件生产之间，即品种不单一，每种都有一定的批量，生产有一定的重复性。大部分生产类型都是成批生产。由于批量的大小不同，通常又分为"大批生产""中批生产""小批生产"三种。

由于大批生产与大量生产的特点相近，习惯上统称"大量大批生产"。同样，小批生产与单件生产的特点相近，统称为"单件小批生产"。现在企业流行的说法是"大量大批生产""单件小批生产""多品种中小批量生产"。

在一般情况下，大批大量生产具有生产稳定、效率高、成本低、管理工作简单等优点，但也存在着投资大（专用工具和专用机械设备的配备）、适应性差和灵活性差等缺点，这样会给产品更新换代带来巨大损失。单件小批生产，由于作业现场不断变换品种，作业准备改变频繁，造成生产能力利用率低（人和机器设备的闲置等待），所以具有生产稳定性差、效率低、成本高、管理工作复杂等缺点，因此，必须尽力做好作业准备、作业分配、作业进度计划和进度调整等工作。

1.2.2 服务运营系统

服务运营系统可以根据系统所提供的服务内容、与顾客的接触程度、服务对象与服务行为及资源的密集度等来划分，见表1-2。

表1-2 服务运营系统类型

划分依据	运营类型
服务内容	1. 与产品移动有关的服务：批发零售，运输，储藏 2. 与人的移动有关的服务：观光住宿，交通 3. 与货币移动有关的服务：银行，证券，保险 4. 与情报移动有关的服务：出版，通信，广播，IT 5. 与公共设施有关的服务：电力，煤气，自来水 6. 与娱乐设施有关的服务：电影院，保龄球，游泳场，滑雪场 7. 与专业技术有关的服务：洗衣店，咨询公司，会计事务所，律师事务所
与顾客的接触程度	1. 高度接触：律师事务所，理发店，按摩 2. 低接触：自动售货机，电影院
服务对象与服务行为	1. 有形的对人服务：理疗，美容，游泳场，食堂 2. 无形的对人服务：教育，广播，看戏，情报 3. 有形的对物服务：洗衣店，货运，维修电视 4. 无形的对物服务：金融，保险，法律事务所，会计事务所
资源的密集度	1. 大量资本密集服务：航空公司，大酒店，游乐场 2. 专业资本密集服务：医院，车辆修理 3. 大量劳动密集服务：中、小学校，批发，零售 4. 专业劳动密集服务：律师事务所，专利事务所，会计事务所

1.3　运营管理理论的发展

生产与运作管理的发展分为 4 个阶段：19 世纪末以前的早期管理思想阶段；19 世纪末到 20 世纪 30 年代，以泰勒科学管理和法约尔一般管理思想为代表的古典管理思想阶段；20 世纪 30 年代到 40 年代中期以梅奥的人际关系理论和巴纳德的组织理论为代表的中期管理思想阶段；20 世纪 40 年代中期以后以一系列管理学派（管理科学学派、行为科学学派、系统管理学学派等）为代表的现代管理思想阶段。其中一个重大的发展就是引用了线性规划，因为计算机的发展使大规模线性规划问题的解决成为可能。计算机技术推动了生产与运作管理的发展，如生产方式的变更、自动化的实现。运营管理的发展历史见表 1-3。

表 1-3　运营管理的发展历史

年代	概　念	工　具	创　始　人
20 世纪初	科学管理原理	时间研究与工作研究概念的形成	弗雷德里克·W. 泰勒（美国）
	工业心理学	动机研究	弗兰克和吉尔布雷斯（美国）
		活动规划表	亨利·福特 亨利·甘特（美国）
	经济批量规模	EOQ 应用于存货控制	F. W. 哈里斯（美国）
20 世纪 30 年代	质量控制	抽样检查和统计表	休哈特·道奇 罗米格（美国）
	工人动机的霍桑实验	工作活动的抽样分析	梅奥（美国） 提普特（英国）
20 世纪 40 年代	复杂系统的多约束方法	线性规划的单纯形法	运筹学研究小组 丹奇克
20 世纪 50—60 年代	运筹学的进一步发展	仿真、排队论、决策理论、数学规划、PERT 和 CPM 项目计划工具	美国和西欧许多研究人员
20 世纪 70 年代	商业中计算机的广泛应用	车间计划、库存控制、项目管理、MRP	计算机制造商领导的，尤其是 IBM 公司，约瑟夫·奥里奇和奥利弗·怀特是主要的 MRP 革新者
20 世纪 80 年代	服务质量和生产率、制造战略（JIT、TQC）和工厂自动化	服务部门的大量生产作为矩阵武器；制造业的看板管理、CIMS（CAD/CAM）和机器人等	麦当劳餐厅 哈佛商学院教师 丰田的大野耐一（日本）、戴明和朱兰以及美国工程师组织
	同步制造	瓶颈分析和约束优化理论	格劳亚特（以色列）

续表

年代	概　念	工　具	创　始　人
20 世纪 90 年代	全面质量管理	ISO 9000、价值工程、并行工程和持续改进	国际标准和技术学会、美国质量控制协会（ASQC）和国际标准化组织
	业务流程再造（BPR）	基本变化图	哈默和主要咨询公司（美国）
	电子企业	因特网、万维网	美国政府、网景通信公司和微软公司
	供应链管理	SAP/r3、客户/服务器软件	SAP（德国）和 Oracle（美国）
21 世纪初	电子商务	因特网、万维网	亚马逊网、美国在线、雅虎等

1.4　运营管理的新趋向

　　现代生产与运作管理的概念及内容与传统生产与运作管理已有很大不同。随着现代企业经营规模的不断扩大，产品的生产过程和各种服务的提供过程日趋复杂。随着市场环境的不断变化，生产与运作管理学本身也在发生变化，特别是信息技术突飞猛进的发展和普及，更为生产与运作管理增添了新的有力手段，也使生产与运作管理学的研究进入了一个新阶段，使其内容更加丰富，体系更加完整。企业环境变化促进了生产与运作管理的发展，为其注入了新的内容，从而形成现代生产与运作管理的一些新的特征。

1.4.1　范围更宽

　　现代生产与运作管理的范围比传统的生产与运作管理更宽。传统的生产管理着眼于生产系统内部，主要关注生产过程的计划、组织和控制等。因此，也称之为制造管理。随着社会经济的发展和管理科学的发展，以及整个国民经济中第三产业所占的比重越来越大，生产与运作管理的范围已突破了传统的制造业的生产过程和生产系统控制，扩大到了非制造业的运作过程和运作系统的设计上，从而形成对整个企业系统的管理。

小资料

宝洁的 CPFR

　　宝洁生产上的弹性管理，源于长期以来积累了完善的供应链管理体系。完善的供应链管理必然要求后端厂家生产富于弹性，而弹性生产管理则要求前端销售商及时反馈信息，两者结成"生死同盟"。

　　1988 年，宝洁和 Wal-Mart 的合作，促成这种现代供应链管理模式的成熟。合作不但改变了两家企业的运营模式，而且合作的 4 个理念，也演变成供应链管理的标准。这 4 个理念可以用 4 个字母代表，C（collaboration，合作）、P（planning，规划）、F（forcasting，预测）和 R（replenishment，补充）。

宝洁公司的供应链管理基本模型是，从零售商和市场上获取销售数据，运用这些信息，通过合理预测制订其生产计划和安排配送计划以便补货。这样一来，零售商只保留很少的一部分库存，却可保证较少的缺货，宝洁由于对需求的可预知性而得以更经济地进行生产和物流运作。

1.4.2　运作管理与经营管理联系更紧密

生产与运作管理与经营管理联系更加紧密，并相互渗透。市场经济的发展，企业的生存与发展需要搞好企业经营管理，特别是制定正确的经营决策是关键，而经营决策的实现是加强企业的生产与运作管理。这是由于产品质量、品种、成本、交货期等生产与运作管理的指标结果直接影响到产品的市场竞争力。此外，为了更好地适应市场需求，生产战略已成为企业经营战略的重要组成部分，同时生产系统的柔性化要求经营决策的产品研究与开发、设计与调整与之同步进行，以便使生产系统运行的前提能够得到保障。由此可见，在现代生产与运作管理中，生产活动和经营活动、生产与运作管理和经营管理之间联系越来越密切，并相互渗透，朝着一体化方向发展。

1.4.3　运作主流发生改变

多品种、小批量生产以及个性化服务将成为生产与运作方式的主流。市场需求的多样化，大批量生产方式正逐渐丧失其优势，而多品种、小批量生产方式将越来越成为生产的主流。生产方式的这种转变，使生产与运作管理面临着多品种、小批量生产与降低成本之间相悖的新挑战，从而给生产与运作管理带来了从管理组织结构到管理方法上的一系列变化。

1.4.4　计算机技术在生产与运作管理中得到广泛运用

近年来，计算机技术已经给企业的生产经营活动，以及包括生产与运作管理在内的企业管理带来了惊人的变化，同时也给企业带来了巨大的效益。如 CAD、CAPP、CAM、MRP Ⅱ、GT、FMS 和 CIMS 等，这些技术的潜在效力，是传统的生产管理无法比拟的。

总而言之，在技术进步日新月异、市场需求日趋多变的今天，企业的生产经营环境发生了很大的变化，相应地给企业的生产与运作管理也带来了许多新课题。这就要求从管理观念、组织结构、系统设计、方法手段和人员管理等多方面进行探讨和研究。

本 章 习 题

一、判断题

1. 运营管理就是对由输入到输出间的转换过程的设计、运行和改进过程的管理。（　　）

2. 竞争策略与重点选择是运营战略决策的唯一内容。（　　）

3. 运营管理决策范围可以分为 3 个层次：运营战略决策、生产过程与生产系统管理决策、生产运行决策。（　　）

4. 运营管理的目标是高效、低耗、灵活、准时、安全、低成本地生产合格产品和（或）

提供客户满意的服务。(　　　)

5. 流程式生产与加工装配式生产具有相同的特点。(　　　)

二、选择题

1. 运营系统按照生产的连续程度划分可分为(　　　)。

A. 连续型生产　　　B. 离散型生产　　　C. 备货型生产　　　D. 订货型生产

2. 单件生产方式的特点是(　　　)。

A. 生产效率较高　　B. 生产周期较短　　C. 生产效率较低　　D. 生产周期较长

3. V 型企业的特点是(　　　)。

A. 机械化和自动化程度很高　　　　　　B. 专业化程度高

C. 企业通用性强　　　　　　　　　　　D. 库存高

4. 运营管理的新趋向包括(　　　)。

A. 范围更宽

B. 运作管理与经营管理联系更紧密

C. 运作主流发生改变

D. 计算机技术在生产与运作管理中得到广泛运用

思考题

1. 各类运营系统的优缺点是什么？

2. 生产运营系统与服务运营系统的差异有哪些？

3. 运营管理有哪些新趋向？

4. 考察身边的企业，分析它们属于哪类运营系统。

案例分析

共享单车运营管理

2014 年北京大学学生群体自发成立了"OFO"共享单车公司，效仿国外共享单车公司运营模式。2016 年 4 月以后，随着"摩拜"共享单车公司宣布上市，小鸣、小蓝等许多共享单车公司也陆续成立，凭借共享单车的创新性和运营模式优势，吸引了民众使用，在一定程度上缓解了城市交通拥堵状况，更是为城市公共自行车服务"定点归还"所带来的不便提供了解决方案。同时，政府、企业大力支持，作为一个半公益、半盈利项目，有利于孵化共享单车行业。加之互联网科技发展与第三方支付技术的普及应用，全民进入信息化社会，各种网络平台的搭建为 App"扫码借车"奠定基础，4G 网络全覆盖、物联网的发展，为共享单车行业提供了更加完善的运营环境。

但是，共享单车在运营方面存在很多问题，一是运营公司开发的 App 不完善，时常会出现未租车成功但是计费，GPS 定位不准等问题，甚至能让不法分子利用其漏洞"免费"租车。二是由于单车借还采取"无桩"模式，也没有划定停放区域，其停放较散乱，更无人对这些车辆情况进行进一步的跟进，运营公司也没有对这一现象提出系统的解决办法。三是现在备受民众关注的押金退还周期长问题。例如，2017 年 9 月酷骑单车官方承认无法退还押金，在此之后其公司总部聚集很多为退还押金而来的用户，虽有不少退还成功的案例，但在一段时间后，酷骑单车发布公告宣布线下退款点暂停，退款自然也就不了了之。更有单车公司在运转困难后直接关闭运营平台，导致消费者无从退款，巨额押金的去向引人深思。

在企业竞争方面，自第一家共享单车公司出现并盈利后，接下来就出现了无数相似的企业相继上市，争夺市场资源。在一段时间的发展后，有限的市场资源不足以供给数量庞大的公司需求，各公司之间的竞争愈演愈烈，各共享单车公司上演"圈地战争"，为争夺市场资源，以"闪现"形式进行单车布点，甚至前年 ofo 在沈阳的共享单车布点行为都被叫停。作为一个新兴行业，抢占市场资源确实重要，为让企业走在行业前列，这是必然之举，但因此导致的企业恶性竞争却会对市场秩序造成一定的不良影响。

资料来源：http：//www. sohu. com/a/222497558_475918。

【问题】

1. 共享单车的运营属于哪类系统？

2. 目前共享单车的运营问题应如何解决？

第2章
运营策略与竞争

【学习目标】

1. 了解企业运营策略；
2. 理解运营系统的竞争重点；
3. 理解生产率及其测定。

【导入案例】 抖音运营策略

抖音是今日头条旗下孵化的一款短视频产品，定位为专注于年轻人的音乐短视频社区，于2016年5月上线。抖音短视频软件内置自己的音乐库，用户可以随意选择音乐作BGM，制作15秒个人MV。支持自选音乐，快拍、慢拍、滤镜、贴纸、特效，并可以将视频分享到微信好友、朋友圈、微博、QQ空间等社交平台。根据数据显示，截至10月23日，安卓市场抖音的累计下载量达1.52亿次，近一年的下载量于4月开始上升，并于7月左右开始呈现爆发式增长。

除了产品本身的功能吸引人之外，抖音的成功与其运营策略密不可分。笔者通过对抖音的运营推广方式进行梳理，总结了抖音自启动至目前为止所用到的推广手段，包括种子用户的冷启动运营、明星战术、热门综艺加持、联合推广、社交病毒传播、App内部运营（线上+线下活动、话题运营）等多种方式。

种子用户的冷启动运营：早期并没有着重引入明星，而是引入一些兴趣达人和高校学生引导社区氛围和产品调性，并给予重点扶持和关注，继续按照今日头条系的产品对用户产生的内容进行人工智能的算法和推荐。

明星战术：在抖音得到越来越多的关注后，不断有明星加入到炫酷的音乐短视频拍摄队伍中。如赵丽颖、鹿晗、大张伟、李小璐、钟丽缇等，明星也会给素人的作品点赞。明星加盟扩大了抖音的影响力和用户规模。接着，抖音开始成为明星宣传的渠道，如新歌发布、电影宣传，激发了粉丝效应。

热门综艺加持：抖音上一版本的名称叫：抖音短视频-中国有嘻哈官方推荐。节目中许多知名的rapper纷纷入驻抖音，实现了观众与用户流量的衔接，并在App中发起"嘻哈挑战赛""中国有嘻哈之尴尬rap"等创意话题分享嘻哈的热度红利。

联合推广：4月末，抖音和网易云音乐有过互换资源的合作，引导云音乐的用户下载抖音，点击抖音活动页的歌曲，也可以跳转到云音乐页面听歌，这是一次双向推广的运营活动，基于网易云音乐巨大的用户量和黏性，抖音的知名度有所上升。

社交病毒传播：在朋友圈刷屏的视频类H5作品《世界名画抖抖抖抖抖起来了》可以说是抖音的一个引爆点，上线几个小时已百万PV，项目负责人在抖音上的账号粉丝量一天之内由0上涨到30万。可以说，这次社交媒体上的病毒传播为新用户的增加做了非常重要的贡献。

App内部运营：包括话题挑战、新手用户教程、产品体验师招募、线下活动，经过最初的"抖在成都""iDou 之夜"等线下活动，抖音已摸索出一条"线上社交，线下交友"的音乐社交模式。

资料来源：https：//weibo.com。

2.1　现代企业所处的环境

按照生产力决定生产关系的观点，生产力的发展是决定生产关系变化和经济社会发展的根本原因。信息技术、自动化技术、新材料技术、生物技术等高新科技的发展，为新型生产方式和全球经济关系的变化提供了雄厚的物质基础，经济全球化是其中最主要的特征。科学技术的迅猛发展以及随之而来的经济全球化，引起了世界经济环境的巨大变革，使生产运营管理面临着严峻的挑战。从企业的外部环境来看，企业赖以生存的市场发生了重大变化，无论是市场需求还是市场供应，市场主体及其关系都发生了重大变化；社会对环保和可持续发展的呼声也越来越高；从企业的内部环境来看，如何提升企业的核心竞争力以应对不确定的环境，已经成为企业日益关注的主题。

2.1.1　科学技术的迅猛发展

信息技术、自动化技术、新材料技术、生物技术等高新科技的飞速发展，加快了产品更新换代的步伐。新产品的推出速度越来越快，从市场分析开始，经过提出构思、产品设计、试制、正式生产到推向市场，这一基本周期的完成时间一再缩短，发达国家已降至 3 年或者更短时间，致使产品和服务的生命周期越来越短，软件产品的生命周期降到了 6 个月，半导体产品的生命周期不到 2 年。

不仅如此，高新技术还广泛应用于生产设计、生产、销售和服务的全过程，不但产品更容易赢得市场，借助于信息技术构建的企业资源计划管理系统，大大提高了企业的整体竞争力，使得任何企业如果不引进信息技术和其他高新技术，就会无法在市场竞争中立足。

2.1.2　市场需求多样化和个性化

科学技术的高速发展和经济的繁荣，提供了空前丰富的物质财富。经过 200 多年的工业化，标准产品已经是供过于求，挑剔的消费者要求个性化的产品和服务，这推动着产品和服务的多样化。多样化的产品只能通过单件小批方式生产出来，效率低、成本高、质量难以保证。如何在保证顾客满意的前提下提高生产和服务的效率，给生产运营管理带来了新的挑战。

2.1.3　竞争的全球化和全面化

经济全球化是经济发展的需要，但是也使得企业面对高度不确定的全球市场，面对多种文化背景的挑战，以至于任何优势都只能是暂时的。提供品种丰富的多样化产品并不等于个性化的产品，全球市场要求满足不同国家、不同民族、不同个人的特殊需要，这才是个性化。这就给企业提出了更高的要求。企业要想生存，就必须加入全球市场，在质量、价格、交货期、服务、反应速度等方面参与全方位的竞争。

2.1.4　战略联盟——竞争与合作并存

在当今不确定的环境下，任何企业都不可能在所有方面占据优势，只能在某一方面拥有一定时间的优势。为了赢得竞争，必须摒弃过去那种从研发设计到制造销售、从原材料半成品到成品发货，都由自己承担的"纵向一体化"模式，转而选择在某些方面具有优势的企业进行横向合作的模式，也就是战略联盟。战略联盟基于互补的技术和相似的文化选择战略合作伙伴，筛选公司业务给合作伙伴，共享新产品、行业发展和市场信息。伙伴之间的边界模糊，彼此很难分离。于是，在设计工艺、材料供应、毛坯制造、零部件加工、产品装配、包装运输等各个环节具有优势的企业进行合作，就构成了一条从供应商、制造商、分销商到最终用户的物流和信息流网络，即供应链。链上的每个节点企业都专注发展自己的核心能力，从而使供应链获得了更强的整体竞争力。

2.1.5　对资源和环保的要求

在物质生活越来越丰富的今天，人类却面临着生存环境日益恶化的问题。地球已经被严重污染，森林、草原遭到破坏，全球变暖，水土流失，"沙尘暴"袭击，大气臭氧层的空洞使人类面临太阳紫外线的直接照射，大量的工业垃圾排入大气和江河湖海……环境保护问题从来没有像今天这样严峻地摆在人类面前。掠夺性开采和浪费，使资源紧缺，制约了企业的发展，人类也许将面临资源耗尽的危险。人们注意到：工厂不仅生产对人类有用的产品，还产生对人类有害的废水、废气和垃圾。企业不仅提供产品和服务，还要对产生的"三废"负责。于是提出了"绿色生产"的概念。构造一条"生态供应链"，使任何一个企业的产出物都成为其他企业或居民的可用资源。

2.1.6　资源集成，提高应变能力

族群多样化是提高生存能力的主要因素，不同资源集成的系统才能具备应变能力。生产单一产品的企业、单纯文化的组织、单一传统的民族，难以适应变化的环境，是要被淘汰的。

信息集成，将各种信息统一考虑，使一个数据只有一个来源，做到数据共享、没有冗余。

功能集成，将多种功能集中在一种工具或机器上。加工中心和柔性制造系统就是将多种机床的功能集中在一种机器上的典型例子。

业务流程重组（BPR），就是将不同活动按照过程集中到一起，是过程的集成，提高了对顾客服务的效率。

供应链，将有供需关系的不同企业组织到一起，以此提高应变能力。

敏捷制造，将不同企业的资源集中到一起，以响应市场需求的变化，也是企业的集成。

人的集成，就是将具有不同文化背景、不同知识、不同专长的人集中到一起，可以满足不同项目对各种知识、能力的需要。

上述各种集成可以概括为资源集成。资源集成可以在企业内实现，也可以在企业间实现，可以在一个国家甚至在全球范围内集成。资源集成的范围越大，对资源的利用就越充

分。其中信息集成是资源集成的基础，而计算机网络是实现信息集成的工具，人的集成是资源集成的保证。

▶ 小资料 ◀

　　20世纪80年代，联邦德国和日本生产的高质量的产品大量推向美国市场，迫使美国的制造策略由注重成本转向产品质量。进入90年代，产品更新换代加快，市场竞争加剧。仅仅依靠降低成本、提高产品质量难以赢得市场竞争，还必须缩短产品开发周期。当时美国汽车更新换代的速度已经比日本慢了一半多，速度成为美国制造商关注的重心。

　　同时，20世纪70年代到80年代，被列为"夕阳产业"不再予以重视的美国制造业一度成为美国经济严重衰退的重要因素之一。在这种形势下，通过分析研究得出了一个"一个国家要生活得好，必须生产得好"的基本结论。

　　为重新夺回美国制造业的世界领先地位，美国政府把制造业发展战略目标瞄向21世纪。美国通用汽车公司（GM）和里海（Leigh）大学的雅柯卡（Iacocca）研究所在国防部的资助下，组织了百余家公司，耗资50万美元，花费1 000人次，分析研究400多篇优秀报告后，提出《21世纪制造企业战略》的报告。于1988年在这份报告中首次提出敏捷制造的新概念。1990年向社会半公开以后，立即受到世界各国的重视。1992年美国政府将敏捷制造这种全新的制造模式作为21世纪制造企业的战略。

　　敏捷制造企业具有以下特点：① 高度柔性；② 先进的技术系统；③ 高素质人员；④ 用户的参与。

2.2 运 营 策 略

2.2.1 运营策略结构

　　运营策略在整个企业战略中处于职能战略层，在企业的经营活动中处于承上启下的地位，承上是指运营策略是对企业总体战略的具体化，启下是指运营策略作为运营系统的总体战略，推动系统贯彻执行的具体实施计划。因此，运营策略不是一个孤立的单元，而是整个企业系统的有机组成部分，因此可以通过整个运营策略框架来对运营策略进行横向、纵向的系统分析。横向体现运营策略与企业其他部门的联系，纵向体现运营策略与顾客的联系，从产品设计、物料采购、加工制造直到市场销售。运营策略框架如图2-1所示。

　　图2-1体现了运营策略将企业资源与市场需求有机联系，通过对框架图的分析，就可以明确这种联系是如何建立的。首先，确定顾客对新产品和现有产品的需求状况，包括产品的质量、性能、价格和交货期等，并确定它们的优先级别。然后，要明确企业生产运作的重点，并与顾客需求的优先级别相一致。最后，生产部门动用所有的能力，努力实现生产以满足顾客需求，赢得订单。所以，运营策略框架图直观地体现了从发现顾客需求到满足顾客需求的生产运作流程。

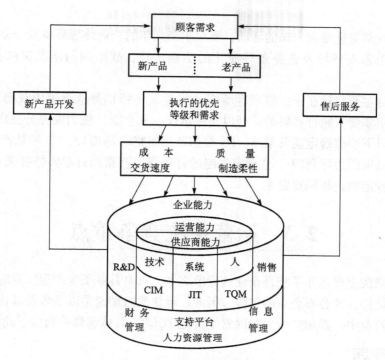

图 2-1 运营策略框架

2.2.2 运营策略特征

由于运营策略在整个企业战略体系中所处的地位，决定了它在企业经营中的特殊位置，形成了自身的一些基本特征。

1. 从属性

运营策略虽然属于战略范畴，但它是从属于企业战略的，是企业战略的一个重要组成部分，必须服从企业战略的总体要求，更多是从生产运作的角度来保证企业总体战略目标的实现。

2. 支撑性

运营策略作为企业重要的职能战略之一，从生产运作角度来支撑企业总体战略目标的实现，为企业战略的有效实施提供基础保障。

3. 协调性

运营策略要和企业总体战略、竞争战略保持高度协调。运营策略要与企业其他职能部门的战略相协调，一方面运营策略不能脱离其他职能战略而自我实现，另一方面它又是其他职能战略实现的必要保证。生产运作系统内部的各要素之间也要协调一致，使生产运作系统的结构形式和运行机制相匹配。

4. 竞争性

运营策略制定的目的就是通过构造卓越的生产运作系统来为企业获得竞争优势做贡献。从而使企业能在激烈的市场竞争中发展壮大自己，在与竞争对手竞争市场和资源的过程中占有优势。

5. 风险性

运营策略的制定是面向未来的活动，要对未来几年的企业外部环境及企业内部条件变化作出预测，由于未来环境及企业条件变化的不确定性，战略的制定及实施具有一定的风险性。

运营策略的主要目标在于：将顾客所需要的重点（特别是从营销中获得的重点）转变为运作中的特定职责；制订必要的计划以确保运作（和企业）能力能充分完成这些职责。

可以按照以下步骤确定运营策略：① 根据产品组将市场细分；② 确认产品要求、需求形式、每一产品组的边际利润；③ 确定每组的订单赢得要素和订单资格要素；④ 将订单赢得要素转化为特定的运作职责要求。

2.3　运营系统竞争重点

运营策略强调生产运作系统是企业的竞争之本，只有具备了生产运作系统的竞争优势才能赢得产品的优势，才会有企业的优势，因此，运作战略理论是以竞争及其优势的获取为基础的。在多数行业中，影响竞争力的因素主要是 TQCF，具体解释分为以下几个方面。

2.3.1　交货期

交货期（time）方面，主要是指比竞争对手更快捷地响应顾客的需求，体现在新产品的推出、交货期等方面。交货期是企业参与市场竞争的又一重要因素，对交货期的要求具体可表现在两个方面：快速交货和按约交货。快速交货是指向市场快速提供企业产品的能力，这对于企业争取订单意义重大；按约交货是指按照合同的约定按时交货的能力，这对于顾客满意度有重要影响。影响交货能力的因素有很多，诸如采购与供应、企业研发柔性和设备管理等。

2.3.2　质量

质量（quality）指产品的质量和可靠性，主要依靠顾客的满意度来体现。通常所讲的质量是指全面的质量，既包括产品本身的质量，也包括生产过程的质量。也就是说，企业一方面要以满足顾客需求为目标，建立适当的产品质量标准，设计、生产消费者所期望的质量水平的产品；另一方面生产过程质量应以产品质量零缺陷为目标，以保证产品的可靠性，提高顾客满意度。此外，良好的物资采购与供应控制、包装运输和使用的便利性以及售后服务等对质量也有很大影响。

2.3.3　成本

成本（cost）包括生产成本、制造成本、流通成本和使用成本等诸项之和。降低成本对于提高企业产品的竞争能力、增强生产运作对市场的应变能力和抵御市场风险的能力具有十分重要的意义。企业降低成本、提高效益的措施很多，诸如优化产品设计与流程设计、降低单位产品的材料及能源消耗、降低设备故障率、提高质量、缩短生产运作周期、提高产能利用率和减少库存等。

2.3.4 制造柔性

制造柔性（fragility）是指企业面临市场机遇时在组织和生产方面体现出来的快速而又低成本地适应市场需求，反映了企业生产运作系统对外部环境作出反应的能力。随着市场需求的日益个性化、多元化趋势，多品种、小批量生产成为与此需求特征相匹配的方式，因此，增强制造柔性已成为企业形成竞争优势的重要因素。关键柔性主要包括产品产量柔性、新产品开发及投产柔性和产品组合柔性等，由此又涉及生产运作系统的设备柔性、人员柔性和能力柔性等，甚至对供应商也会提出相应的要求。

对 TQCF 理解时要明确：企业要想在 TQCF 4 个竞争要素方面同时优于竞争对手而形成竞争优势是不太现实的。企业必须从具体情况出发，集中企业的主要资源形成自己的竞争优势。特别是当 TQCF 发生冲突时，就产生了多目标平衡的问题，需要对此进行认真分析、动态协调。

2.4 生产率测定

2.4.1 生产率

生产率是对一个企业使用其资源（或生产要素）的效率的一种衡量标准。我国在企业经济的效益指标体系中，通常采用以下几个主要的生产率指标。

1. 劳动生产率

劳动生产率是指人们在生产过程中进行劳动的效率，反映劳动者在一定时间内创造使用价值的能力。它是我国企业和国民经济统计中所用的一项最主要的生产指标。它属于单要素生产率，并且通常衡量一个时期的静态生产率值。

劳动生产率以工人用单位劳动量所生产的产品数量或产值来测定，这是劳动生产率的正指标，用来说明一个车间、企业、地区或整个工业部门的劳动生产率水平，可利用式（2-1）进行测算。

$$劳动生产率 = \frac{产品总量或总产量}{生产这些产品所消耗的劳动量} \tag{2-1}$$

根据所考察的劳动力种类和范围，常用的劳动生产率指标有全员劳动生产率（见式（2-2））、生产工人劳动生产率（见式（2-3）），全员劳动生产率受生产工人比重大小的影响，反映出人员结构的合理程度，可作为企业调整生产和非生产人员比例的参考。生产工人劳动生产率表明直接参与生产的劳动力水平，可为改进管理提供依据。

$$全员劳动生产率 = \frac{产品总量或总产量}{全部职工平均人数} \tag{2-2}$$

$$生产工人劳动生产率 = \frac{产品总量或总产量}{生产工人（含学徒）平均人数} \tag{2-3}$$

2. 材料生产率

材料生产率是指每单位材料（或材料费用）所提供的产值或产量，见式（2-4）。

$$材料生产率 = \frac{产值或产量}{材料量（或材料费用）} \tag{2-4}$$

3. 能源生产率

能源生产率是指每单位能源所提供的产值或产量，见式（2-5）。

$$能源生产率 = \frac{产值或产量}{能源消耗量} \tag{2-5}$$

4. 固定资产生产率

固定资产生产率是指每单位固定资产值所提供的产值或产量，见式（2-6）。

$$固定资产生产率 = \frac{产值或产量}{固定资产总值} \tag{2-6}$$

5. 流动资金生产率

流动资金生产率是指每单位流动资金值所提供的产值或产量，见式（2-7）。

$$流动资金生产率 = \frac{产值或产量}{占用流动资金总值} \tag{2-7}$$

6. 工资生产率

工资生产率是指单位工资值所提供的产值或产量，见式（2-8）。

$$工资生产率 = \frac{产值或产量}{工资总额} \tag{2-8}$$

2.4.2　生产率测定

生产率测定就是对某一个研究对象的生产率进行度量和计算。生产率测定为衡量生产率的变化提供了一个基准，是生产率提高的前提。考察某一种生产要素，用它的投入量作为生产率公式的分母所得到的生产率，称为该要素生产率。如果只计算单一要素的生产率，从其定义看并不复杂，但任何生产都包含人力、材料、设备等，所以应考虑各种因素。当考虑多种因素时，就有一个如何根据各要素对生产率的贡献大小，确定每一个要素不同的加权值，然后归并成整体生产率度量的问题，同时还要考虑各要素之间的相互关系和作用。

为了提高生产率，将本企业的生产率与历史最好水平或同行业的最高水平作比较，考察是否有了提高，以便找出差距，明确努力方向。所以，既需要确定一个时期的生产率，更重要的是要掌握生产率的变化。于是，按测定方式又可分为静态生产率和动态生产率。

1. 静态生产率

静态生产率（static productivity ratios）是指某一给定时期的产出量与投入量之比（见式（2-9）），也就是一个测定期的绝对生产率。

$$静态生产率 = \frac{测定期内总产出量}{测定期内要素投入量} \tag{2-9}$$

2. 动态生产率指数

动态生产率指数（dynamic productivity indexes）是指一个时期（测量期）的静态生产率被以前某个时期（基准期）静态生产率相除所得的商（见式（2-10）），它反映了不同时期生产率的变化。指数大于 1 就表明生产率提高了。

$$动态生产率指数 = \frac{测定期产出量/测定期投入量}{基准期产出量/基准期投入量} = \frac{测定期静态生产率}{基准期静态生产率} \tag{2-10}$$

例 2-1　一个 5 人作业小组，在 1 个月里生产了 500 个单位量的产品，所花的劳力为 880 人·时/月（这里按 5 人×22 天/月×8 时/天＝880 人·时/月）。根据以上的数据可以计算劳力这个要素的静态生产率。

$$P_{11}=\frac{500\ 单位产品}{880\ 单位劳力}=0.57\ 单位产品/（人·时）$$

或：

$$P_{12}=\frac{500\ 单位产品}{5\ 个工人}=100\ 单位产品/（人·月）$$

如果第二个月这个小组生产了 600 单位产品，而所用的劳力为 800 人·时/月，那么，劳力这个要素的静态生产率为：

$$P_{21}=\frac{600\ 单位产品}{800\ 单位劳力}=0.75\ 单位产品/（人·时）$$

$$P_{22}=\frac{600\ 单位产品}{5\ 个工人}=120\ 单位产品/（人·月）$$

以第一个月为基准，第二个月的动态生产率指标为：

$$P_{11}=\frac{P_{21}}{P_{11}}=1.32$$

$$或：P_{12}=\frac{P_{22}}{P_{12}}=1.20$$

3. 工业企业生产率测定层次

工业企业生产率测定一般分为 3 个阶段，可用图 2-2 来表示。

第一阶段：在生产操作层，测定各投入因素的使用效率，即劳动生产率和资源生产率，包括材料生产率、燃料和动力生产率、设备生产率。

第二阶段：在工厂管理层，测定总产出量与总成本的关系，以此作为工厂的总生产率，考察工厂的总生产成绩。

第三阶段：在整个企业范围内，测定总生产率对于经济效益的贡献，以考察整个企业的生产经营成果。

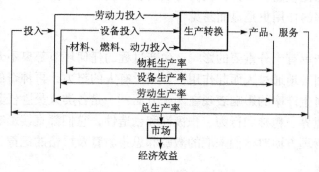

图 2-2　生产率测定层次图

生产率管理就是对一个生产系统的生产率进行规划、测定、评价、控制和提高的系统管理过程。它是一个以不断提高生产率为动力，积极促进应用工业工程，改善生产系统的控制系统。

4. 服务业生产率测定的困难性

服务业对生产率的精确度量和提高提出了特殊挑战。这是因为服务业具有以下特点：

① 属于典型的劳动密集型企业（如咨询服务和教育）；

② 需要频繁地个性化处理（如投资顾问）；

③ 常常需要专业技术（如医疗诊断）；

④ 常常很难实现机械化和自动化（如理发）；

⑤ 常常很难评价质量（如法律事务所的服务质量）。

2.4.3　企业生产率的影响因素

企业是微观经济组织，除了上述因素影响其生产率外，还有以下几个方面的直接影响。

1. 产品设计

一个企业的生产率首先受其产品本身设计水平的影响，在满足用户对产品技术性能和使用性能等方面要求的前提下，若产品结构或用材先进的话，便可既节省工时、材料和能源，又可大大提高生产率。因此，研究开发新产品，改进原有产品设计，采用现代设计方法，推行标准化、系列化、通用化和成组技术等，在产品设计上下功夫，都可为生产率提高创造前提条件。

2. 生产系统设计

有了一个好的产品设计以后，如何有效地把它生产出来就成为决定生产率水平的关键了。生产系统是实现从产品设计到成品产出的转换过程，如前面分析过的，生产率是由全系统各要素（人、物料、设备、能源、信息、技术、资金、厂房设施……）共同作用的综合效果。因此，设计一个使各要素合理配置（优化与协调）和有效运行的系统，对提高生产率是一个决定性的因素，这正是工业工程的主要任务。

3. 生产规模

产品的批量生产也会影响生产率。这是因为产量的增加常常只需要增加直接生产成本（生产工人、物料……），而辅助人员和设施不需要增加，或者增加不多，显然这是有利于生产率提高的因素。从另一方面看，大批量生产的情况下，工人操作的熟练程度、经验、生产效率和工作质量都比较高。并且，机器与工具容易实现标准化、采用自动化的高效生产方式，这对提高生产率的作用更是显而易见了。

4. 职工素质

人的因素对生产率有十分重要的影响，生产过程的任何环节都离不开人的参与，各生产要素都必须直接或间接地通过人而起作用，如果没有人的努力，再神奇的技术也发挥不了好的效用。人的因素对生产率的影响表现在两个方面：一是各类人员胜任其职责的专业技术素质；二是人的思想境界、精神和行为、积极性和创造性，它们都直接影响工作效率。因此职工的教育和培训，管理方面对他们采取的激励和思想教育及严格的纪律，都是十分必要的。

▶▶ **管 理 知 识** ◀

管理学家德鲁克认为影响生产率有以下一些重要的因素。① 最重要的因素就是知识，德鲁克认为知识是人类最有生产率的资源，但也是最昂贵的资源，如果应用不当，则完全没有生产率。② 第二个因素是时间，即各种资源的利用时间，比如，人和设备是经常得到使用，还是只有一半时间被使用，将表现出不同的生产率。③ 第三个因素是要关注产品组合和相同资源不同组合之间的平衡。相同的资源配置，如果产品组合不同，可能使其获利，也可以让其亏损。④ 第四个因素就是"流程组合"，企业要对自己企业的流程环节进行分析，有些流程环节是外包出去，还是自己操作。自己操作的流程环节中又有哪些活动是增值的，哪些是不增值的。⑤ 最后一个影响因素就是组织结构和企业中各种活动之间的协调程度。组织结构就像人体的骨骼系统，没有这个骨骼系统的支撑，人体就不能很好地运动。

2.4.4 提高企业生产率的方法

提高企业生产率的方法可归纳为两大类：企业外部要素法和企业内部方法。

企业外部要素法是企业提高生产率的条件和基础，是间接起作用的要素。企业内部方法是提高生产率的直接方法和途径，实际上主要是工业工程范畴的方法。表 2-1 列出了提高生产率的企业外部和内部的主要要素和方法。

表 2-1 提高生产率的主要要素和方法

1. 提高生产率的外部要素/方法	例外管理
（1）工人和管理者对提高生产率的态度	盈亏平衡分析
（2）提高生产率的经济和环境方面的要素	组织的成本降低计划
市场规模	折现现金流计算
市场稳定性	（3）生产的组织、计划和控制
生产要素的变动性	生产计划和控制
原材料的质量和适用性	简化、标准化和专业化
资金和信贷的可利用性	（包括更好的产品设计）
税收机构	作业测定
有效的培训设施	组织和方法研究
研究和信息交换	库存控制
技术革新和机械化	价值分析
企业的地理优势	其他方法：如运筹学、抽样、模拟、排队论、网络技术等
2. 提高生产率的内部方法	（4）人事策略
（1）工厂布置、机器和设备	管理者和工人的合作
每个人平均资产量	工人的选择和安排
物料搬运	职业培训
机械的维修保养	职务分析、功绩评价和晋升
工厂布置	工资奖励和利润分成计划
（2）成本会计和降低成本的技术	工作条件和福利
预算和预算控制	劳动方法
机会成本分析	作业时间
成本增量分析	轮班数

必须强调指出，由于各种方法之间是相互依赖的，为了提高整个系统的生产率，不能孤立地运用某种方法。同时，有些方法对提高生产率的作用更大。因此，对于一个企业来说，在经营管理上要注意研究和选择恰当的途径，采取比较理想的若干途径组合，以便更加有效地达到提高生产率的目的。

表 2-2 是几种提高生产率的直接方法的比较。其中前两种方法以投资研究或增加新设备为

主，后三种方法则主要运用基础工业工程的工作研究技术进行改进。从长远来看，开发新产品、新工艺，尽量采用先进的机器设备和现代化厂房设施无疑是增强生产能力、提高生产率的途径。但是，在投资较少的情况下，应用基础工业工程的技术和方法进行技术改造，通过更好地利用现有资源，充分发挥现有生产要素的作用来提高生产率，显然也是一种有效的途径。

表 2-2　　几种提高生产率的直接方法的比较

	提高方式	采取方法	成本	见效快慢	生产率提高程度	所做的研究工作
投资	1. 开发新技术，或对现有工艺作根本性改进	基础研究应用研究试验开发	高昂	一般需数年	无明显限制	以方法研究来改进实际工作阶段的作业与维护保养工作
	2. 增设更现代化的或高生产能力的工厂或设备，或使现有工厂现代化	工艺研究	高昂	安装后立即见效	无明显限制	在进行现代化改造时，对工厂布局进行方法研究，以改进作业
改进	3. 减少产品的工作量	产品研究与开发，质量管理，方法研究，价值分析	与第1、2两种方法比较，不高	一般要几个月	有限度，与第4、5两种程度相同，应在它们之前先行采用	方法研究（及其延伸，以及价值分析），改进设计，使生产易于进行
	4. 减少工艺的工作量	工艺研究，实验，工艺规划，方法研究，操作工人培训，价值分析	低廉	立即见效	有限度，但常常程度较高	方法研究，通过消除不必要的活动，减少操作中的精力与时间浪费
	5. 减少无效时间（包括管理部门和工人造成的）	作业测定，市场政策标准化，产品开发，生产计划与控制，有计划的维修保养，人事政策，改善劳动条件，操作工人培训，奖酬制度	低廉	开始时收效缓慢，但效果迅速增加	有限度，但常常程度较高	作业测定，调查现有做法，找出无效时间，规定绩效标准，作为计划与控制、工时的利用、劳动成本控制、奖励制度的基础

本 章 习 题

一、判断题

1. 当价格是影响需求的主要因素时，就出现了基于成本的竞争。（　　）

2. 当质量成为影响需求的主要因素时，降低成本就没有意义了。（　　）

3. 运营策略的主要目标在于：将顾客所需要的重点转变为运作中的特定职责。（　　）

4. 劳动生产率表明直接参与生产的劳动力水平，可为改进管理提供依据。（　　）

5. 静态生产率是指一个时期（测量期）的静态生产率被以前某个时期（基准期）静态生产率相除所得的商。（　　）

二、选择题

1. 企业根据自身条件可以确定的竞争重点包括（　　）。

A. 交货期　　　　　　　B. 时间　　　　　　　C. 成本　　　　　　　D. 全面的质量

E. 制造柔性

2. 运营策略在整个企业战略体系中表现的基本特征有(　　)。

A. 从属性　　　　　　　B. 支撑性　　　　　　C. 协调性　　　　　　D. 竞争性

E. 风险性

3. 单要素生产率类型主要包括(　　)。

A. 劳动生产率　　　　　　　　　　　　B. 材料生产率

C. 能源生产率　　　　　　　　　　　　D. 固定资产生产率

E. 流动资金生产率　　　　　　　　　　F. 工资生产率

4. 企业生产率的影响因素有(　　)。

A. 产品设计　　　　　B. 生产系统设计　　　　C. 生产规模　　　　D. 职工素质

思考题

1. 现代企业的运营环境有什么特点？

2. 企业确定运营策略要考虑哪些因素？

3. 企业运营系统的竞争重点是什么？

4. 如何提高企业的生产率？

案例分析

达芙妮的运营模式

达芙妮品牌号称"大众鞋王"，自 2003 年起，公司以每年在中国开设超过 300 家专卖店的速度进行全面性的扩张，巅峰时期门店数量曾一度超过 6 000 家，成为中国最成功的国内品牌之一。

然而，2010 年电商产业快速发展后，达芙妮不仅进入电商领域频频失利，还因为各种因素导致企业巨额亏损。从营业额情况分析可看出，达芙妮品牌绝大部分的主要营业额集中于其核心品牌，达到 90% 的高比重，单从数据上分析认为存在品牌线单一的问题。由于达芙妮销售网点数量出现下滑，所以经营竞争压力较大。达芙妮采取了相应策略，如关闭实体店，截至 2016 年 3 月 31 日，销售网点数量下降至 5 421 个，可是达芙妮实体店经营情况在 2016 年未见好转，并且有恶化趋势。

达芙妮是最早涉足电商领域的传统品牌之一，然而其试水电商之路却颇不顺利。由于没有采用电商惯用的成熟模式，而是取代之为平台自营和代销相结合的方式，对供应链提出很高要求，且平台的鞋服供应商极为有限，达芙妮将投资基本用在了广告资源上，而在物流与客服建设上少有作为，仓库外包致使收发货混乱，顾客购物体验好感度低，业务主线混乱，市场定位模糊，低价策略后继无力，入不敷出。

资料来源：https://wenku.baidu.com。

【问题】

1. 达芙妮如何扭转利润下滑，巨额亏损的状况？

2. 新形式下达芙妮运营系统的竞争重点是什么？

第 2 篇

运营系统设计

2

❖ 产品开发与流程选择
❖ 设施选址
❖ 设施布置
❖ 流程设计与工作设计

第3章 产品开发与流程选择

【学习目标】
1. 理解生产产品开发与设计思想与方法；
2. 了解服务产品开发与设计思想与方法；
3. 认识产品开发与设计新趋向。

【导入案例】 斯班格勒、胡佛和戴森

1907年，一名叫做斯班格勒的大楼管理员把一个枕头套、一只风扇、一个旧饼干筒和一个扫帚把组合在一起，制造出世界上第一个真空吸尘器。一年后，他把他的专利卖给了威廉·胡佛。在从此以后的几十年中，胡佛公司就一直称霸真空吸尘器市场，尤其是在美国市场——胡佛公司的发源地。然而，在2002—2005年间，胡佛公司的市场份额从36%降低到了13.5%。为什么？原来，在市场中出现了一种制造前卫而价格比较昂贵的新产品——戴森真空吸尘器。它从默默无闻一跃占有了20%的市场份额。

事实上，戴森吸尘器的历史可以追溯到1978年。当时，詹姆斯·戴森在公司的喷涂车间中工作。他发现车间的空气过滤器总是被粉尘堵塞，正像真空吸尘器的集尘袋被灰尘堵塞一样。所以，他为企业设计并建造了一座气旋塔，通过气流的离心力带走粉尘。这让他想到：家用真空吸尘器是否可以利用同样的原理改良呢？他花费了5年的时间，制造了5000多种模型。最终，他成功地设计出新型的家用吸尘器，并因这一设计的"独特而强大的功能"而获奖。但是，当时各大真空吸尘器厂家并不看好这一设计——他们直率地拒绝了戴森。于是，戴森决定自己来生产他的新产品。在短短几年中，戴森在英国击败了那些曾经把他拒之门外的竞争对手们。尽管他的产品价格较高，但凭借产品优美的外形和强大的功能，仍保证了市场份额的不断增长。对于戴森而言，优秀就是"用全新的眼光去看待日常事物，找出如何才能把他们做得更好。这就是对现有技术的挑战。"

随着时间的推移，戴森公司的科学家们今天已经决心自己挑战自己的技术，从而制造出功能更加强大的真空吸尘器。于是，他们开始设计一种全新的气旋系统。他们发现气旋的半径越小，其离心力越大。他们通过把气流分解成8个小的气旋，从而获得了比双气旋系统高25%的吸力。然后，他们把这种新技术整合到公司的新产品中。

资料来源：https://wenku.baidu.com。

3.1 生产产品开发与设计

3.1.1 生产产品开发

1. 产品研发

产品研发是指企业从产生新产品构想到产品最终上市的整个经营过程。

2. 新产品

新产品是指从未在市场出现过的产品，是一种全新的产品。目前关于新产品不同的学者从不同的角度予以定义。有学者从技术角度定义新产品：由于科学技术的进步和工程技术的突破而产生的具有新性能的产品。也有学者从市场角度定义新产品：能进入新的市场，给消费者提供新利益，从而被消费者认可的具有新意的产品。

3. 产品开发涉及的主要问题

（1）识别机会。开发新产品的动力往往来自环境的变化，包括技术、顾客偏好、竞争者引入新产品、宏观经济环境等因素的驱动。

（2）质量与成本的权衡。提高质量往往增加制造成本，如轻质飞机材料会大大增加成本，而为了获得合理的投资回报，最终产品必须既满足消费者的需求又要成本低廉。

（3）技术细节。如计算机外设的保护盖用螺钉还是卡口固定，可能牵涉数百万元的成本。

（4）时间压力。时间足够，许多困难都能解决。问题是要在信息不充分的情况下迅速作出决策，很少有产品能在一年内开发出来，往往需要 3～5 年甚至 10 年之久。

（5）创新。开发流程始于一个想法，结束于有形物，无论整体还是单项活动都具有创造性。

（6）开发团队。由各种技能、经历、思维方式和人格特性的人组成，往往是被高度激励的，具有很强的合作精神的群体。

小资料

也许有人认为，产品研发始于产品创意，结束于移交生产。但实际情况并非如此。许多成功的经验表明，产品研发贯穿于产品生命周期。

产品生命周期不同阶段具有不同的特征，这些不同的特征对运营管理的各个方面都会产生很明显的影响，并引发不同的问题，研究开发新产品就需要根据这些不同的问题，相应地开展工作解决这些问题，对产品进行全周期支持。若企业具有多个不同的产品，表 3-1 为企业合理安排产品研发工作提供了一个基本的指导。

表 3-1 产品研发与产品生命周期

引 入 期	成 长 期	成 熟 期
1. 产品功能特征 2. 产品选型 3. 完成机械设计 4. 规模小 5. 组织形式灵活	1. 产品标准化 2. 过程合理化 3. 产品定型 4. 降低成本 5. 核心技术 6. 市场—研发—生产合作	1. 产品—过程稳定匹配 2. 技术服务、过程改进 3. 组织稳定

3.1.2　产品开发与设计面临的挑战

20世纪90年代以来，经济及技术的飞速发展、全球化和信息化进程引起了全球市场的巨大变化。首先是消费者的变化，他们获取信息的能力大大增强，因而主动参与市场过程；他们非常挑剔，如果你不能提供他们满意的产品服务，他们就会毫不犹豫地转向别处。而需求多样化趋势和产品生命周期的缩短，也要求企业对不断变化的市场作出快速反应，改进现有产品服务或者开发新产品服务。还有供应商的变化，竞争出现了全面化和全球化的态势，商家展开了质量、价格、交货期、服务反应速度等全方位的竞争，没有谁能够拥有全面的优势。为了在竞争中求得生存，他们必须组成战略联盟，厂家之间的竞争演变为供应链之间的竞争。同时，产品开发还要适应不同国家的文化差异和全球范围内可持续发展的要求。

除了技术、经济和市场形势的变化，下述技术层面上的原因也提供了企业改进产品的驱动力。

（1）升级：产品必须不断升级以适应技术的发展和顾客需求的变化。

（2）可加性：许多产品是制造商作为基本功能体出售的，再根据顾客需求添加一些功能或元件，如计算机。

（3）适应性：一些生命周期较长的产品可能应用在多种不同的环境中，需要具有一定的适应性。如适用于110～220伏电压、使用汽油和丙烷的发动机。

（4）易耗品和替代品：轮胎、轴承等物件在使用过程中易磨损，需要不断改进替代品。

（5）使用的灵活性：产品必须容易改造以满足顾客的不同要求。如照相机与不同镜头和闪光灯配合使用，可以挂几种不同帆的帆船，等等。

（6）再利用：新产品保留旧产品中的部分功能单元。如电子仪器通过改变内部零件而改变用户界面，通过改变外形来更新产品线。

所有这一切使得产品开发与设计面临着苛刻的要求。

3.1.3　产品开发与设计的指导思想

生产运营系统的第一个决策就是设计产品或服务。要提供满足顾客需求的个性化产品，还要考虑自身的生产运营能力以及环保等方面的要求。

1. 面向顾客的产品开发与设计

顾客要求定制化的产品、完美的服务、最佳质量、最优价格、反应迅速，企业必须真正树立以顾客为中心的观念，使产品和服务的设计满足顾客需求。顾客欢迎你的产品，你才能赢得市场、赢得收益，才能在市场竞争中占有先机。

2. 面向制造的开发与设计

（1）面向制造与装配。设计必须与生产能力相匹配，考虑设备、技术要求、材料类型、制造和安装的难易程度，这些考虑对成本、生产率和质量的影响极大。同时还要关注减少装配零件的数量以及采用什么样的装配方法和工序。

（2）并行工程。产品开发团队必须由设计、制造、采购、顾客服务人员和关键供应商组成。要使所有成员对最终方案都感到满意，不但要把顾客的需求转变为产品特性，还要消除设计者只管设计不管制造的缺点。

小资料

为加速产品开发过程，许多公司开始应用并行工程（concurrent engineering，CE）的方法来组织项目的开展。CE 不是从一个阶段进入另一个阶段的简单系列方法，而是侧重于交叉职能的集成、产品的同步开发及相应的实现过程。

（3）为循环利用而设计。循环利用是指材料的回收利用。回收的金属或塑料配件融化后可以制造不同的产品，用过的材料如润滑油和溶剂也可以回收。实行再循环可以节约成本、保护环境。

（4）为再制造而设计。再制造是指将旧产品中拆卸下来的某些部件继续使用，这样做可以大大降低成本，如汽车、打印机、照相机、电脑及电话中的零件。

小资料

欧盟正逐步要求制造商回收废旧产品，以便减少产品填埋的数量并减少对自然资源的耗用。这种设计思想给设计者提出了另外一个要求，那就是旧产品要容易拆卸。为拆卸而设计包括使用更少的零件和材料，并在可能的情况下，尽量用契形咬合方法替代螺钉、螺母等。

（5）标准化设计。标准化产品是指生产流程中的个体没有差异，可以进行大批量生产；标准化服务是指每一位顾客接受的是本质相同的服务。汽车清洗机就是一个很好的例子：每辆车，无论它是干净的或是脏的，都接受同样的服务。

（6）健全设计。使用健全设计方法开发的产品减少了生产流程中环境差异的影响。例如，像食品、陶瓷、钢铁、石油产品和医药制品等，都要经历加热程序，熔炉加热可能不均匀，热量也可能由于加热位置或时间的差异有所不同。解决方法是设计一种更好的熔炉，或者设计一种系统以便在加热时能翻转产品使它均匀受热。

小资料

日本工程师田口认为，设计一种在使用或制造过程中对环境因素不敏感的产品，常常要比控制环境因素容易得多。

3. 社会文化方面的考虑

（1）文化差异的考虑。产品设计必须与各国、各地区的文化相适应。例如，麦当劳在中国不销售酒类，可是在啤酒文化盛行的德国，麦当劳就必须入乡随俗，配有啤酒。

（2）法规、道德以及环境、安全的考虑。企业的生产经营活动受政府的监控和行业协会等民间组织的约束。如食品药品管理局、环境保护局、质量监督局、消费者协会等。汽车尾气排放和安全标准（安全带、安全玻璃、保险杠等），玩具设计中的锋利边缘、导致窒息的小碎片以及有毒材料都会受到监控。

小提示

产品责任意味着制造商要对其加工、设计的有缺陷产品造成的伤害或损失负责。这将导致法律诉讼、公司法律和保险费用的增加、受害团体的经济补偿等高额费用。此外，顾客产品安全意识的提高也会对产品形象及产品需求产生不利的影响。当产品危险确实无法排除时，需要建立安全措施以减少事故发生的可能性，同时要给出醒目的危险警告标志。

4. 从产品的设计特点考虑

（1）产品或服务的生命周期。产品首次推向市场时，顾客还不了解或者认为产品还不完善、还有可能降价，需要量通常很低，生产方法适合低产量要求；而后，设计的改进使产品更可靠、成本更低，顾客对产品有了更深入的了解，需求增加，新的生产方法要适应较大产量的要求；产品在成熟期设计很少变化；到了衰退期则采取保守策略，提高可靠性，减少生产成本并因此影响价格，重新设计或更换包装来延长产品的生命周期。

（2）设计的变化程度。设计的变化程度影响企业和市场的"新度"。对企业来说，较低的新度意味着比较容易转换到新产品生产，较高的新度则转化较慢、较难、代价较大。对市场来说，较低的新度意味着市场易于接受，但利润潜力不大，不过可以利用这一战略保持市场份额；较高的新度则意味着市场接受较难，可以迅速获得市场份额，具有很大的利润潜力。

3.1.4 生产产品开发与设计过程

一般生产产品开发过程包括 6 个阶段，见表 3-2。表 3-2 描述了市场、设计和制造的不同作用。其他有代表性的功能，如调查、财务、地区服务和销售也在这些过程中起着关键作用。

表 3-2 一般生产产品开发过程的六个阶段

第 0 阶段：计划	第 1 阶段：概念开发	第 2 阶段：系统设计	第 3 阶段：细节设计	第 4 阶段：测试和完善	第 5 阶段：投入生产
市场营销					
计算市场机会；定义市场部门	收集客户需求确定主要用户确定与其竞争的产品	产品选择和延伸产品的开发计划 设定销售目标的价格点	开发市场计划	开发促销方式和推出原材料在小范围内进行测试	让关键顾客试用样品
设计					
平台的构建；评估新技术	调查产品概念的可行性 设计生产过程 建立并测试实验的原型	设计新产品的结构 定义主要的子系统和接口 完善工业设计	定义部件的平面图形 选择原材料 设定误差容许量 完成工业设计并控制文档	可靠性测试 生命周期测试 性能测试 获得审批手续 进行设计修改	评估早期的产品样品

续表

第0阶段： 计划	第1阶段： 概念开发	第2阶段： 系统设计	第3阶段： 细节设计	第4阶段： 测试和完善	第5阶段： 投入生产
生产					
确定工艺规格 建立供应链战略	估计制造成本 评估生产的可行性	确定关键部件的供应商 进行外包分析 定义最终装配图表 建立目标成本	定义零部件生产过程 设计安装工具 定义质量保证过程 开始为长期生产采购设备	不断为供应商提供便利 完善生产和组装过程 培训劳动力 完善质量保证过程	开始整个生产系统的运行
其他职能					
调查：证实技术的有效性 财务：提供计划目标 一般管理： 分配项目资源	财务：进行经济分析 法律：调查专利问题	财务：执行外包分析 服务：确定服务问题		销售：开发销售计划	

表 3-2 描述的开发过程是一般性的，具体的过程根据企业各自的特殊情况而有所不同。表 3-2 所描述的一般过程符合市场拉动作用下的过程。市场拉动是企业根据市场机会开发新产品，并利用一切可行的技术满足市场需求（即市场"拉动"了开发的决策）。除了一般市场拉动的产品外，其他情况也普遍存在，如技术推动型产品、平台产品、工艺集中型产品、面向顾客的产品、高风险产品、速成品和复杂系统。

一旦产品开发方案通过，新产品项目便转入了详细设计阶段。该阶段的基本活动是产品原型的设计与构造以及在生产中使用的工具与设备的开发。详细产品工程的核心是"设计—建立—测试"循环。所需的产品与工艺都要在概念上进行定义，而且要体现在产品样机中（可在计算机中或以物质实体的形式存在），接下来应该对产品的使用进行模拟测试。如果产品的样机不能体现出期望的性能特征，工程师则应寻求设计改进以弥补这一差异，重复进行"设计—建立—测试"这一循环过程。详细产品工程阶段的结果是以产品的最终设计达到了规定的技术要求并以签字认可作为标志的。

3.1.5　提高产品开发的成功率

据一家咨询公司报告，在所有创意中，仅有 1/4 新产品设想通过可行性分析，其中 1/2 被经济评估证明有价值，又只有 1/3 进入试验阶段，随后仅有 1/2 进入商品化阶段，再经试销仅仅 3/4 是成功的。汇总起来，成功的创意只占最初设想的 1/64。

产品开发成功与否，可从技术与经济两方面进行度量。很显然，对大多数企业来说，产品开发是否带来足够的商业利润显得更为重要。影响产品开发成功率的因素很多，但主要集中在下面几个因素上。

（1）高层领导重视。企业高层领导对产品开发的理解与认识，不仅决定了一个企业对产品研发的投入力度，也决定了产品研发人员工作动力的大小，尤其当产品开发遇到很大困难时，高层领导的支持与鼓励——物质上的或精神上的支持与鼓励——对开发工作的成效具有关键性的影响。

（2）企业内部部门之间的合作。产品研究与开发涉及企业内部其他很多部门，例如，营销与销售、生产运营、财务、采购等部门，产品开发是这些部门之间高效率合作的成果。

（3）新产品与现有生产技术条件之间相关性程度增加。新产品与现有生产技术条件之间的相关性是指新产品投产需要对现有生产技术条件进行调整的程度。实践表明，这种调整的程度越小，开发失败的可能性也越小。但是，不可否认，这种开发带来的潜在利益也越小，这就是所谓的风险越小，收益越小。因此，企业需要合理对待探索开发与追求开发成功率之间的关系。

（4）新产品对顾客的价值的影响。新产品对顾客的价值是指是否物美价廉，较多地体现了顾客的利益。实例研究表明，新产品对顾客的价值与成功的产品开发之间具有显著的正相关性。

（5）缩短产品开发周期。这里所说的产品开发周期是指从产品创意到满足市场需求的周期。缩短产品开发周期有利于较主动地把握快速多变的市场，优先获取竞争优势。建立产品开发团队，采用并行工程的方法，采用平行/交叉作业的原则来组织和安排相应的产品开发工作，可以显著地缩短产品开发周期。

（6）提高产品开发质量。提高产品开发质量是指在产品开发阶段就牢牢把握质量关，在产品构思创意阶段就充分体现顾客的要求与期望，杜绝产品先天不足。

3.1.6　产品开发的质量分析

质量分析是产品开发与设计过程中重要的环节之一。质量功能展开（QFD）是一种提高产品开发质量的结构性方法。该工具能够实现"顾客的呼声—产品开发的工程技术语言—制造资源配置—制造要求与顾客服务要求"，能够真正体现以顾客为中心、使顾客全面满意的宗旨。质量功能展开的重要特征包括：首先，它以顾客的呼声为起点，通过多阶段逐次递进转换，确保产品开发的各项工作能做到以顾客为中心；其次，应用质量功能展开进行产品开发，需要有多功能的产品开发团队的支持；最后，该方法将"本企业—顾客—竞争对手"三方结合在一起同时进行全面考虑。

QFD 的结构是以一系列矩阵为基础的，主体矩阵联系顾客的要求以及其对应的技术要求，见图 3-1。由于其外形像座房子，故称为质量屋。

可以通过以下 6 个步骤建立某产品开发的质量屋：① 明确顾客需求；② 明确产品/服务的特性（考虑该产品/服务特性如何满足顾客需要）；③ 将顾客需要与产品/服务如何满足这些需要结合起来；④ 评价与该产品竞争的产品；⑤ 将产品/服务如何满足顾客需要制定效能指标；⑥ 将产品如何满足顾客需要在产品各性能特点中适当体现出来。质量屋设计实例如图 3-2 所示。

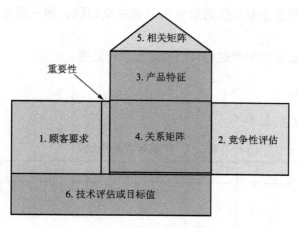

图 3-1　质量屋结构图

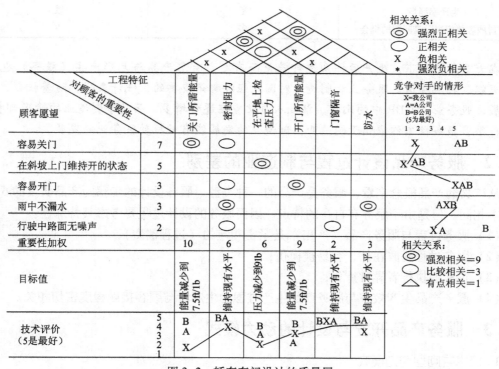

图 3-2　轿车车门设计的质量屋

3.2　服务产品开发与设计

3.2.1　服务产品的特殊性

（1）无形性——服务自身是一种非实体的现象。

（2）不可储存性——服务企业为消费者提供服务之后，服务就立即消失。

（3）差异性——服务企业提供的服务不可能完全相同，同一服务人员提供的服务也不可能始终如一。

（4）同时性——服务的生产过程与消费过程同时发生。

▶ 小资料 ◀

产品与服务的比较见表3-3。

表3-3　产品与服务的比较

比较项目	制　造	服　务
产出	看得见的	看不见的
顾客参与	低	高
劳动含量	低	高
一致性	高	低
生产率测量	易	难
交付顾客前解决质量问题的机会	多	少

在大多数情况下，生产运作系统却是兼而有之，有形产品与无形产品（服务）也往往相互交织、相互渗透。服务业和制造业对国民经济都是重要的，统计表明，随着社会、经济的发展，服务业在 GDP 中的比重、就业人员比重在逐步增多，而从事制造业的情况却相反。另外，很多服务性工作依赖于制造业；制造业的发展能有效拉动服务业的发展。

3.2.2　服务产品设计过程与制造业的差别

从广义的产品概念来看，服务是产品的一种类型，服务设计的步骤同产品研发的 6 个步骤基本相同。但是由于服务有自身的特点，因而服务的设计过程要考虑其特殊性：

（1）服务过程与服务产品（产出）是紧密相连的（过程消费）；

（2）服务过程暴露在外，容易被模仿；

（3）过程的执行者异常重要；

（4）服务产品生产效率与服务产品生产过程的生产者与顾客接触程度密切相关。

3.2.3　服务产品开发与设计的动力模式

1. 技术导向型动力模式

所谓技术导向型，就是按照被称为 seed theory 的方式进行服务产品开发。即从最初的科学探索出发开发新产品，以供给的变化带动需求的产生和变化。技术导向型的产品以"科研—生产—营销"的模式出现。银行等金融服务业推出的 24 小时柜员机服务、信用卡业务，出版界推出的电子读物、电子新闻、电子商城等，则是典型的技术导向型服务。

2. 需求牵引型动力模式

所谓需求牵引型，是指按照所谓的 need theory 方式进行服务产品开发。首先，进行市场调查，了解市场需要什么样的新产品；然后，进行技术、价格、性能等方面的研究；最后，根据销售预测决定是否开发这种服务产品。需求牵引型产品以"市场—研发—生产—市场"的形式出现。快餐店向办公楼和学校送午餐，精神分析专家提供电话咨询服务等是典型的需求牵引型服务。

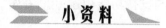

凌志产品设计的改进

在路易斯安那的凌志汽车行，某位女顾客在一周前购买了一辆新车，现在却苦恼地回到了汽车行。她穿着定制的某种品牌的鞋，右脚的鞋跟卡在油门踏板下，加速很困难。最后非常不幸的是折断了鞋跟。汽车行服务经理记下了这一问题，并提出赔偿这双鞋。

该女士说，这将是她最后一次与凌志汽车行打交道。然而一周后，一名来自日本凌志的设计工程师出现在她的家门口。他察看了那双鞋，并做了测量，画下了草图。之后他一句话也没说便告辞了。

一个月后，凌志汽车行联系到该女士，并请她将车带入车行。工程师重新设计的油门踏板确保不会再卡住鞋跟。他们更换了她汽车上的加速器踏板。现在后安装的踏板已成为凌志的生产标准。

3.2.4 服务产品开发与设计的方法

1. 服务蓝图法

（1）服务蓝图。它类似于制造过程设计；它是一个流程图；它显示出过程设计的重要性。它重点区分出与顾客的接触程度：如果是高接触区，就选择顾客导向/竞争导向的运营策略；如果是低接触区域，就选择高效率/低成本导向的运营策略。服务蓝图的主要构成如图3-3所示，包括顾客行为、前台员工行为、后台员工行为和支持过程。

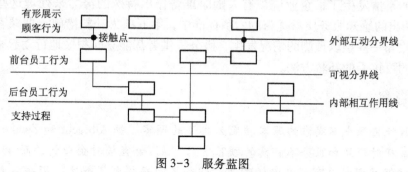

图3-3 服务蓝图

（2）服务蓝图的用途。① 这个蓝图是一个示意图或流程图，它涵盖了服务传递过程的全部处理过程。② 一条可视分界线将前台和后台工作划分开来。这种划分强调了可视线以上部分的重要性，因为正是在这里顾客形成对企业服务效果的感知。③ 制作这个蓝图能够让管理人员有机会鉴别潜在的失误点，并采取预防措施来防止失误的产生。④ 可以通过服务蓝图的设计，决定服务过程关键要素的标准执行时间。即有些业务应该在一定时间范围内完成。

（3）服务蓝图的作用。① 设计服务蓝图是对服务传递系统的准确定义，它使得决策者在进行任何实际的承诺和行动之前，都能对书面的服务定义进行检验。② 设计服务蓝图不但有利于问题的解决，而且能通过识别可能失误的潜在点以及提高顾客对服务的感知能力，使一些创造性的想法成为可能。

（4）服务蓝图制作步骤与方法。① 识别需要制作蓝图的服务过程；② 识别顾客（细分顾客）对服务的经历；③ 从顾客角度描绘服务过程；④ 描绘前台与后台服务雇员的行为（画上互动分界线与可视分界线）；⑤ 把顾客行为、服务人员行为与支持功能相连；⑥ 在每个顾客行为步骤上加上有形展示。

图 3-4 是某快递公司的服务蓝图示例。

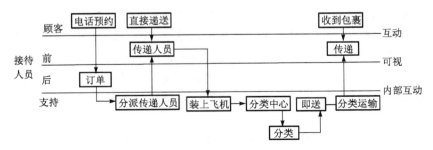

图 3-4　某快递公司的服务蓝图

2. 服务补救

服务补救是服务企业完善服务质量的回天之术。在服务接触中要做到万无一失是很困难的。正如美国哈佛大学教授 Hart, Heskett 和 Sasser1990 年所说："错误是服务的关键部分。无论多么努力，即使是最出色的服务企业也不能避免偶然的航班晚点、烤老的牛排和遗失的邮件。在服务业，顾客出现在服务生产过程中，失误是难免的。"20 世纪 80 年代，英国航空公司曾专门就旅客在飞行经历中认为什么是最重要的做了广泛的研究，总结出了航空服务最重要的四个要素。其中最后一个为补救复原，即在服务接触中如果有时出错了，或者一些未曾预料到的事情发生了，企业应该有人随时准备作出特殊的努力来处理这些事情。而在 Gronroos 归纳出的感知服务质量优秀的六项标准中，第五项为补救措施，即顾客认为，无论情况怎样恶化和一些难以预测的情况发生，服务提供者都能立即积极地行动起来，控制住局势，找到新的可接受的补救方法。

⯈⯈ 小资料 ◀◀

服务补救能将原先不满意的顾客转变为忠诚的顾客。据 Albrecht 和 Zemke 1985 年的研究表明，通常在对产品和服务不满意的顾客中只有 4% 会直接对企业讲，而 4% 抱怨的顾客却比 96% 不抱怨的顾客更有可能继续购买；但如果问题得到了解决，那些不满意的顾客中将有 60% 会继续购买，而尽快解决的话，这一比例将上升到 95%。因此，企业及时进行服务补救、尽快解决服务失败是建立顾客忠诚的重要途径，是完善服务质量的回天之术。企业在服务生产和传递过程中要做好两手准备，除了对服务接触应有严密的管理，以免具有严重质量问题的"关键时刻"发生、引起服务质量滑坡之外，还要在服务一旦失败时能随时出手施展服务补救，创建一个全新的"关键时刻"。

3. 生产线方法

采用生产线方法的服务设计是企图将成功的制造概念以及导致其成功的数个重要特征转化成服务设计的考虑因素，以赢得成本领先策略上的竞争优势。

4. 将顾客视为共同生产者

顾客参与会增加顾客化程度，而且针对愿意采用自助式服务的顾客，这种方式也可以透过一些顾客化的方式来支持成本领先的竞争策略。

5. 顾客参与方法

服务设计可以划分为高度或低度接触顾客的方式来考虑，因此，在创造服务的过程中需要考虑顾客接触的服务数量以及不需要高度顾客接触即可透过技术辅助的能力。

6. 信息授权

运用信息技术（IT），同时针对员工与顾客授权。信息技术使员工和顾客得以在服务过程中采取较为主动的角色。

3.3　产品/服务开发的价值分析

价值分析（value analysis，VA）或价值工程（value engineering，VE）是对研发与设计新产品与新服务的经济性进行评价的有效工具。

VA/VE 主要用于简化/优化产品与工艺过程，其目的是在满足所有顾客要求的同时，以更低的成本达到相同或更好的产品水平。它的实现是通过确定、消除不必要的成本达到目标。VA 经常在产品生产过程中进行。处理已投产的产品，分析工艺文件和购货要求上的产品规范与要求，更加经济地生产产品。VE 的重点是生产之前的设计改进，应用于产品开发阶段，是削减成本的好方法。目前由于新材料、新工艺的不断涌现，VA/VE 常常交叉使用。

上述提高新产品与新服务价值的途径在研发与设计过程中的具体应用，就是在研发与设计过程中不断进行价值评估，反复回答下列典型的问题。

（1）这个零件是否有不必要的功能？

（2）两个或多个零部件可否合并？

（3）能减少重量吗？

（4）有无可删减/替代的部件？

对上述问题的持续回答将导致新产品的研发与新服务的设计在技术上合理、在经济上合算。

3.4　产品/服务开发与设计新趋向

表 3-4 概括了产品/服务开发与设计的新趋向的内容与内涵。

表 3-4　产品/服务开发与设计的新趋向的内容与内涵

内　容	内　涵
一、高标定位理念	• 以行业中的最优企业的最佳实践活动作为改进业绩的标杆
二、动态平台战略	• 产品（服务）平台是一组产品（服务）共享的设计与零部件集合 • 企业连续实施产品平台战略的过程是动态发展的，能力、产品平台、产品族都在不断发展、动态更迭，这就是带来竞争优势的动态平台战略 • 动态平台战略中的更迭有基于产品族的更迭、基于产品平台的更迭、基于能力的更迭三类

续表

内 容	内 涵
三、面向制造与装配	• 面向制造的设计（DFM）是指设计的产品能够经济地制造加工 • 面向装配的设计（DFA）是指设计的产品能够方便地装卸
四、面向循环与环境	• 面向循环是指在设计之初考虑零部件的装卸、维修、更换及再生利用的方便 • 面向环境是指尽可能采用可回收的材料、容易进行修补、最小化包装、减少制造过程中使用的能量与材料消耗等
五、并行设计与虚拟研发	• 现代设计不仅涉及设计与研发部门，还涉及工程技术、生产管理、销售、采购与供应等各部门直至顾客，需要各方面的密切合作

本 章 习 题

一、判断题

1. 质量屋方法是实现面向制造的产品开发与设计指导思想的方法。（   ）

2. "服务企业提供的服务不可能完全相同，同一服务人员提供的服务也不可能始终如一"这是服务的"差异性"特征。（   ）

3. 产品研发是指企业从产生新产品构想到产品最终上市的整个经营过程。（   ）

4. 影响产品开发成功率的因素只有一个，那就是高层领导的重视。（   ）

5. 采用生产线方法的服务设计是企图将成功的制造概念以及导致其成功的数个重要特征转化成服务设计的考虑因素，以赢得成本领先策略上的竞争优势。（   ）

二、选择题

1. 产品开发与设计的指导思想有(   )。

A. 面向顾客的产品开发与设计   B. 面向制造的开发与设计

C. 社会文化方面的考虑   D. 从产品的设计特点考虑

2. 实现面向制造的产品开发与设计指导思想的方法有(   )。

A. 质量屋   B. 价值工程

C. 价值分析   D. 全面质量管理

3. 产品开发涉及的主要问题包括创新和(   )。

A. 识别机会   B. 质量与成本的权衡

C. 技术细节   D. 时间压力

E. 开发团队

4. 服务产品设计过程与制造业的差别主要在(   )。

A. 服务过程与服务产品是紧密相连的   B. 服务过程暴露在外，容易被模仿

C. 过程的执行者异常重要   D. 服务生产者与顾客接触程度密切相关

思考题

1. 生产产品开发过程分几步？各是什么？

2. 如何理解服务蓝图的基本内容？请绘制咖啡店服务蓝图。

3. 如何理解产品/服务开发价值分析的含义？
4. 简述服务产品设计与制造产品设计的区别。
5. 怎样理解产品/服务开发与设计新趋向？

案例分析

生态城中的玛丽亚超市

玛丽亚超市是生态城中的一家大型超市。玛丽亚在储存货物和提供服务时致力于减少废弃物的数量，鼓励进行再利用和再循环。玛丽亚认识到她的当务之急是要减少顾客在采购商品后不得不丢弃的废物数量。

1. 玛丽亚

为了减少废弃物的数量和其对环境所造成的影响，玛丽亚用最环保的方式来储存货物：有害材料和包装物最少。为减少包装物和被浪费的食品，她在超市里搭建了一个储柜，购物者能够以散装的形式来精确地称取他们所需要的商品数量。玛丽亚还实施了一项措施来促进充分利用可再利用的物品。例如鼓励购物者在下次购物时把硬纸盒带回超市。对在下一次购物时返回塑料袋或者用自己的布袋装杂货的购物者她会给一定的折扣。

2. 纸还是塑料

在收款台你会提出用纸袋或者塑料袋这样的要求。但是纸和塑料（来自石油）均来自自然资源。像生态城里的玛丽亚超市这样的商店，当使用旧袋子时会给你的信用卡积分，因为如此一来，超市就不必买如此多的塑料袋或纸袋。

3. 生态岛

许多超市会把生态岛（循环储物柜）放在商店附近来鼓励顾客使用。这些生态岛用于收集来自玛丽亚超市的购物者丢弃的瓶子、罐头盒。一周两次，会有当地废物回收站的卡车来这里清空生态岛，把其中的物品运走进行循环利用。

4. 硬纸盒

一旦开封，运往玛丽亚超市的盛放食品的硬纸盒就有了多种其他用途。超市的员工让生态城的居民来取硬纸盒用于储存物品或用于搬家。

5. 减少包装

当来玛丽亚超市的购物者发出重新进货的要求时，他们尽量订购有少量包装的物品，或者使用生态型包装，购物者也会尽量采购来自适宜于再包装的容器中的商品。

6. 散装和新鲜食品

顾客废弃的物品中超过30%的是包装材料。玛丽亚超市提供了许多新鲜的食品和散装食品，以便降低来自多数包装材料所造成的浪费。像香蕉、橙子、坚果这样的新鲜食品本身有自然的外皮，并且减少了成本。

当购买新鲜食品或散装商品时，购物者可以把所采购的商品放在他们所带到商店的可再生容器中，或者放入玛丽亚提供的可再循环或可再利用的袋子里。

7. 纸巾和其他纸质制品

货架上的很多纸质产品已经是再循环的。购买可循环利用的产品节约了有价值的自然资源，成就了这类商品的市场。当厂商知道顾客需要再循环的物品，他们就会加工更多这类商品。在玛丽亚超市，主要的纸巾和厕纸是由可循环材料制成，从而就减少了为生产全新纸质商品而砍伐树木的数量。

资料来源：史蒂文森，张群，张杰，等. 运营管理. 北京：机械工业出版社，2016.

【问题】

1. 在玛丽亚超市，有哪些减量化、再利用、再循环的方法？
2. 尝试给出绿色超市的定义。

第4章 设施选址

【学习目标】

1. 理解设施选址的相关概念；
2. 理解设施选址影响因素与一般步骤的基本思想；
3. 了解设施选址的方法；
4. 明确服务设施选址的影响因素。

【导入案例】

大润发（RT-MART）的选址

大润发（RT-MART）是一家台湾的大型连锁量贩店，成立于1996年，由润泰集团总裁尹衍梁所创设。目前大润发在台湾有24个服务据点，在台湾的主要对手为家乐福及爱买，在台湾的发展规模仅次于家乐福。随着中国改革开放的脚步，大润发开始进入大陆市场。

从大陆选址来看，大润发门店集中于东部发达地区，东部沿海的二、三线城市是布局的重点城市。从门店分布来看，华东区仍然是目前外资超市最重要的发展区域。大润发在华东区的门店数量更是占据其在大陆门店总数的61.5%。发达地区商业发展成熟，无论是客流量还是居民消费能力，都能够支撑大卖场的运营。而中小城市作为重点，则有效控制了租金成本。

另外，大润发的选址一般避开核心商圈，但必须靠近居民区，核心范围内居民的多寡成为选址关键。以大润发上海大宁广场店为例，此店紧邻地铁一号线马戏城站，与大宁国际商业广场互为依托，周边3公里范围内有效消费人口超过20万。而该商圈距市中心超过6公里，远离上海中心城区任何一个中心商圈。此举既保证了门店租金能控制在合理范围，客流量也得到了保证，大卖场对购物中心人流量的贡献使大润发在与发展商合作中能够得到极为有利的条件。

资料来源：http://ishare.iask.sina.com.cn/f/1qjAKAZcbMdK.html。

4.1 设施选址概述

4.1.1 设施选址的基本问题

设施选址（facility location），是指通过适当的方法对建立生产和服务设施的位置进行分析和决策的过程。任何新建或扩建的生产和服务组织都会面临设施选址的问题。设施选址决策的效果直接关系到组织在未来相当长的一段时间内正常生产运作过程中的运营成本，同时也与组织的绩效息息相关。除少数原材料采掘企业，如矿产企业、原木采伐企业等必须靠近原材料产地以外，绝大多数企业都面临设施选址的问题。

设施选址包括两个层次的问题。① 选位。即选择什么地区（区域）设置设施，沿海还是内地，南方还是北方，等等。在当今全球经济一体化的大趋势之下，或许还要考虑是国内还是国外。② 定址。地区选定之后，具体选择在该地区的什么位置设置设施，也就是说，在已选定的地区内选定一片土地作为设施的具体位置。

对于一个特定的企业，其最优选址取决于该企业的类型。工业企业选址决策主要是为了追求成本最小化；服务企业选址决策一般是追求收益最大化；仓库选址决策是综合考虑成本及运输速度的问题。总之，选址战略的目标是使厂址选择能给工厂带来最大化的收益。

小资料

涉及设施选址问题的企业包括：① 新创办、设立的企业；② 由于某些原因——如资源可获取性、成本过高、环境治理、业务变化、战略安排等——必须搬迁的企业；③ 大规模的技术改造或大规模的生产能力扩张；④ 新设立分支部门；⑤ 外部因素——如政府规划。

对于新创办的企业来说，选址决策是必需的。对于一个现有的采用单一场址策略的企业来说，在面临选址问题时，可供选择的方案往往有三个——维持现状不变、在原址扩张和更换场址。对于一个采用多场址策略的企业来说，其面临的选址问题比较复杂。对于一个现有的采用多场址策略的企业来说，其面临的选址问题尤其如此。

4.1.2　选址企业类型及行业特征

选址企业类型及行业特征，见表4-1。

表4-1　选址企业类型及行业特征

行　业	特　点
重工业企业	• 重工业一般规模较大，需占用的场地面积和用于设施建设的投资也较大 • 通常选在建筑成本低、接近或容易获取原材料的地方，以保持较低的运输成本。重工业通常产生工业废料和噪声等污染，因此应远离居民稠密区
轻工业企业	• 企业规模相对较小，通常为生产电子仪器或部件、计算机产品、组装产品、饮料生产等企业 • 因生产过程中使用高科技设备，必须保证提供干净和可控制的生产环境，在选址上对环境要求较高，因此地价和建筑成本可能较高 • 对工人的技能要求相对较高，因此需要考虑容易获取所需的人力资源 • 环保问题不是这类企业要考虑的重要因素
仓储与运输业	• 仓库和配送中心是供应链中的一个中转点，仓库通常具有收货、搬运、储藏和发货的功能 • 因为仓库所具有的中转性质，运输成本成为仓库选址决策的关键因素
零售及其他服务业	• 零售及其他服务型企业通常只需要较小和成本较低的设施 • 首要考虑的问题是接近消费者。建设成本不是最主要的因素

4.1.3 设施选址的基本原则

设施选址的原则与内涵，见表4-2。

表4-2 设施选址的原则与内涵

原　则	含　义
费用最低原则	企业首先是经济实体，经济利益对于企业无论何时何地都是重要的。因此，使企业选址所带来的费用最小化就成为企业选址的首要原则
集聚人才原则	人才是企业最宝贵资源，企业选址合适，有利于吸引人才，留住人才。反之，会导致企业人才及员工大量流失
接近用户原则	不论是制造业还是服务业，都应尽量将设施建在消费市场附近，以降低运费和各种在途损耗，同时方便顾客消费
可持续发展原则	企业选址是一项战略性决策，必须要有长远的发展眼光
分散与集中相结合原则	设施选址分散要适度，符合本地区的工业整体布局。有时，需要集中布局，以形成规模经济。有时，需要适度分散，以形成最佳的经济结构
专业化分工与协作原则	打破大而全、小而全的区域观念，建立在分工基础上的相互协作机制，实行业务外包，积极培育自身核心能力

▶ 小资料 ◀

美国的纺织工业为获得廉价劳动成本的利益而大批迁往南部地区。近年来美国南部的工业化，就是部分地建立在这一优势的基础上的。最近美国许多制造商考虑在国外建厂，以便抗衡日本和欧洲制造商的竞争。欧洲共同市场的形成，将参加国的2亿人口联合在一起而成为一个自由贸易区。许多美国生产者认为，他们在美国国内和国外市场能够与共同市场的厂商进行竞争的唯一途径，就是在共同市场地区建厂。

4.2 设施选址的影响因素和一般步骤

4.2.1 设施选址的影响因素

1. 影响设施选址的因素

（1）市场位置因素。设施与目标市场的接近程度直接影响产品投放市场的速度和运输成本。同时，生产运作设施越接近目标市场，企业就越能够迅速地获得市场反馈，确保生产和研发的产品与客户的需要保持一致。

▶ 小资料 ◀

日本的国钢电子公司把它的两家最大的工厂设在墨西哥和匈牙利，就是为了尽量接近其两个主要目标市场——美国和欧洲。根本原因是这两个市场的客户希望他们的订货能够隔夜送达，为了满足客户的需求，企业必须将设施选在距离目标市场较近的国家和地区。

（2）政策、法规因素。政策、法规因素主要包括当地政府对外来企业的优惠政策、当地法制的健全状况、地方保护状况、贸易壁垒、经济政策的稳定性、对外来企业经营范围的限制等。政策、法规条件决定了企业运营的外部商业环境，为企业的生产运作活动方式作出了界定。在某些情况下，选址时必须考虑政治、民族、文化等方面的因素，否则也有可能带来严重后果。

（3）成本因素。成本因素是设施选址过程中技术层面需要考虑的主要因素之一。设施选址的一个重要目标就是尽可能寻求总成本最小的地址。这里所说的总成本主要包括生产成本和运输成本。生产成本包括土地、建筑、劳动力、税收和能源消耗等与生产过程直接相关的成本。运输成本则是指货物运输所引起的成本。除了上述有形成本外，还存在一些无形成本。例如，因远离的运输过程中可能会造成损伤，则会发生返工或重新发货的成本。

（4）基础设施因素。企业生产运作所需的水、电、气等的供应保证，以及充足的公路、铁路、航空和海运能力对企业的发展是至关重要的。另外，随着全球对生态环境的关注，企业在选址过程中还应注意废品、废物、废水的处理问题。选址地区的环保条例可能对某些行业的发展产生影响，如造纸、化工等。

（5）人力资源因素。企业所在地的劳动力受教育程度和技术水平必须与公司的需求相匹配。如果企业当地不能提供充足的企业需要的劳动力，则必将加大企业的劳动力成本，同时也会影响企业长期稳定的发展。

（6）供应链因素。企业作为供应链中的一个环节，在生产运作中必须考虑其他各环节的能力。能否在选址地区建立起企业运营所需的良好的供应链，也是企业在选址过程中必须充分考虑的一个问题。

（7）竞争状况因素。企业进入目标市场设厂的目的就是参与当地的市场竞争，因此必须对选址地区目标市场的市场环境状况进行充分分析。

（8）自然因素。自然因素主要指气候条件和水资源状况等与自然条件有关的因素。气候条件将直接影响职工的健康和工作效率。

▶ 小资料 ◀

根据美国制造业协会的资料，气温在 15～22℃ 时，人们的工作效率最高。不同产业对气候条件的敏感程度不同，对气候条件较敏感的产业有纺织业、乐器制造业等。英国的曼彻斯特之所以成为世界著名的纺织业聚集区，其温度和湿度的适宜是一个主要原因。

▶ 小提示 ◀

选择具体设施位置时的影响因素还包括以下几个方面。① 可扩展性：除了根据生产运作规模规划决定所需的面积以外，还需考虑必要的生活区、绿地占地等。此外，最重要的是，要考虑未来的可扩展性，一开始就建设到容积极限，不留余地，显然是不明智的。② 地质情况：如地面是否平整，地质能否满足未来设施的载重等方面的要求。③ 周围环境：所选位置能否为职工提供包括住房、娱乐、生活服务、交通等在内的良好生活条件。这也是能使生产运作系统有效、高效运行的必要条件之一。对于一些技术密集型企业、高科技企业，如选择在大专院校、科研院所等科技人员集中的地区，还有利于依托。

此外，还有其他一些因素，例如，环境保护问题，水电、通信设施是否便利等。

2. 影响因素之间的权衡与取舍

如上所述，在进行设施选址时，企业会列出很多要考虑的影响因素，甚至远远多于以上所列的因素。需要注意的是：第一，必须仔细权衡所列出的因素，决定哪些是与设施位置紧密相关的，哪些虽然与企业经营或经营结果有关，但是与设施位置的关系并不大，以便在决策时分清主次，抓住关键因素。第二，在不同情况下，同一影响因素会有不同的影响作用，因此绝不可生搬硬套原则条文，也不可完全模仿照搬已有的经验。最后，还应该注意的一点是，对于制造业和非制造业企业来说，要考虑的影响因素以及同一因素的重要程度可能有很大不同。一项在全球范围内对许多制造业企业所作的调查表明，企业认为下列 5 组因素（每一组中又可分为若干个因素）是进行设施选址时必须考虑的：① 劳动力条件；② 与市场的接近程度；③ 生活质量；④ 与供应商和资源的接近程度；⑤ 与企业其他设施的相对位置。

▶ 小资料 ◀

20 世纪 80 年代，美国通用汽车公司在考虑某一新轿车装配厂位置时，曾把"当地工会的态度"列为重要影响因素，甚至位于运输成本、与现有零部件供应商的相对位置以及生活条件等因素之上。而在其他一些情况下，如在中国，这一因素可能就不重要。

3. 全球运作背景下设施选址考虑的因素

当一个企业进行全球生产运作时，其设施选址决策要考虑的因素会更多。如图 4-1 所示，全球化背景下的设施选址决策包括 4 个步骤：第一，制定企业的全球供应链战略；第二，构思不同地区（亚太、北美、欧洲等）的设施布局框架；第三，在既定地区内进行设施选位；第四，在既定选位方位内进行设施定址。

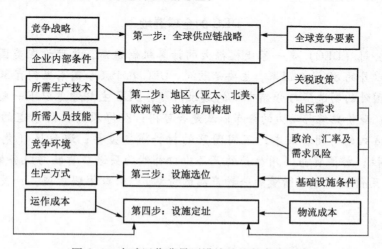

图 4-1　全球运作背景下设施选址的考虑因素

4.2.2　选址的一般步骤

1. 准备阶段

准备阶段的内容主要包括：① 企业生产的产品和数量；② 企业生产运作过程中的作业和流程；③ 设施组成，包括面积、设计要求等；④ 目标市场的竞争状况分析；⑤ 所需资源的数量、质量与供应渠道，如原材料、动力、燃料、水等；⑥ 环保处理设施预算；⑦ 物流运输方式和数量；⑧ 企业组织机构的设计，包括员工数量、素质要求等；⑨ 政策、法规的理解与分析等。

2. 地区选择阶段

地区选择阶段的内容主要包括：① 走访行业主管部门；② 选择若干地区，收集资料；③ 进行方案比较；④ 当地人力资源状况评估。

3. 地点选择阶段

在这一阶段的主要内容包括：① 从当地城市建设部门取得备选地点的地形图和城市规划图，征询关于地点选择的意见；② 从当地气象、地质、地震等部门取得有关气温、气压、湿度、疆域及降雪量、日照、风向、风力、地质、地形、洪水、地震等的历史统计资料；③ 进行地质水文的初步勘察和测量，取得有关勘测资料；④ 收集当地有关交通运输、供水、供电、通信、供热、排水设施的资料，并交涉有关交通运输线路、公用管线的连接问题；⑤ 收集当地有关运输费用、施工费用、建筑造价、税费等经济资料；⑥ 对各种资料和实际情况进行核对、分析及各种数据测算，经过比较，选定一个合适的设施地址。

4. 编制报告阶段

此阶段的主要内容包括：① 对调查研究和收集的资料进行整理；② 编制综合材料，绘制所选地点的设施位置图和初步总平面布置图；③ 编写设施选址报告，对所选厂址进行评价，供决策部门审批。

▶ 小资料 ◀

DEC 的全球选址

数字设备公司（DEC）是一家规模很大的计算机制造商，总部设在美国。它的一大半收入来自美国以外的 80 多个国家，主要是欧洲。DEC 在十几个国家里拥有 30 多座工厂。

对于其在国外的制造厂与分销中心的选址问题，DEC 主要考虑以下一些因素：顾客与供应商的位置；廉价熟练劳动力的分布以及是否可得；获得原材料的渠道的距离和时间长短；不同运输方式的时间和成本；不同国家的材料成本差异；避税区（免税贸易区）的分布及其重要性；补偿贸易（用生产的产品出口补偿购买进口货物与服务的价值）；本地占有率目标（用价值百分比衡量的一种产品的份额）；出口管理措施，如关税税率和退税政策。

4.3 生产设施选址的评价方法

4.3.1 盈亏平衡分析法

盈亏平衡分析法（break-even analysis），也称为成本—利润—产量分析法。主要应用于对可供选择地点在经济上进行对比。任何选址方案都有一定的固定成本和变动成本。图4-2表示两个不同选址方案的成本和收入随产量变化的情况。

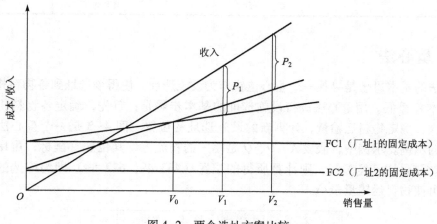

图4-2 两个选址方案比较

对于图4-2，假设无论厂址选在何处，产品售价都是相同的，那么收入曲线相同。对于制造业来说，厂址对销售量没有影响，由于厂址1的总成本较低，在销售量相同的情况下，其盈利较多。但是，该结论是在假设销售量相同的情况下作出的。如果是服务业，比如说商店和超市，不同选址方案的销售量不同。选址1的销售量为 V_1，选址2的销售量为 V_2。可能会出现这种情况，选址2的总成本虽然比选址1的总成本高，但是由于选址2的销售额高，造成选址2的盈利高，即 $P_2 > P_1$。

4.3.2 评分法

评分法是一种广泛应用的方法，该方法既能兼顾定性定量两方面，又能协调多个不同目标，而且还能集中集体的智慧来解决问题。按评分机制不同，评分法又可分为多种方法。

用评分法进行设施选择时，首先，要明确影响设施选择的因素有哪些；其次，为每一个影响因素标定权重，该权重能够描述各个影响因素之间的相对重要性；再次，确定一个共同的评分机制与评分范围；然后，对照每一个影响因素，为各备选方案评分；最后，对各个备选方案进行综合评价。表4-3中的应用示例描述了如何用评分法进行设施选址。

表 4-3 评分法的应用示例

应用步骤	应 用 示 例			
	选址因素	权 重	备选场址	
			A	B
1. 选择因素	临近商店	0.01	100	60
2. 确定权重	交通方便	0.05	80	80
3. 确定记分方法	租金	0.40	70	90
4. 评分	面积	0.10	86	92
5. 综合	布局	0.20	40	70
	运营成本	0.15	80	90
	综 合		61.6	77.3

4.3.3 重心法

重心法的基本思想是寻找一个重心位置作为设施选址，使得该选址到各物料相关方的运输量（成本）最低。用重心法进行设施选址的基本步骤是：首先，确定各物料相关方及其位置；其次，确定物料运输量；计算新的设施选址的位置。图 4-3 是一个重心法在设施选址中应用的示例。示例中，假设 A、D、Q 是相关的物流方，其位置（坐标，可用经纬度来代替）和物流量均已经测知，则计算所得的位置（433.49，627.89）即为应选的新址。该设施选址可使物料运输量最小。

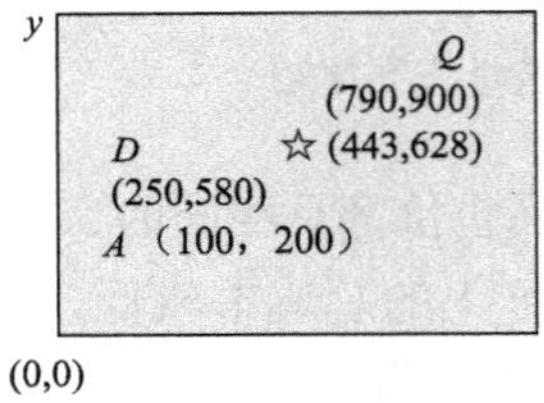

销售点	坐标		每月销量
	x	y	
A	100	200	1 250
D	250	580	1 900
Q	790	900	2 300

图 4-3 重心法应用示例

假设变量：

C_x——重心 x 坐标；

C_y——重心 y 坐标；

d_{ix}——第 i 个运送（出）地的 x 坐标；

d_{iy}——第 i 个运送（出）地的 y 坐标；

V_i——运进/出地点 i 的货物量。

则有：

$$C_x = \frac{\sum (d_{ix} V_i)}{\sum V_i} \qquad C_y = \frac{\sum (d_{iy} V_i)}{\sum V_i}$$

$$C_x = \frac{100 \times (1\ 250) + 250 \times (1\ 900) + 790 \times (2\ 300)}{1\ 250 + 1\ 900 + 2\ 300} = \frac{2\ 417\ 000}{5\ 450} = 443.49$$

$$C_y = \frac{200 \times (1\,250) + 580 \times (1\,900) + 900 \times (2\,300)}{1\,250 + 1\,900 + 2\,300} = \frac{3\,422\,000}{5\,450} = 627.89$$

4.3.4 直接推断法

这种方式是库马华拉（Khumawala）于1972年提出的。下面结合一个实例加以说明。

例如，某医务中心想在一个地区设两个医疗所为4个乡镇提供就诊服务。假定考虑的地点为乡镇中心，每个乡镇的人口分布均匀，又假定各乡镇每年就诊于各医疗所的人数及权重（即反应相对重要性）都已经明确（见表4-4）。要解决的问题是，确定两个医疗所的位置，使得为4个乡镇移动距离最短（或服务的费用最低）。

表4-4 各乡镇就诊于各医疗所的人数及权重

从乡镇	到医疗所的距离/km				乡镇人口数/人	权重
	A	B	C	D		
A	0	11	8	12	10 000	1.1
B	11	0	10	7	8 000	1.4
C	8	10	0	9	20 000	0.7
D	12	7	9	0	12 000	1.0

采用直接推断法的步骤如下。

第一步 计算从各乡镇到各医疗所的总移动距离（总移动距离＝距离×人数×权重），并绘制人口—距离表，见表4-5。

表4-5 人口—距离表

从乡镇	到医疗所/km			
	A	B	C	D
A	0	121	88	132
B	123.2	0	112	78.4
C	112	140	0	126
D	144	84	108	0

第二步 圈出每一行中除零以外的最小数，再在每一行的最小值中选取最小值，用直线划掉该最小值所在行中零所在的列，表示该列所在的医疗所被取消。表4-5中每一行所增加的最短移动距离分别为88，78.4，112和84，其中最小值为78.4，因此，去掉医疗所B。

第三步 从已经去掉的医疗所名称相同的乡镇所在行中，减去第一步中所选取的最小数，然后将经过取消和扣除后的数字排成矩阵表。如果剩下的医疗所数已符合要求，则不再选取。如果尚多，还须重复第二步和第三步。如从表4-5中去掉B列后，再从B行减去78.4，得到第一次改进后的人口—距离表，见表4-6。

表 4-6　第一次改进后的人口—距离表

从乡镇	到医疗所/km		
	A	C	D
A	0	88	132
B	44.8	33.6	0
C	112	0	126
D	144	108	0

经过第一次改进后,按要求还多出一个医疗所,重复第二步和第三步。需要注意的是,在进行下一次改进时,不再考虑前一次已经去掉的医疗所对应的行。表 4-6 中,不再考虑 B 行,仅从 A,C,D 行中选取最小值为 88,去掉医疗所 A,并从 A 行减去 88,由此得到表 4-7。

表 4-7　第二次改进后的人口—距离表

从乡镇	到医疗所/km	
	C	D
A	0	44
B	33.6	0
C	0	126
D	108	0

现在问题解决了,选定在乡镇 C,D 设医疗所,其中 C 为乡镇 A 和 C 服务,D 为乡镇 B 和 D 服务。这样,可以保证全年的移动距离最短,其值为 88+78.4＝166.4 km。

4.4　服务设施选址的影响因素

在进行选址决策时,服务业与制造业相比,明显存在不同的关注点。对前者来说,与原材料的邻近程度通常不是考虑因素,也不考虑加工要求,其首要考虑因素是方便顾客。

服务设施,简单地说,就是提供服务的设施,如医院、零售商场、银行、娱乐公司、旅馆、饭店、保险公司、理发店等组织内部的各种设施。影响服务设施选址的因素主要有以下 9 个方面。

1. 是否接近顾客群

这里的顾客概念是广义的,可能是一般消费者,也可能是配送中心,还可能是作为用户的其他厂家。设施接近顾客群的最大好处是,有利于方便、快捷地向顾客提供服务,从而有利于吸引接受服务。

2. 原料供应问题

对于原材料依赖性较强的服务业,应考虑尽可能地接近原材料供应地,以降低运费,缩短运输时间,从而得到较低的采购价格,降低服务成本。

3. 与竞争对手的相对位置

服务设施在选址时不仅要考虑竞争者的现有位置，还需要估计他们对新选址的反应如何。通常，选址应尽量避开竞争对手，但对于理发店、商场、麦当劳和肯德基等服务行业，在竞争对手附近设址较为有利。在这种情况下，极有可能会产生一种"聚集效应"，即聚集于某地的几个公司所吸引的顾客数大于分散在不同地方的这几个公司的顾客总数。有时，邻近同质的公司并不重要，因为彼此之间不是竞争对手。

4. 周围的人群密度

应考虑设施周围的人口状况，重点考虑周围有购买该种服务并具有实际购买力的人群密度及数量。

5. 当地的经济收入水平

不仅要考虑当地人们的平均收入水平，还要考虑当地的人事劳动工资政策能否满足自己的实际需要。一个地区消费者收入高、人数众多且消费愿望强烈，则该地区购买力强，服务消费量大，企业收入就高。

6. 基础设施条件

基础设施主要是指为服务业正常运营提供所必需的水、电、气等设施，同时还应考虑交通条件、环境保护等问题。不同的服务对于基础设施的要求也大不相同。如批发中心，来往车辆较多，选址时应优先考虑交通条件较好的地方；而娱乐公司，用电量较多，选址时则应优先考虑电力供应充足的地方。

7. 公众态度

服务业在当地是否受欢迎对其经营活动有一定的影响。如不良的娱乐场所，提供的服务会受到公众的谴责和抵制，甚至当地居民会自发地采取阻挠行动。此外，在某些情况下，选址还需要考虑当地的政治、民族、文化、风俗习惯等因素，否则也有可能带来严重后果。

8. 商业环境

选择店址应考虑设店地点附近的商店的规模和数量，如果在同一地区内已有过多的同行业商店，势必影响商店的经营效果，此为趋异性。但是另一方面，由于顾客希望就近广泛地比较选择商品，以及希望一次购足所需的商品，有些商店又有集中趋势，相邻而庙，此为趋同性。

一般来说，比较专一的商品，顾客希望有广泛的比较和选择余地，希望有集中的专门店。这种顾客以购买一类商品为目的，对商业气氛、娱乐性、环境没有过多要求，把注意力全部集中在商品，并比较其质量、价格等因素。

另外一些顾客，购物的范围比较杂，也比较随意，或完全以休闲为主要目的，当然不会去逛上面提到的结构单一的商业区，而是希望到集购物、娱乐、休闲等需要于一体的综合商场。一般大商场就是以此为目标而设置的，应尽可能丰富功能来满足这类顾客的要求。

还有一种特性就是共生性，即指商店依赖于为其他原因而来的顾客，如商业中心区的小型商店设于大型商店附近，主要经营小商品，以品种齐全而取得优势。或开办大商场不能提供的小型服务业，有的经营连带消费商品的商店互为补充，便利顾客。

9. 客流规划因素

商业中心是消费中心，从经济效益上讲，商业中心必须满足整个城市消费市场的要求，争取尽可能多的顾客；从成本效益上讲，要争取最大的聚集效益，要求最大限度地利用城市的各种基础设施。所以，城市人口分布的空间形态是商业中心形成发展的重要制约因素。

（1）相同客流规模的不同地区，因客户的目的、速度、时间不同，对选址条件有差别。在商业集中的繁华地区客流目的一般是以购买商品为主流，或是与购买商品有联系的观光浏览，为以后购买做准备，这类地区的客流特点一般是速度缓慢，停留时间较长，流动时间相对分散。有些时候，除了人口的密度因素之外，人口的职业分布、收入状况、年龄也是影响购买能力、购买习惯的主要因素，必须加以考虑。前者可以作为商业规模的主要参考指标，后者则除影响规模之外，还决定了商业的特色和内容。

（2）选择店址需要调查分析街道两侧的客流量规模，选择客流较多的街道一侧。

（3）选择店址要分析街道特点与客流规模的关系，街道交叉路口客流最多，是选址的最好位置。

（4）对于大型的购物中心和商业街，除了被动适应客流规律之外，还可以在原有路网基础上加以改善开发，选择有开发前景的区域，开辟新的道路交通系统，主动地引导客流，制造客流，进而创造新的商业环境。

另外，还有许多影响服务实施选择的因素。需要指出的是，不同的服务企业对设施周围的环境有不同的要求，在有的服务企业看来是十分重要的因素，而对其他服务企业来说可能是无关紧要的。因此，在设施选择时，各个服务企业必须根据自身的实际要求确定要考虑的因素，并分清主次，区别对待。

本 章 习 题

一、判断题

1. 设施选址是一项耗资较大的短期性投资。（　　）

2. 零售业企业的设施选址是追求成本最小化，仓库的选址则要综合考虑成本和运输速度的问题。（　　）

3. 制造企业选址的战略导向是成本最小化，服务业选择导向是利润最大化。（　　）

4. 设施选址的"定址"问题，就是在已选定的地区内选定一片土地作为设施的具体位置。（　　）

5. 评分法是一种广泛应用的方法，该方法既能兼顾定性、定量两方面，又能协调多个不同目标，而且还能集中集体的智慧来解决问题。（　　）

二、选择题

1. 设施选址的基本原则包括（　　）等原则。

A. 费用最低原则　　　　　B. 接近用户原则　　　　　C. 集聚人才原则

D. 可持续发展原则　　　　E. 分散与集中相结合原则

2. 设施选址的基本问题包括两个层次的决策问题，主要是（　　）。

A. "选区问题"　　　　　B. 成本问题　　　　　　　C. 收益问题

D. "定址"问题　　　　　E. 顾客问题

3. 服务设施选址的影响因素主要有（　　）等。

A. 是否接近顾客群　　　　B. 原材料供应问题　　　　C. 周围的人群密度

D. 当地的经济收入水平　　E. 与竞争对手的相对位置

4. 生产设施选址的方法包括（　　　）。

A. 盈亏平衡分析法　　　　B. 评分法　　　　　　C. 重心法

D. 直接推断法

思考题

1. 什么是设施选址？

2. 设施选址的基本原则是什么？

3. 影响设施选址的因素有哪些？

4. 设施选址的一般步骤如何？

5. 如何理解与应用设施选址的方法？

6. 影响服务设施选址的主要因素有哪些？

7. 一家处理危险垃圾的公司意欲降低其将从5个接收站运至处理中心的费用，已知接收站的地点和日装运量如下，试确定垃圾处理中心的位置。

接收站 (x, y)	日运输量/吨
(10, 5)	26
(4, 1)	9
(4, 7)	25
(2, 6)	30
(8, 7)	40

案例分析

肯德基的选址策略

肯德基对快餐店的选址是非常重视的，选址决策一般是两级审批制，要通过两个委员会的同意，一个是地方公司，另一个是总部。其选址成功率几乎达到百分之百，成为肯德基的核心竞争力之一。肯德基选址通常按以下几步骤进行。

一、商圈的划分与选择

1. 划分商圈

商圈规划采取的是计分的方法。例如，这个地区有一个大型商场，商场营业额在1 000万元算1分，5 000万元算5分，有一条公交线路加多少分，有一条地铁线路加多少分。这些分值标准是多年平均下来的一个较准确经验值。

通过打分把商圈分成好几大类，以北京为例，有市级商业型（西单、王府井等）、区级商业型、定点（目标）消费型、社区型、社区商务两用型、旅游型等。

2. 选择商圈

在商圈选择的标准上，一方面要考虑餐馆自身的市场定位，另一方面要考虑商圈的稳定度和成熟度。例如马兰拉面和肯德基的市场定位不同，顾客群不一样，是两个"相交"的圈，有人吃肯德基也吃马兰拉面，有人可能从来不吃肯德基专吃马兰拉面，也有反之，马兰拉面的选址也当然与肯德基不同。

商圈的成熟度和稳定度也非常重要。比如规划局说某条路要开，在什么地方设立地址，将来这里有可能成为成熟商圈，但肯德基一定要等到商圈成熟稳定后才进入，例如说这家店三年以后效益会多好，对现今没有帮助，这三年难道要亏损，肯德基投入一家店要花费好几百万元，当然不冒这种险，一定是比较稳健的原则，保证开一家成功一家。

二、聚客点的测算与选择

（1）要确定这个商圈内，最主要的聚客点在哪。例如，北京西单是很成熟的商圈，但不可能西单任何位置都是聚客点，肯定有最主要的聚集客人的位置。肯德基开店的原则是：努力争取在最聚客的地方和其附近开店。

（2）选址时一定要考虑人流的主要动线会不会被竞争对手截住。例如北京北太平庄十字路口有一家肯德基店，如果往西一百米，竞争业者再开一家西式快餐店就不妥当了，因为主要客流是从东边过来的，再在西边开，大量客流就被肯德基截住了，开店效益就不会好。

资料来源：http://ishare.iask.sina.com.cn/f/32i8aQGiczN.html。

【问题】

1. 肯德基选址的原则有哪些？

2. 我国要发展自己的快餐店的话，在选址问题上从肯德基选址策略中可借鉴之处是什么？

第5章

设施布置

【学习目标】
1. 了解设施布置的几种类型及适用范围；
2. 掌握各种设施布置的优缺点；
3. 掌握产品导向布置以及工艺导向布置理论与方法；
4. 理解其他类型布置的概念与特点。

【导入案例】 从"手术生产流程"的改进看
"手术生产布局"的改进

像其他任何流程一样，手术也可以被视为一个可以改进的流程。在一般情况下，被手术的患者不动，主刀医生和其他手术人员需要围绕患者进行手术。但这一传统做法现在已被意大利整形外科医生约翰·佩特里（John Petri）所质疑。约翰·佩特里在英国诺福克的一家医院工作。他很讨厌靠喝茶来打发给患者做术前准备的这段时间，因此，他重新设计了手术流程——现在他可以连续忙碌于两台手术之间。当他在一个手术室为患者做手术时，他的麻醉师同事在另外一个手术室为另外一个患者做术前准备。给第一个患者做完手术后，医生会"清洗消毒"，移动到第二个手术室，给第二个患者做手术。当他在给第二个患者做手术时，第一个患者被推出第一个手术室，第三个患者开始做术前准备。这种在不同手术室之间交叉运营的方法可以让他一次工作五个小时，而不是以前的三个半小时。

这位主刀医生说："如果你经营一家工厂的话，你就不会让最重要和最昂贵的机器一直空闲着。这个道理也同样适合医院。"虽然目前医院已经将该流程用于髋关节和膝盖置换手术，但这种布局并不适合于所有的外科手术。但是，自从推出这种布局以来，等待该医生手术的患者人数已经降为零，而他的工作效率提高了两倍。医院管理层的发言人说："尽管运行成本有小幅增加，但我们可以治疗更多的患者。重要的是，实践证明：医生的创新想法是有效的。"

资料来源：梅雷迪斯，谢弗. MBA 运营管理. 唐奇，译. 5 版. 北京：中国人民大学出版社，2015.

5.1 设施布置类型

5.1.1 设施布置

设施布置就是指合理安排企业或某一组织内部各个生产作业单位和辅助设施的相对位置与面积以及车间内部生产设备的布置。

5.1.2 设施布置原则与目的

设施布置要遵循以下基本原则。

（1）符合生产过程的要求。特别是各工作中心和各种设备的布置应符合产品和服务的生产工艺过程的顺序，保证能合理地安排生产作业，以便适合所采用的生产组织形式。厂房的布置需要满足生产过程的要求，以避免互相交叉和迂回运输，缩短生产周期，节省生产费用。

（2）适应生产变化的需要。一种好的布置应具有快速调整能力，以适应环境的变化。特别应注意后勤供应（水、电、气等）的布置，空间应宽敞且易于接近，以便未来的调整。

（3）有利于运输或搬运的优化。有密切生产联系和协作关系的生产单位应尽可能靠近布置，辅助部门和生产服务部门应设在其主要服务的生产单位附近，以保证最短的运输距离。物料搬运路线的布置，必须适合货运的特点和周转量，要避免相互交叉、绕行和往返搬运，并应尽量采用先进的运输方式，如传送带等，从而提高运输效益。

（4）做到整体协调。布置要有整体观念，生产系统布置应使得各个组成单元和运输路线的容量和流量符合一定的比例性。物料流入和流出任何单元应该通顺，单元之间的工作应该协调。

（5）注意空间的高效利用。生产系统是一个立体的设施。作为原材料和在制品的移动储存空间，管道和传送设备可被架设在不同高度的空间中。

（6）适应防火和环保的要求，提供良好的工作环境。良好的工作环境能促进员工的身心健康和提高工作效率。总体布置必须认真考虑废渣、废水、废气的处理问题。工作地要有足够的照明和通风，尽可能减少噪声和振动。

（7）设备布置要合理。设备能力负荷合理，并与操作人员的数量平衡，使生产设备和人员的利用率高而稳定。

（8）工厂布置应考虑有扩建的余地。

设施布置的目的是在各种限制条件或要求下，将企业内的各种物质设施进行合理安排，使它们组合一定的空间形式，从而有效地为企业的生产运作服务，使生产系统较长期地产生最大的综合效率，以获得更好的经济效果。

▶ 小资料 ◀

观音拜观音

有一个佛教信徒走进一间庙里，跪在观音像前叩拜，他发现自己身边有一个人也跪在那里，那个人长得和观音一模一样。他就忍不住问："你怎么这么像观音啊？""我就是观音啊！"那个人回答。这个信徒很奇怪："既然你是观音，那你为什么还要拜观音呢？""因为我也遇到了一件非常困难的事，"观音笑道，"然而我知道，求人不如求己。"

结论："求人不如求己"，如果我们都拥有遇事求己的那份坚强和自信，也许我们就会成为自己的观音。

启示：在工作中，我们都难免遇到各种各样的困境，很多人在遇到困难时，首先想到的就是求助于别人，但却忘记了自己。

5.1.3 设施布置的类型

设施布置主要包括以下 7 种类型。

（1）工艺导向布置——处理小批量、多样性产品（短周期生产或间断性生产）。

（2）产品导向布置——在重复或连续生产中寻找最佳的人员和机器的利用。

（3）固定位置的布置——提供大型项目诸如轮船和建筑物的布置要求。

（4）仓库布置——提供空间和物资处理间的平衡。

（5）零售业/服务业的布置——分配货架空间和对顾客的行为作出反应。

（6）办公室布置——工作人员的位置安排，他们的设备和空间安排要利于信息的传递。

（7）混合布置——将上述各种类型混合使用的布置。

5.2 工艺导向布置

5.2.1 工艺导向布置的定义

工艺导向布置是指按生产产品的工艺过程来布置生产单位。在工艺专业化的每个生产单位内，布置着大致相同的生产设备，配备着大致相同工种的员工，设备按机群式排列形式布置。各生产单位只完成整个产品加工过程的部分工艺加工任务，并且相互之间联系紧密。这种生产布置方式一般适合于多品种、单件小批量生产。

当制造具有各种不同要求的产品或对待不同需求的顾客时，这种布置是最有效的。在这种布置方式下，设备是按照其所具有的功能来布置的。例如，机械制造厂将车床、铣床、钻床等设备分别放置。工艺导向布置的最优意味着物流大的部门相邻，以使车间之间的物料搬运费最少——零件和人员流动较多的部门应该相邻。工艺导向布置的典型示例如图 5-1 所示。

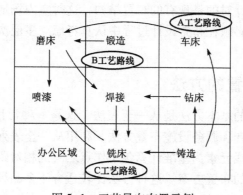

图 5-1 工艺导向布置示例

▶ 小提示 ▶

由于专业化程度不同，按工艺原则建立的生产单位的形式可分为以下两种：第一种是完成一个工艺阶段的全部工程作业的工艺专业化车间（工段、小组）；第二种是完成一个工艺阶段的部分工程作业或某一种作业的工艺专业化车间（工段、小组）。

5.2.2　工艺导向布置的优点与缺点

采用工艺导向布置的优点主要是：产品生产适应市场需求变化的能力强；有利于产品的更新换代；设备可以交叉替代使用，利用率高；生产面积及生产力利用比较充分；有利于生产单位内部的工艺指导、技术管理、技术交流和协作等。缺点主要是：用该种生产组织形式生产产品周期较长，中间环节多，在制品库存量较高，资金占用量大，产品的物流比较复杂、无序，周转慢，管理工作较复杂。

▶ 小提示 ▶

设计工艺导向布置时一个重要的挑战就是如何安排好经济活动中心的位置，使它们能够给柔性流程运营的杂乱无章带来一些明显的秩序性。在非制造业企业，有时也可以用类似的思路来考虑设施布置。例如，一个办公大楼，分别设置复印机室、计算机室，而不是每个办公室均有复印机和计算机，这种布置形式就类似于工艺导向布置。

5.2.3　工艺导向布置需要考虑的信息

（1）一系列要安排的工作部门或工作中心的大致规模以及容纳这些工作部门的建筑物的大小；

（2）各工作中心之间未来工作流的平面图；

（3）位置间的距离及单位距离物料运输费用；

（4）投资于一个系统布置的资金额；

（5）一系列需特别考虑的事项（例如，必须相互接近或必须隔开的操作）。

理想的情形是先构思出一个布置方案，然后再设计实物结构，这样可使设计具有一定的灵活性。而许多布置设计针对的是现有的布置结构，这时室内场地大小、建筑物大小、人和电梯位置及其他类似因素必须在布置设计过程中认真考虑。多层次结构也是布置设计者要面对的特定问题。

5.2.4　工艺导向布置的方法

工艺导向布置最常见的基本方法是从一至表法，这是一种常用的运作设施布置的方法。从一至表是一种常用的生产和服务设施布置方法。利用从一至表列出不同部门、机器或设施之间的相对位置，以对角线元素为基准计算各工作点之间的相对距离，从而找出整个单位或生产单元物料总运量最小的布置方案。这种方法比较适合于多品种、小批量生产的情况。其基本步骤如下。

（1）选择典型零件，制订典型零件的工艺路线，确定所用机床设备。见表5-1。

（2）制订设备布置的初始方案，统计出设备之间的移动距离。见表5-1。

（3）确定出零件在设备之间的移动次数和单位运量成本。见表5-2。

表5-1　设备间月平均移动次数矩阵　台

	锯床	磨床	冲床	钻床	车床	插床
锯床		217	418	61	42	180
磨床	216		52	190	61	10
冲床	400	114		95	16	68
钻床	16	421	62		41	68
车床	126	71	100	315		50
插床	42	95	83	114	390	

表5-2　单位距离运输成本矩阵　元

	锯床	磨床	冲床	钻床	车床	插床
锯床		0.15	0.15	0.16	0.15	0.16
磨床	0.18		0.16	0.15	0.15	0.15
冲床	0.15	0.15		0.15	0.15	0.16
钻床	0.18	0.15	0.15		0.15	0.16
车床	0.15	0.17	0.16	0.20		0.15
插床	0.15	0.15	0.16	0.15	0.15	

（4）将运输次数矩阵与单位距离运输成本矩阵的相同位置的数据相乘，得到从一台机器到另一台机器的每月运输成本，见表5-3。然后，再将对角线对称的成本元素相加，得到两台机器间的每月总运输成本，见表5-4。

表5-3　单位距离每月运输成本　元

	锯床	磨床	冲床	钻床	车床	插床
锯床		32.6	62.7	9.8	6.3	28.8
磨床	38.9		8.3	28.5	9.2	1.5
冲床	60.0	17.1		14.3	2.4	3.2
钻床	2.9	63.3	9.3		6.2	10.9
车床	18.9	12.1	16.0	63.0		7.5
插床	6.3	14.3	13.3	17.1	58.5	

表5-4　单位距离每月总运输成本　元

	锯床	磨床	冲床	钻床	车床	插床
锯床		71.5 ③	122.7 ①	12.7	25.2	35.1
磨床			25.4	91.8 ②	21.3	15.8
冲床				23.6	18.4	16.5
钻床					69.2 ④	28.0
车床						66.0 ⑤
插床						

（5）确定紧密相邻的系数。其确定依据就是总运输成本的大小。按总运输成本的大小，从大到小降序排列，就得到了机器（或部门）之间的紧密相邻程度。如本例，根据表5-4中①②③④⑤的顺序，应将锯床与冲床相邻布置，磨床与钻床相邻布置，锯床与磨床相邻布置，钻床与车床相邻布置，车床与插床相邻布置。最后结果如图5-2所示。

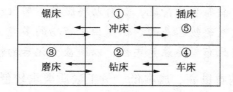

图5-2　最后布置方案

山不过来，我就过去

从前，有一个大师，一直潜心苦练，几十年练就了一身"移山大法"，引来无数好事者向大师请教。

有一个人虔诚地请教这位大师："大师用何神力，才得以移山？我如何才能练出如此神功呢？"

这位大师微微一笑："其实，我练功很简单，山不过来，我就过去。"

启示：要让事情改变，先要改变自己。

现实世界中有太多的事情就像大山一样，是我们无法改变的，至少是暂时无法改变的。就像生活中的许多事情是无法改变的一样。如果事情无法改变，那么我们可以改变自己。如果别人不喜欢自己，是因为自己还不能够让别人喜欢。如果无法说服别人，是因为自己还不具备足够的说服力。如果我们还无法成功，是因为我们暂时还没有找到成功的方法。

5.3　产品导向布置

5.3.1　产品导向布置的定义与特点

产品导向布置用于重复性生产的企业或部门，目的是使大量产品或顾客按照规定的顺序，顺利且迅速地通过系统，如图 5-3 所示。这些部门按对象专业化原则组织起来，在这些部门中生产的是相同或相似的产品，因此这些产品的加工工艺是相同的，设备或设施是按产品的加工路线来布置的。图 5-4 是自助餐服务的产品导向布置示意图。

图 5-3　产品导向布置

图 5-4　自助餐服务的产品导向布置

服务业也有采用产品导向布置的情况，如自助餐服务。若仅从确定设备或设施的相对位置来说，作出产品布置的决策是较容易的。但是由于市场的多变，即使是重复型的生产，产品的需求也会发生变化，因此布置要注意柔性，以适应变化后的情况。

产品导向布置的优点是质量高、成本低、员工素质要求较低、运作的组织管理比较简单。缺点是投资大、柔性差、设备管理要求高。产品导向布置形式多种多样，比较常见的有直线型布置和 U 型布置。

采用产品导向布置应满足以下的条件：① 产品的数量足够大，使得设备的利用率高；② 产品的需求稳定，能够放心地投资昂贵的专用设备；③ 产品是标准规格或者达到产品生命周期的大量生产阶段，这样可以放心地投资于专用设备；④ 原材料和零件的供应充足，质量稳定，保证它们可以在专用设备上进行加工。

5.3.2　产品导向布置的类型

产品导向布置的类型有两种：生产线和装配线。考虑到采用产品布置形式所加工的产品都按相同的工艺顺序加工，因此常在工作地之间使用固定路线的物料运输设备，如运送物料的传送带，这样的传送带和设备一起被称为生产线或装配线。

生产线——在一系列机器上制造零件。

装配线——在一系列工作台上将制造出的零件组合在一起。装配线是一种特殊的产品导向布置形式。一般地说，"装配线"一词指的是由一些物料搬运设备连接起来的连续生产线。通常假定装配线的节拍一定，并且所有工作站的加工时间基本相等。在这种广泛的定义下，不同类型的装配线有很大差异，主要体现在物料搬运设备（输送带、传送器或天车）、生产平面布置的类型（U 型、直线型或分支型）、节拍控制形式（人动或机动）、装配品种（单一产品或多种产品）、工作站的特性（工人可以坐、站、跟着装配线走或随装配线一起移动等）、装配线的长度（几个或许多工人）等方面。产品导向布置的中心问题是平衡生产线上每个工作站的产出，使它们趋于相等，从而获得所需的产出——使生产线或装配线的不平衡减至最小。

▶ 小提示 ◀

生产线和装配线两种类型都是重复过程，而且二者都必须"平衡"——生产线上的一台机器所做的工作必须与另一台机器所做的工作相平衡；装配线上一个雇员在一个工作站所做的工作必须和另一雇员在另一个工作站上所做的工作配合一致。

5.3.3　装配线/生产线平衡

因为生产线和装配线的问题是类似的，在此以装配线平衡为例进行讨论。

1. 装配线平衡的含义

装配线平衡，又称工序同期化，是对于某装配流水线，在给定流水线的节拍之后，求出装配线所需工序的工作地数量和用工人数最少的方案。装配线平衡问题还可以描述为：对于特定的产品，给定工作地数量，求出使流水线节拍最小的配置方案。这两种表达方式都是要使各工作地的单件作业时间尽可能接近节拍或节拍的整数倍。总之，使各种设施、人力的利用率最高（或闲置率最低）是生产线设计的主要目标。

▶ 小提示 ◀

产品导向布置与工艺导向布置之间最基本的区别就是工作流程的路线不同。正如我们前面所看到的那样，工艺导向布置中的物流路线是高度变化的，因为用于既定任务的物料在其生产周期中要多次运往同一加工车间。产品导向布置中，设备或车间服务于专门的产品线，采用相同的设备可以避免物料迂回，实现物料的直线运动。只有当给定产品或零件的批量远远大于生产的产品或零件的种类时，采用产品导向布置才有意义。

2. 装配线平衡实现的步骤

第一步，建立某项生产活动的一张概括生产顺序和完成时间的顺序图。

第二步，计算产品在每个工作地所停留的时间（循环时间/节拍）：

$$\frac{循环时间}{节拍} = \frac{每天可达到的生产时间}{每天的需求或生产量}$$

第三步，计算理论上工作地的最小数目，其计算方法为：

$$工作地的最小数目 = \frac{\sum 完成任务所需时间}{循环时间}$$

第四步，利用以下方法将作业分配到各个工作地上：先分配后续作业数最多的作业。如果出现多个作业一样的情况，可采用先分配所需时间最长的作业。

第五步，装配线平衡的效率的计算。

$$效率 = \frac{\sum 完成任务所花时间}{工作站数目 \times 分派的循环时间}$$

3. 装配线平衡应用举例

例 5-1　利用表 5-5 的资料，完成装配线平衡的布局。

表 5-5　某作业生产顺序与用时资料

作业	紧后作业	作业时间/分	作业	紧后作业	作业时间/分
a	b	0.2	f	g	1.0
b	e	0.2	g	h	0.4
c	d	0.8	h	结束	0.3
d	f	0.6			总计：3.8
e	f	0.3			

解：（1）画出作业先后顺序图。如图 5-5 所示。

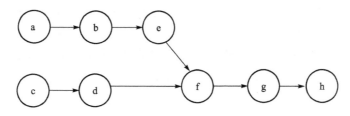

图 5-5　作业顺序网络图

（2）假定一天工作 8 小时，计算一天所要达到产量为 400 个单位的节拍。

$$节拍 = \frac{每天 480 分}{每天 400 个单位} = 1.2 分$$

（3）求出最少需要的工作地数。

因为完成一件产品总的作业时间是 3.8 分，而每个工作地最多只能完成 1.2 分的作业任务，所以最少的工作地数 = 3.8 分/每个工作地 1.2 分 = 3.17 台（取整数为 4）。

（4）将具体的装配任务分派到工作地。

从工作地 1 开始，按下列程序进行分配：从作业先后顺序图中确定出哪些作业够资格分配；接着从中找出与该工作地剩余时间相适应的作业。一旦一个作业被分配后，就不再考虑。一个工作地不能再分配作业时，继续下一个工作地。这样一直到所有作业分配完为止。其结果见表 5-6。

表 5-6　工作地作业分配过程与结果

工作地	剩余时间/分	够资格分配的作业	将要适合的作业	分配作业（作业时间）	修正的剩余时间	闲置时间/分
1	1.2	a, c	a, c	a (0.2)	1.0	
	1.0	c, b	c, b	c (0.8)	0.2	
	0.2	b, d	b	b (0.2)	0.0	
	0	e, d	无	—		0.0
2	1.2	e, d	e, d	d (0.6)	0.6	
	0.6	e	e	e (0.3)	0.3	
	0.3	f	无	—		0.3
3	1.2	f	f	f (1.0)	0.2	
	0.2	g	无	—		0.2
4	1.2	g	g	g (0.4)	0.8	
	0.8	h	h	h (0.3)	0.5	
	0.5	—	—	—		0.5
						1.0

注：① a 和 c 都没有先行作业，所以都是够资格分配的。因为作业 a 的后续作业较多，所以先分配 a。

② 一旦作业 a 被分配后，b 和 c 都是够资格分配的。二者都将适合 1.0 分的剩余时间。由于采用"后续作业数量多"这一方法出现了多个作业一样的情形，所以分配时间最长。

③ 尽管 f 是够资格的，但它不适合，因此，工作地 2 的闲置时间为 0.3 分。

（5）计算装配线平衡效率。

$$效率 = \frac{3.8 分}{4 \times 1.2 分} \times 100\% = 79.17\%$$

小提示

产品导向布置与工艺导向布置特性比较

特性	产品导向布置	工艺导向布置
描述	设备连续安排	设备按功能分组
功能类型	连续，大量生产，主要是组装产品	间断式生产，车间批量生产，主要是制造产品
产品	标准化的生产储存型	多变的订货生产型

续表

特性	产品导向布置	工艺导向布置
需求	稳定	变动
数量	高	低
设备	专用设备	通用设备
工人	有限技能	多技能
库存	低在制品，高产成品	高在制品，低产成品
储存场地	小	大
物料搬运	固定路线（传送带）	变化的路线（铲车）
过道	窄小	宽大
进度安排	部分平衡	动态的
规划决策	生产线平衡法	设备位置
目的	使每一工作中心的工作负荷平衡	使物料搬运成本最小化
优点	效率高	柔性

5.4　其他类型布置

5.4.1　定位布置

1. 定位布置的定义

定位布置又称固定位置布置，是指产品或服务对象的位置保持不变，而人员、物料和设备在需要时移动的布置。它与产品布置原则和工艺布置原则截然相反，是人员、物料和设备向"产品或对象"移动。产品的特点决定了这种布置方式，大的重量、尺寸、体积以及其他因素致使产品或对象不适宜或极难移动，而必须采用这种布置方式。定位布置的特点有：量少，不易移动；先后工序要求严格；使用了上千年，但研究成果不多，等等。

2. 定位布置的适用范围

定位布置常用于大型建设项目（建筑物、水坝等）、造船、大型飞机和空间火箭等的生产，还广泛应用于种植、消防、筑路、房屋改建和维修以及钻井等。在每一种情况下，关键是工人、物料和设备要到达"产品"的所在地。

3. 定位布置应注意的问题

在定位布置时，要集中精力注意物料和设备交付时间的安排，以免阻塞工作现场，避免在工作场地对材料和设备进行不得已的反复布置。因为要对大型项目进行各种作业活动，需要多种技术、人员，所以需要特别加强协调管理工作，减少管理幅度。例如，在城市密集地带的建设工地，一个明显的问题是存储空间明显不足。由于完成大型项目要担负的活动及对技术的要求都十分繁多，所以需要花大气力去协调这些活动，控制跨度可能很窄。基于这些原因，与其他布置类型相比，此种布置下的管理责任和负担较重。物料搬运可能是一个因素，也可能不是一个因素：许多情况下，根本不涉及有形产品（例如，设计一个计算机化的库存系统）。当涉及产品和物料时，通常利用可变路线的通用物料运输设备。例如，项目的完成可能需要利用移土设备和送物料的卡车出入工地。

5.4.2 混合布置

1. 混合布置（单元式布置）的定义

混合布置就是工艺式布置与产品式布置的混合，把加工工艺中具有相似性的加工件视为一个族，将加工它们的设备按加工单元进行分组。不同族的加工件的加工流程按一个方向通过不同的加工单元，每一个加工单元相当于一个产品式布置，它使得企业在没有固定产品标准的情况下，生产不同品种的产品而取得产品式布置的经济效果。它又不同于产品式的生产线布置，因为它使同类型的被加工件经过一组设备而不是所有的设备。混合布置示意图如图 5-6 所示。

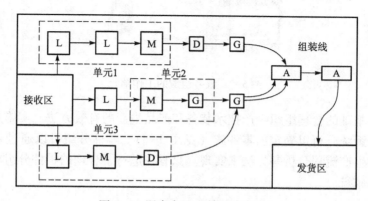

图 5-6　混合布置（单元式布置）

2. 混合布置的适用范围

混合布置用于既有制造运营活动又有装配运营活动的设施。将原材料制成零部件的制造运营活动杂乱无章，而将零部件装配成制成品的装配运营活动则采取线性流。在引入柔性制造系统之类的工作单元及柔性自动化时，运营经理也会采用混合布置。

3. 混合布置的优点及限制

混合布置的好处是：① 可以减少生产工序的计划时间，加工较快，物料运输路线短；② 由于工作单元是流水线式布置，因此引进了其较好的技术经济特性，减少了物料的搬运和在制品的存放；③ 同一族零部件的加工次序明确，便于工作的协调；④ 减少了调整时间和生产准备时间。

混合布置的限制是：实施单元布置要求对设备进行重新组合，这将产生一定的费用。因而，管理者必须对由产品导向布置或工艺导向布置转向单元布置所带来的收益与设备的移动费用及零件分组所需要的费用进行权衡，以作出最佳选择。

4. 混合布置中两个基本概念

（1）工作单元。工作单元是指将不同的机器组成加工中心（见图 5-7），在这个中心对形状和工艺要求相似的零件进行加工。

（2）成组技术。工作单元的实现是以成组技术为基础的。成组技术是一种以零件结构

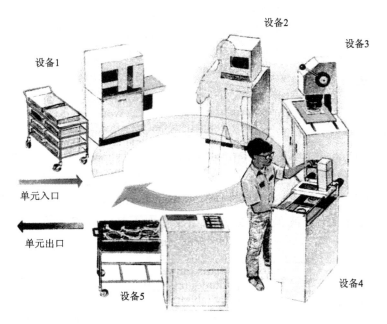

图 5-7 设备组成的工作单元

和工艺相似性为基础的合理组织生产技术装备和产品生产的有效方法。实施成组技术，首先需要对零件进行系统分析以确定出零件族（见图 5-8）。零件分组可以通过目测、设计与生产的资料审查和生产流程分析等方法来实现。只有在进行了合理的零件分组后，成组技术才有可能被成功地施行。

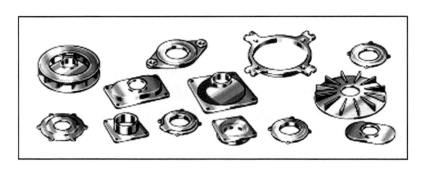

图 5-8 加工对象分组

小提示

　　单元布置是以成组技术为依据，以相似性为基础，对工件进行分组，按每组对象的运作要求分别配置相关的设备和设施。单元布置的概念也适用于工厂或生产线。

5.4.3 办公室布置

　　办公室布置与制造部门布置的不同之处是前者的主要出发点是便于处理信息流，而后者主要考虑物流，同时也考虑信息流。

▶ 小提示 ◀

在办公室的布置中，也有一些考虑原则与生产制造系统是相同的，例如，按照工作流程和能力平衡的要求来划分工作中心和个人工作站，使办公室布置保持一定的柔性，以便于未来的调整和发展等。

办公室布置的主要考虑因素有两个。① 信息传递与交流的迅速、方便。其中信息的传递与交流既包括各种书面文件、电子信息的传递，也包括人与人之间的信息传递和交流。对于需要跨越多个部门才能完成的工作，部门之间的相对地理位置也是一个重要问题。② 人员的劳动生产率。当办公室人员主要是由高智力、高工资的专业技术人员构成时，劳动生产率的提高就具有更重要的意义。而办公室布置会在很大程度上影响办公室人员的劳动生产率。必须根据工作性质、工作目标的不同来考虑什么样的布置更有利于生产率的提高。

常见的办公室布置的几种基本模式是：封闭式办公室布置、开放式办公室布置、半截屏风的组合办公室布置、"活动中心"式办公室布置以及"远程"办公室布置。

5.4.4　仓储和储备布置

储备设施的设计与工厂布置设计有许多不同之处。订货次数是要考虑的重要因素；频繁订购的物品应放在靠近储备设施的入口处，而订购次数不多的那些物品应放在储备设施的后方。物品间的相关性也是十分重要的（如物品 A 和物品 B 一起被订购），把两类相关的物品靠近放置将减少挑选（取回）这些物品的费用和时间。其他要考虑的因素包括走道的数量和宽度、储备分隔间的高度、铁路或卡车装卸货以及定期对储存物品进行实物清点的必要性等。仓库与储备的业务特征决定了其布置必须考虑订货频度、物流流通运输、不同物料的价值含量、不同物料的仓储要求、仓储间的面积与空间、物料盘点、对外交通链接等。仓库布置从某种意义上来说，仓库类似于制造业的工厂，因为物品也需要在不同地点（单元）之间移动。因此，仓库布置也可以有多种不同的方案。

5.4.5　零售布置

零售布置，如超市、百货商店、专营店等的布置主要考虑因素是功能分区、货架布置的结构、货物流与顾客流、环境设计与氛围营造，通过这些来激发顾客的购买欲望，增加零售额。另外，像干洗店、专营店、连锁店等的布置则强调方便、容易识别与标准化。零售布置设计追求的目标通常涉及成本最小化和产品流。然而，对诸如百货商店、超级市场和专营店这样的零售布置，设计者追求的是货架单位面积的最大销售额和良好的顾客态度。一些大的零售连锁店对其旗下的大多数商店采用标准布置。

▶ 小提示 ◀

对不同的商店进行同一种布置其最明显的优点是节省时间和资金；另一个优点是可使顾客容易辨认这些商店。对于像干洗店、修鞋店和汽车服务中心这样的服务性小店，布置设计要简单得多。

本 章 习 题

一、判断题

1. 医院的化验科、放射科、内科、外科、药房的设施分别位于医院的特定区域，需要这些服务的病人必须走到相应服务的区域，这种设施布置的方式被称为产品导向布置的方式。（　　）

2. 啤酒生产是连续的生产线，它的布置是属于产品导向布置。（　　）

3. 汽车生产流水线是工艺导向布局实现的。（　　）

4. 办公室的布置主要考虑信息传递与交流的迅速与方便，而工艺导向布置主要是考虑物料流动成本（费用）的最小化。（　　）

5. 工艺导向布置的方法适用于少品种、大批量生产的情况。（　　）

二、选择题

1. 实现工艺导向设施布置的方法是（　　）。

A. 装配线平衡法　　　B. 从—至表的方法　　　C. 质量屋方法　　　D. 关联网格图法

2. 工艺导向布置的优点有（　　）。

A. 产品生产适应市场需求变化的能力强

B. 设备可以交叉替代使用，设备利用率高

C. 有利于产品的更新换代

D. 在制品库存量较高，资金占用量大

3. 采用产品导向布局应满足的条件有（　　）。

A. 产品的数量足够大，使得设备的利用率高

B. 产品的需求稳定，能够放心地投资昂贵的专用设备

C. 产品是标准规格或者达到产品生命周期的大量生产阶段，这样可以放心地投资于专用设备

D. 原材料和零件的供应充足，质量稳定，保证它们可以在专用设备上进行加工

4. 混合布置的好处有（　　）。

A. 可以减少生产工序的计划时间，加工较快，物料运输路线短

B. 实施单元布置要求对设备进行重新组合，这将产生一定的费用

C. 同一族零部件的加工次序明确，便于工作的协调

D. 减少了调整时间以及生产准备时间

思考题

1. 设施布置有哪几种基本类型？各种布置的适用范围是什么？

2. 工艺导向布置适用的范围是什么？如何实现工艺导向布置？

3. 为什么要进行生产线的平衡？简述生产线平衡的方法。

4. 混合布置实现的基本条件是什么？

案例分析

鸿博园的设施布置

鸿博园是在广大教职员工的急切期盼下隆重开业的。现场鲜花锦簇，人声沸腾。

鸿博园建筑面积 12 550 平方米，可容纳 2 600 人同时就餐，每餐可接待 1 万人次。食堂总体结构为地下一层和地上四层，地下一层设有加工部、库房以及动力设备，一层为风味食堂，二层为基本伙食，三层为清真食堂，四层为教工食堂和西餐厅，全楼职工共计 200 人左右。鸿博园的正式营业将极大缓解原学校食堂用餐时间人员过于拥挤的状况，改善了同学们的用餐环境，也为教师的用餐、休息提供了场所。

似乎一切都很好，只是感到四层收盘处的位置不尽合理。到达四层的电梯只有一部，而收盘处设在与电梯成对角的西北角。吃完饭放回餐盘后，如果要想从位于东南角的电梯下楼，不但要走长长的距离，而且还要穿越餐桌或从窗口走过，既不方便，也会影响其他人就餐。好在收盘处紧邻室内楼梯和外挂楼梯。那么，这种空间布局真的不合理吗？还是有意而为之？

资料来源：http://wenku.baidu.com/view/05474a4e83d0496a665827.html。

【问题】

1. 鸿博园的设施布置体现了哪些理念？
2. 试分析这种设施布置在其他非制造业应用的可能性。

第6章 流程设计与工作设计

【学习目标】

1. 掌握流程的相关概念；
2. 理解生产流程和服务流程设计与选择的原理；
3. 了解工作设计的内容及方法；
4. 掌握作业测量的概念与方法；
5. 了解几种激励工资制度。

【导入案例】 A 公司主营流程管理

小张作为第一任流程管理经理，从规划开始他持有的观点就是"流程先要固化，然后才能谈优化"。有些部门不是很支持，觉得目前运作已经非常好，所以提交的"功课"参差不齐。经过一年声势浩大的流程规划工作，流程并没有完成全面浮现，仅基本统一了流程文件编写格式，更别说如何应用啦。最后在小张离职的时候，领导对他说了一句话："做流程管理，要看产出。"

小李加入 A 公司后接任了小张负责的流程管理工作。小李的做法与小张的做法则完全相反，他没有强调每个部门流程的完整性，他首先与各部门领导访谈，收集了一下问题。然后在取得公司领导支持后，成立了几个流程优化项目组。并在半年内有了较大效果，公司领导很满意。所以后来小李又通过持续不断地流程优化项目，在全公司范围内巩固和宣传流程管理的理念和重要性。然后在流程优化的基础上，不断扩展其他流程管理理念的推行，如流程绩效等。实际上，流程规划在 A 公司的全面推行已经进行了很多年了。即使这样，目前 A 公司流程管理工作中，流程优化项目工作仍然占到 70% 的比例。

资料来源：http://www.360doc.com/content/15/0729/15/421844_488156898.shtml。

6.1 流程及类型

6.1.1 流程概念

所谓流程，是指由投入到产出的转换过程（见图 6-1）。图 6-2 描述了一个食品厂的面包制作流程。

企业条件不同，产品各异，但企业的流程均由几种不同的运作活动组合而成，或者说不论流程多么复杂，都可以将其分解成加工、检验、搬运、等待、库存等基本运作活动。一个流程是分析一个组织经营业绩好坏从而对其进行改进的基础，运营管理的主要工作之一就是对流程进行设计、运行、控制和改进。

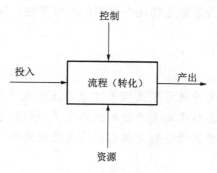

图 6-1 流程示意图

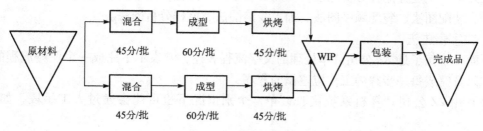

图 6-2 面包制作流程示意图

小提示

流程观视组织为流程的集合，企业可以看成一个大流程，一个快速捕捉市场需求、对市场作出快速反应、满足市场需求的流程。流程具有层次性，自上而下，分别称为高阶流程、低阶流程。高阶流程分解为低阶流程，低阶流程综合形成高阶流程。流程观认为，企业运作的好坏取决于流程本身效率以及流程之间的合作效率，加强流程管理、强化流程之间的合作，可以提升绩效。

6.1.2 流程类型

根据运作的专业化、重复性程度，流程可以划分为四大类：项目型流程、单件小批量型流程、成批轮番型流程和大量流水型流程。

项目型运作流程适合于独特的、一次性任务。企业必须根据每次不同的任务专门进行精心的运作组织与安排。例如，组织一次（届）奥林匹克运动会、建造一座桥梁等都是典型的项目型运作。

单件小批量型流程的基本特征是运作任务（产品或服务）可变性程度很高，重复性程度很低，运作必须保持高度的灵活性，以满足不同的任务要求。例如，建造轮船、制造大型的成套工程设备等都是典型的单件小批量型运作。

成批轮番型流程的基本特征是运作任务可变性程度较高，但每一种运作任务又都有较高的重复性。企业根据市场的需求或库存控制的要求周期性地完成各种不同的生产任务，多数任务都具有相同的流程特征。例如，机械设备制造、教育等都是典型的成批轮番型运作。

大量流水型流程的基本特征是运作任务有很低的可变性、很高的稳定性，运作条件高度稳定。

▶ 小提示 ◀

根据产品的特征不同，大量流水型流程又可分为流水生产型和连续流程型两种。玩具、汽车的生产制造以及提供快餐服务都是典型的流水生产/装配型运作，而城市自来水生产与供应、钢铁生产以及机场空中监管等则是典型的连续流程运作。

6.1.3　流程描述方法

在开始一个业务流程分析之前，首先要表述一个流程，用于描述流程的方法主要有文字表述法、装配图法、装配顺序图法、加工线路图法、流程分析图法。

1. 文字表述法

下面一个例子是 ZZ 公司订单处理的文字流程表述，它表示了完成一个业务流程的主要步骤，以及完成每一步骤的工作应遵循的程序：

（1）由 ZZ 公司计算机系统接收订单，个别情况下也可能会通过人工手段，如电话、传真；

（2）打印出订单取货文件；

（3）从库存中挑取出相应的零件，如库存没有，立即通知 ZZ；

（4）在 ZZ 计算机系统里确认所挑取的零件；

（5）检验和确认所挑取的零件号和数量的正确性；

（6）对一个独立的客户做集中托运（如果可能）；

（7）按国际运输标准来运输订单货物；

（8）在 ZZ 计算机系统上完成运输记录。

在以上一般过程中，还要不断考虑以下的例外程序：

（1）具备改变或取消订单的能力；

（2）具备分配管理订单并随后加以控制的能力；

（3）对错发货具备纠正并重新制定运输路线的能力；

…………

2. 装配图法

根据零部件分解示意图，提供装配方法顺序。如图 6-3 所示。

图 6-3　零部件分解示意图

3. 装配顺序图法

确定总的物流模式。如图 6-4 所示。

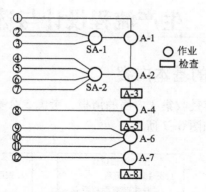

图 6-4　装配顺序图

4. 加工线路图法

详细描述零部件作业、生产线路、相关设备、工具等。如图 6-5 所示。

物料规格 ＿＿＿	零部件名称 ＿＿＿	零件号 ＿＿＿
库存量 ＿＿＿	用途 ＿＿＿	发货时间 ＿＿＿
采购批量 ＿＿＿	总装号 ＿＿＿	供应时间 ＿＿＿
重量 ＿＿＿	部装号 ＿＿＿	发货单位 ＿＿＿

工序号	工序摘要	工种	机床	排队时间	小时生产率	工具

图 6-5　加工线路图

5. 流程分析图法

用标准化的符号描述物料流经工作地（设备）时的加工方式。如图 6-6 所示。

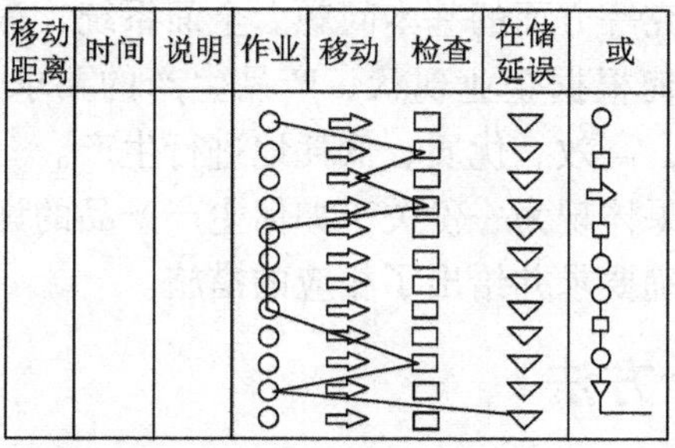

移动距离	时间	说明	作业	移动	检查	在储延误	或

图 6-6　流程分析图

6.2 生产流程设计与选择

6.2.1 生产流程设计的基本内容

生产流程设计的基本内容是收集 3 方面的情报，考虑 5 个基本问题后所得到的一份关于如何生产产品的详细文件。如图 6-7 所示。

```
输入                      生产流程设计              输出
1. 产品信息               1. 选择生产流程           1. 生产技术流程
   产品要求                  与生产流程相适应          工艺设计方案
   价格/数量              2. 自制—外购研究           工艺流程之间的联系
   竞争环境                  自制—外购决策         2. 布置方案
   用户要求                  供应商的信誉和能力        厂房设计方案
   所期望的产品              配套采购决策             设备设施布置方案
   特点                   3. 生产流程研究            设备选购方案
2. 生产系统信息              主要技术路线          3. 人力资源
   资源供给                  标准化和系统化设计        技术水平要求
   生产经济分析              产品设计的可加工性        人员数量
   制造技术               4. 设备研究               培训计划
   优势与劣势                自动化水平              管理制度
3. 生产战略                 机器之间的连接方式
   战略定位                  设备选择
   竞争武器                  工艺装备
   工厂设置               5. 布局研究
   资源配置                  厂址选择与厂房设计
                            设备与设施布置
```

图 6-7 生产流程设计的基本内容

生产流程设计所需要收集的信息包括产品信息、生产运作系统信息以及生产运作战略信息。这些信息表达了生产流程设计的基本出发点和应达到的基本要求。

生产流程设计应考虑的 5 个基本问题是：选择生产类型、垂直一体化研究、生产流程研究、设备研究、设施布置研究等方面的基本问题。全面系统、深入细致地考虑这些问题。进行合理选择，其实质就是如何根据企业现状、产品生产的要求来合理配置企业生产运作资源，以满足市场需求为导向，高效、优质、低耗地进行生产。

生产流程设计的基本成果体现为一份关于如何生产产品的详细文件，它对生产运作资源配置及人力资源等提出了明确要求并给出了相应的措施。

6.2.2 生产流程设计方法

产品-流程设计矩阵（图 6-8）是生产流程设计经常使用的方法之一。

产品-流程设计矩阵最初由 Hayes 和 Wheelwright 提出来，后来得到了广泛应用。它应用于生产流程设计具体反映在：其一，根据产品结构性质，沿对角线选择和配置生产流程，可以达到最好的技术经济性，换言之，偏离对角线的产品结构-生产流程匹配战略，不能获得最佳的效益；其二，那种传统的根据市场需求变化仅仅调整产品结构的战略，往往不能达到

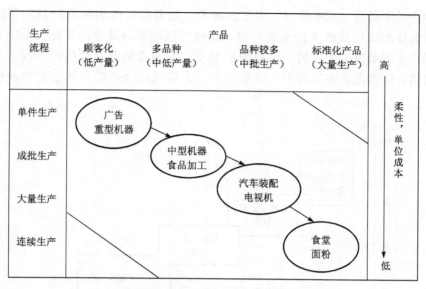

图 6-8　产品-流程设计矩阵示意图

预期目标，因为它忽视了同步调整生产流程的重要性。因此，产品-流程设计矩阵可以帮助管理人员选择生产流程，对制定企业的生产战略有一定的辅助作用。

小资料

尼克松推迟登机

1972 年，正在苏联莫斯科访问的美国总统尼克松将去苏联其他城市访问。苏共总书记勃列日涅夫到莫斯科机场送行。

正在这时，飞机出现故障，一个引擎怎么也发动不起来。机场的执勤人员马上进行紧急检修。尼克松一行只得推迟登机。

勃列日涅夫远远看着，眉头越皱越紧。为了掩饰自己的窘境，他故作轻松地说："总统先生，真对不起，耽误了你的时间！"一面说着，一面指着飞机场上忙碌的人群问："你看，我应该怎么处分他们？"

"不！"尼克松说："应该提升！要不是他们在起飞前发现故障，飞机一旦升空，那该多么可怕啊！"

启示：宽容是一种美德，更是一种精明。宽容他人的人实际上也能得到世人的模仿与赞美。

6.2.3　生产流程选择决策

按不同生产流程构造的生产单位形式有不同的特点，企业应根据具体情况选择最为恰当的一种。在选择生产单位形式时，影响最大的是品种数的多少和每种产品产量的大小。图 6-9 给出了不同品种——产量水平下生产单位形式的选择方案。一般而言，随着图中的 A 点到 D 点的变化，单位产品成本和产品品种柔性都是不断增加的。在 A 点，对应的是单一品种的大量生产，在这种极端的情况下，采用高效自动化专用设备组成的流水线是最佳方案，它的生产效率最高、成本最低，但柔性最差。随着品种的增加及产量的下降（B点），采用对象专业化形式的成批生产比较适宜，品种可以在有限范围内变化，系统有一定的柔性，尽管操作上的难度较大。另一个极端是D点，它对应的是单件生产情况，采用工艺专业化较为合适。C点表示多品种中小批量生产，采用成组生产单元和工艺专业化混合形式较好。

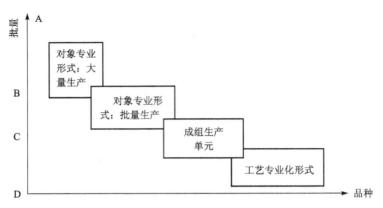

图6-9　品种-产量变化与生产单位形式的关系

小提示

从根本上来讲，生产流程类型的选择最后涉及对机器设备的选择。这些决策非常复杂，因为几乎所有的运作管理中，无论是医院、饭店，还是家用电器、汽车或钢铁生产，都各不相同。但不管它们有怎样的差别，对机器设备的选择都必须考虑投资、费用、质量、能力以及柔性等基本因素。

6.3　服务流程设计与选择

6.3.1　服务流程设计的特殊性

服务流程，即服务产生与传递到顾客手中的过程，包括成本、质量控制，以及顾客满意的产生。设计服务流程是一项富有创造性的工作，它需要从能够在将来提供一种与竞争对手有所不同的服务概念和战略开始。服务流程设计涉及以下几个问题：地点，使顾客和工作流程更加有效的设施设计和布局，服务人员的工作程序和工作内容，质量保证措施，顾客参与程度，设备的选择，足够的服务生产能力。而且，设计过程永远不会结束。系统开始运转后，在条件允许的情况下，要不断对其进行修正。通常在进行服务流程设计时，应充分考虑与顾客相关的服务接触程序，根据与顾客接触程度的高低来进行服务流程的设计。

6.3.2　服务流程设计的方法

服务-流程设计矩阵（图6-10）是服务流程设计经常使用的方法之一。

图6-10说明，矩阵的最上端表示顾客与服务接触的程度：隔离方式表示服务与顾客是

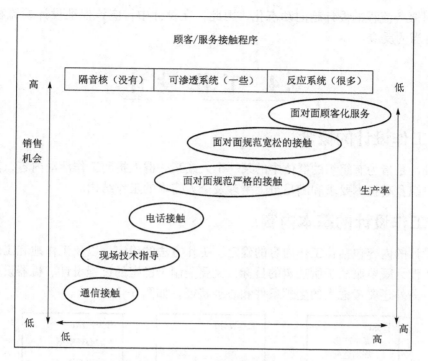

图 6-10 服务-流程设计矩阵

分离的；渗透方式表示与顾客的接触是利用电话或面对面沟通；反应方式既要接受又要回应顾客的要求。矩阵的左边表示一个符合逻辑的市场，也就是说，与顾客接触得越多，卖出商品的机会也就越多。矩阵的右边表示随着顾客运作施加影响的增加，服务效率的变化。从图 6-10 可以看出，随着接触程度的提高，服务提供的方式由通信转化为面对面的服务。然而，它们各有优点和缺点，通信方式与顾客接触比较少，工作效率比较高，与生产制造业类似，服务的营销机会比较低；反之，虽然面对面服务的工作效率低，但是工作效果比较好，销售机会比较高。

6.3.3 服务流程设计过程

（1）确定企业本身服务的类型，形成企业的核心服务。各个企业对于服务的选择是相异的，有的企业选择了规范化服务，如麦当劳快餐店；而有的则以个性化服务作为企业的宗旨，尤其崇尚与顾客的直接沟通，如 AVON 化妆品。

（2）根据所确定服务类型接触顾客的程度，决定企业运作过程中的要素配置与组合。对于规范性强的企业而言，要以员工按规章及时、按量完成任务为主，并不需要员工有太强的沟通能力；对于接触程度高的企业而言，要求员工有良好的沟通能力。

（3）依据所确定的服务，与相关的竞争对手进行比较，确定企业与竞争对手的差异，若面对的是同一市场，则要对本企业的服务要素进行更新和组合，保持一定的竞争力；若对手非常强大，企业就要考虑选择差别市场，避免和对手的正面竞争。

（4）在实际运作过程中，企业竞争策略的制定需要有一定的灵活性，并非完全像图 6-10 所示的矩阵那样确定。同时，视企业内部管理情况也可用"柔性管理"。

（5）对服务流程的设计趋向动态化，因此，在设计中，应该保证设计的流程能够根据变化作出恰当的反应。

6.4　工作设计

6.4.1　工作设计的概念

工作设计是指为有组织的群体中的某一个人或某一群人指明工作活动内容，其目的是设计出满足组织及其技术要求和满足员工生理及个人需求的工作结构。

6.4.2　工作设计的基本内容

工作设计的内容包括：工作内容的确定、工作方法的确定，以及工作地和工作环境的设计等。工作设计既要服从于所选定的目标，又要受制于已定的过程设计、机器设计和布置设计等因素，另外还要考虑人的生理条件和心理特征，如图 6-11 所示。

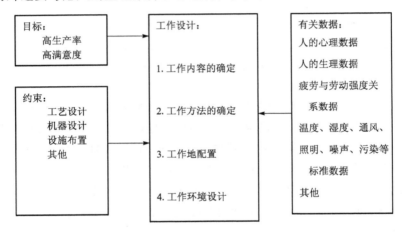

图 6-11　工作设计基本内容

工作内容的确定，主要是指按专业化原则和满足性原则，将工艺流程中的全部活动进行合理划分和规定。工作方法的确定，是指根据人的心理条件和心理特征，为完成规定的工作内容设计合理的操作或活动的方法。工作地的设计，是指对完成指定工作内容实现操作方法的工作场地进行布置设计，以使操作者有最佳的视界，活动最为方便、最为安全等。工作环境的设计，是指对完成指定工作内容进行操作活动的工作环境进行的设计，以使操作有适宜的照明、色彩、温度、湿度、通风以及最少的噪声、有害射线、有害物质等良好的工作条件。

6.4.3　工作设计的基本原则

工作设计要遵循以下设计原则，并符合逻辑的作业模式。① 任务多样化。必须试图为每一项工作提供各种各样的任务。种类太多可能使培训效率低，而且易使员工意志消沉。种类太少则可能导致厌烦和疲倦。比较适当的方法是，当员工高度集中注意力或致力于某一项任务时，就让他们休息一下，或让他们在干了多次例行工作之后能够轻松一下。② 技能多样化。研究表明，员工能够从具有多种技能的作业中获得满足感。③ 反馈。当员工达到目标时应有一些手段使他们能够很快获得信息。快速反馈能够辅助学习过程。理想情况下，员工对设定自己的质量和产量标准负有一定的责任。④ 任务界定。每一组任务应通过一些比较明确的界限把它与其他各组任务分离开来。⑤ 任务自主。员工应能够对他们的工作拥有一定的控制权，他们应能够决策和自行处理一些事情。

6.4.4 工作设计的主要理论

1. 社会技术系统理论

社会技术系统是指与工作扩展的哲理相似但更强调技术和工作团队的相互作用的方法。这种方法试图发展一些能够调节生产过程中技术需要和员工及工作团队需要之间相互关系的工作。

2. 专业化

专业化是一个术语，说明工作范围的大小和所需技能的多少。专业化程度越高，工作范围越窄，重复性程度越高，所需技能越单一。传统认为，专业化程度越高，劳动分工越精细，生产运作效率越高、成本越低。但事实并不完全如此，新近研究表明，高度专业化有优点也有缺点。表 6-1 对高度专业化的优点与缺点进行了概括和对比。

表 6-1 高度专业化的优点与缺点

	对管理人员	对作业人员
优点	培训简单 效率高 节约工资	教育、技能要求低 责任小 对心智要求低
缺点	质量激励困难 作业人员满意度低	工作单调 晋级升迁机会少 对工作缺乏控制

3. 行为理论

行为理论就是在工作系统的设计中充分考虑人的行为动机，使工作本身更加富有意义，从而提高人员的满意度。行为理论所采用的方法主要有：工作扩大化、工作丰富化以及工作轮换。

小提示

工作轮换也不是没有缺点的。例如，培训费用会提高；当员工在原来岗位上效率已经较高时，让他轮换到新岗位，会使组织生产力下降；实行工作轮换后，工作小组的成员要调整与新成员的关系，管理人员也要花费更多时间来帮助新成员适应新的工作，并督促他的工作；最后，工作轮换对于那些愿意在自己的专业领域内做一番深入研究的员工来说，无疑有许多不利之处。

4. 团队理论

团队理论的核心思想是提高协同作业水平，提高员工参与性。团队理论在工作系统设计中的具体应用形式是团队工作方式。

6.4.5　工作设计的一般步骤

工作设计可能是首次设计，也可能是重新设计，其设计过程一般包括以下 7 个步骤。

（1）选择具体项目。在选择具体项目时，可从以下 3 个方面进行考虑。① 经济因素。要选有较高经济价值的项目。② 技术因素。需选择技术上可行的项目。③ 人的因素。应选择那些能够予以良好配合或合作的单位或个人。

（2）确定具体目标。这些具体的目标可能是：减少不必要的工作；减少工作时间或空闲时间；降低物耗；提高产品质量的稳定性；增强工作的安全性；改善工作条件或环境；降低劳动的疲劳程度；提高员工的工作兴趣等。

（3）选择具体工作。具体工作可能是所选项目的全部内容，但通常是其中的某些或某个部分，如工艺阶段、工作岗位、活动或动作等。选择具体工作时应考虑的因素类似于步骤（1），但更为严格。

（4）记录现状。记录现状，主要是指将所选定的现行工作的内容、方法、程序、技术要求、动作细节、所用设备工具材料、工作地布置和工作环境等如实、详细地进行记录。

（5）分析记录事实。对所记录的内容进行认真、细致的分析是制订或改进设计方案的基础。

（6）制订改进方案。包括建立新方案和评价新方案两项主要内容。建立新方案可在现行工作方案的分析基础上，通过"取消—合并—重排—简化"技术（ECRS 技术）对原有方案进行改进。

（7）实施新的方案。新的工作设计方案必须实施才有可能达到设计的预期目的，但实施过程可能比设计本身的难度还大，尤其是在设计还不被工人所理解或新的设计改变了工人多年形成的老习惯的情况下。

6.4.6　方法分析

方法分析是指分析、研究某项工作的方法，找出工作设计中的不足之处，采用各种修正、改进方法逐步完善工作设计过程。方法分析是工作设计过程中不可缺少的一个环节，它既针对现存工作，也针对新工作。对于现存的工作，一般的程序是当工作目前还执行时，让分析员进行观察，然后进行改进设计。对于新工作，分析员必须依赖工作描述和对操作的想象能力。

方法分析的基本过程是：① 确认所要研究的操作，收集所有有关工具、设备、材料等的相关信息；② 对于现存的工作，同操作员工和监督技术人员进行讨论，得到他们的信息输入；③ 利用流程图进行研究并将现存工作的既有方法文档化，对于新工作要根据涉及协作的有关信息设计流程表进行；④ 分析工作；⑤ 提出新方案；⑥ 实施新方案；⑦ 重复检查方案的实施，确保工作方法改进的实现。

6.4.7　动作研究

1. 动作研究的定义及目的

动作是方法的进一步深入与细化。动作研究是指把某项作业的动作分解为最小的分析单位（动素），来对作业进行定性分析，以找出最合理的动作，使作业达到标准化的一种方法。

动作研究的目的就是依据动作经济原则，改善不合理动作，并使之标准化。作业动作和搬运动作是必要动作，重点在于改善或减少，附属动作会使作业动作和搬运动作减慢、费力、费时，应尽量减少，非生产动作应尽可能地取消。

2. 最常见的动作研究方法

最常见的动作研究方法有图表法、基本动作分析。

3. 动作研究原则及微动作研究

动作研究原则主要包括身体的运用原则、工作位置和条件原则以及工作和设备的设计原则。

微动作研究是指引进电影胶片来进行动作研究的一种方法。它是由吉尔布雷斯和他的工业心理学家妻子莉莲最早提出的。这种方法不仅应用于工业领域中，在人类某些行为如运动和健康护理等方面也得到了广泛运用。

小提示

因为微动作研究的高昂费用，使得它仅限于对重复性工作的研究。对于那些重复性工作，由于操作的重复次数极大，即使微小的改进也能带来相当可观的节约。此外，微动作研究也能够带来其他方面的改观，如外科手术的改进。

每一种方法都有其特定的优点与缺点及适用条件，因此，企业应该根据动作对象的特征来决定该动作是否需要进行研究以及采用哪一种方法来进行研究。

6.4.8　工作环境研究

工作环境研究就是结合特定的工作环境，分析确认在该环境下影响工作绩效的关键因素，确认最佳环境工作的基本要求，从而采取相应的对策，有针对性地改善工作环境，提高工作绩效。

（1）温度和湿度。尽管人能在一个相当宽的温度范围内发挥职能，但是如果温度超出一个非常窄的舒适范围，员工的工作绩效将受到不利影响。

（2）通风。令人厌恶的气体和有毒的气味可以引起员工的分心，甚至危害员工的身心健康。如果烟灰不定期抽走，空气将会迅速地变得陈腐和令人不舒服。通常工厂需要采用大风扇和空调装置来转换空气。

（3）照明。所需照明的亮度在很大程度上取决于工作的类型。工作越细致，为确保工作能够正常进行所需的照明强度就越高。

（4）噪声和振动。噪声是不受欢迎的声音。它是由机器设备的振动或人造成的。器材噪声既令人心烦，又令人分心，而且容易使人产生错误或导致事故的发生。如果器材噪声非常大，还可能造成员工听力的损伤。

（5）工作间歇。工作间歇的频率、长度和时间，对于员工的生产率和产出质量都有重大影响。

（6）安全性。员工的安全是工作设计中最基本的问题。经理层、员工和工作设计者在任何情况下都不可掉以轻心。如果员工感受到处于身体危险中，则他们是不可能被有效激励的。

6.5　作业测量与作业标准

6.5.1　作业测量

作业测量是对实际完成工作所需时间的测量，是工作研究中的一项主要内容。进行作业测量的目的包括：制定工作标准；将实际工作情况与标准作业时间进行对比，寻找改善的方法；测量工人的空闲时间、等待物料时间等非创造附加价值的时间占整个工作时间的百分比，以决定改善对象等。

6.5.2　作业测量的方法

作业测量的方法很多，最为常用的方法有：时间研究法、标准动作单元时间、预定动作时间标准法、预定时间标准、工作抽样法。

1. 时间研究法

时间研究是指对员工动作所需时间进行记录、分析，以测评员工动作合理性的方法。时间研究一般要用秒表，既可在工作现场也可通过观察工作的录像带进行。要研究的工作或任务被分解成可测量的部分或元素，且每一元素被单独测定。

对所确定的每一元素经过一系列的重复测量，然后把收集到的时间数据平均化。每一元素的平均时间经过累加，得出了操作时间。然而，要是该操作者的时间对所有员工都有用，那么对速度的测定和评比率也必须包括在内以使作业"通用化"。比率因素的应用给出了所谓的正常时间。例如，如果一个操作者执行一项任务要 3 分钟，而时间研究分析估计他比正常情况下快 10%，正常时间将计为 3×1.1（其中 1.1 为评比率）分钟，即 3.3 分钟。

推导标准时间（ST）可在正常时间的基础上考虑生理的需要（如上洗手间或喝咖啡造成的中断）、不可避免的工作等待（如设备出故障，原料不足）和员工的疲劳（身体上或精神上）等方面的因素。计算标准时间的公式为：ST＝NT（1+宽放率）。标准时间可作为工时定额。

2. 标准动作单元时间

标准动作单元时间取自以前的时间研究，并编入手册或计算机数据库中的表格。这些资料用来为新的作业建立时间标准，或对现有的作业在时间上的变化作出改进。因为表中的数据已用评比率进行了改进，并且必须加进宽放时间以求得标准时间，所以它们是更准确的时间资料。

用标准动作单元时间法为新作业计算标准时间包括以下 4 个步骤。① 分析工作以确认标准动作单元。② 检查档案中具有历史时间的动作单元，并记录它们。如果有必要，利用时间研究获得其他数据。③ 如有必要，修改档案中的时间。④ 对动作单元时间加总得到正常时间，并以此为基础求得标准时间。

3. 预定动作时间标准法（PMTS）

预定动作时间标准法是指用现存列表的数据人为地设置时间标准的一种方法。这类方法与标准动作单元时间存在以下几方面的区别：① 它们是为基本动作而不是为特定的作业元素设置时间；② 它们广泛地适用于多种手工劳动；③ 使用 PMTS 时，为了描述一项即便是持续时间非常短的作业，也需要使用许多基本的动作，所以为了设定一个标准，需要分析者花很多时间。

最常用的 3 种预定动作时间标准法是方法时间测定法、大量作业测定法和工作要素法，这 3 种方法都是在实验中创立的，而且都是专用的。

小提示

PMTS 已成功使用了 40 多年，其优点为：① 在作业开始前，它们可帮助设置标准；② 它们已在实验室和现场通过了深入的验证；③ 它们可以用来审核时间研究的精确性；④ 它们被许多组织用作其标准的一部分。

4. 预定时间标准

预定时间标准涉及利用与标准动作单元时间有关的公布数据。一个普遍应用的系统是 20 世纪 40 年代由操作工程委员会开发的操作时间测量系统（MTM）。MTM 表是以基本动作单元的动作和时间的广泛研究为基础，采用这种方法，分析员必须把工作分解成基本动作单元（够拿、移动、返回、分开），测量所涉及的距离（如果可行），评估动作单元的难度，然后参照合适的数据表获得动作单元时间。最后，将所有基本动作时间求和得到工作的标准时间。

产生一个预定时间标准需要高水准的技巧，分析员通常需要参加培训或开展认证教育来取得这类工作的必要技能。

小提示

尽管预定标准的倡议者认为这种方法比测表时间研究提供了更好的精确性，但并不是所有人都同意这种做法，一些人认为许多动作时间太特殊以致对一给定操作不能从公布的数据中获得；另一些人认为不同的分析员用不同的方法对基本动作进行分解，会严重影响时间的确定，从而在不同分析员间产生不同的时间估计；还有一些人认为由于分析人员分配给指定的任务的难度系数不同，因而会产生不同的时间标准。

5. 工作抽样法

工作抽样是指统计一个员工工作或机器在做不同动作中所花时间比例的一门技术。工作抽样主要应用在以下 3 个方面。① 用等待所占的时间百分比来确定人或设备的工作时间百分比。② 用作业水平测定来为每一个员工的表现建立一个索引，当工作时间和产出质量相关时，就需对作业水平进行测定。这对周期性表现评价很有用。③ 用时间标准来确定一项任务的标准时间。然而，当工作抽样是为了实现这个目的时，观察者必须富有经验，因为他或她必须为观察值确定一个作业水平等级。

应用领域的不同一般会导致工作抽样研究方法的差异。但是无论出于什么目的，工作抽样研究通常都会涉及以下 5 个关键步骤。① 识别特定的活动，它们是研究的主要目的（例如，确定设备工作、闲置和维修时间所占的百分比）。② 估计感兴趣的活动占总时间的比例（例如，设备运行时间为 80%）。③ 给出研究结果所要求的精确度。④ 确定进行每一次观察的特定时间。⑤ 研究期间，每隔两次或三次，用目前所收集到的数据重新计算所要求的样本容量，如果必要就提高观察次数。

总之，上述作业测定的每一种方法都有其优点、缺点、适用条件，企业应根据测定对象的具体特征加以选用。

6.5.3　工作标准

1. 工作标准的定义

所谓标准，是一种用于比较的大家均可接受的基础或尺度。工作标准是指一个训练有素的人员完成一定工作所需要的时间，他完成这样的工作应该用预先设定好的方法，用其正常的努力程度和工作的技能，所以也称为时间标准。

制定工作标准的关键是定义"正常"的工作速度、工作技能的水平，例如，要建一条生产线，或者新开办一项事务性的业务，需要根据需求设计生产运作能力，雇用合适数量的人员。假定一天的生产量需达到 1 500 个，就必须根据一个人一天能做多少个来决定人员数量。但是，一个人一天能做的数量是因人而异的，有人精力旺盛、动作敏捷，工作速度就快，还有一些人则相反。因此，必须寻求一个能够反映大多数人正常工作能力的标准。

> ### 小 提 示
>
> 工作标准的建立，只凭观察一个人做一个产品的时间显然是不行的，必须观察一定的时间、做一定数量的产品，并观察若干人，然后用统计学方法得出标准时间。此外，即使经过这样一些步骤建立起了工作标准，在实际工作开始以后，仍需不断地观察、统计，适时地进行调整。

2. 工作标准的作用

工作标准的作用主要体现在：① 制定生产运作能力规划；② 进行作业排序和任务分配；③ 进行生产运作系统及生产运作程序设计；④ 作为一种激励手段；⑤ 用于成本和价格计算；⑥ 评价员工的工作绩效。

3. 使用工作标准的局限性

工作标准的用途及益处如上所述，但是也有一些局限。

一是当工作标准的使用与工资挂钩时，往往会出现这样的情况：工人说标准过高而反对工作标准，经营管理人员认为工作标准过低时也反对工作标准。事实上工作标准过高或过低都不好，它会给制订生产计划、人员安排计划带来很多困难，从而给企业带来损失。

二是认为工作标准缺乏对人的尊重，把人当作机器来制定机械的标准，因此主张采用"全员参与"等方法，不赞成使用工作标准。也有人认为，制定工作标准本身就要耗费相当的时间、人力和费用，其成本恰好与工作标准所能带来的益处相抵消，甚至不足以抵消，因此得不偿失。

三是如果制定了工作标准，员工为避免企业将工作标准提高，即使创造了更好的新工作方法，也会保密，这样难以使生产率提高。

最后，工作标准如使用不当，容易使人产生一种只重视产出数量而忽视产出质量的倾向。

6.5.4　自动化对作业测定的影响

当一个企业的自动化程度增高时，原来的作业测定结果和作业测定方法也需要相应改变，原有对宽放时间的考虑也变得不适当了。在一个自动化工厂里，因为机器正在越来越多地控制工作循环，许多工作循环都是由数控设备决定的，因此很少需要观测工人的工作和判断其能力发挥情况。此外，也许需要考虑人的疲劳，以决定宽放时间，但这种疲劳的本质正在从体力上的疲劳转变为精神上的疲劳。自动化的发展也影响了作业测定方法本身。展望未来，将会为自动化制造系统的各主要部分建立标准数据，而不是像现在这样只为某个工作或某个动作建立标准数据。这样的自动化制造单元的标准数据可用来模拟各种工作方法，也可以在产品开始生产以前估计生产成本。

关于自动化影响的这些讨论，对非制造业来说同样存在。无论是制造业还是非制造业，进行作业测定的目的是相同的，都是为了提高生产率、改善质量、降低成本。

6.6　激励工资制

激励工资制是工作系统设计中的另一个重要问题。企业实施合理的激励报酬机制极其重要。这里将对工作系统设计中激励工资制的几个关键问题进行讨论。

6.6.1　基本报酬制

企业员工报酬的基本制度有两种，分别是基于产出的报酬方法和基于时间的报酬方法。基于产出的报酬方法就是根据产出计付报酬，报酬与工作绩效直接关联。基于产出的报酬方法的优点是能激励员工提高产出量、使员工清晰地认识到工作努力与报酬的关系，缺点是报酬计算复杂甚至困难，有时产出度量比较困难甚至不可能。基于时间的报酬方法就是根据工作时间（小时或日等）给员工报酬。

▶ 小资料 ◀

总体上看，基于时间的报酬方法应用最为广泛，尤其适合用于间接劳动人员，如办公室人员、行政管理人员、经理阶层人员等，有时该方法也用于直接生产人员。基于时间的报酬方法的优点是管理方便、报酬计算简单直接，而对于作业人员来说，报酬相对稳定，预期收入明确。

6.6.2　收益分配

收益分配是指将公司利润所得在整个公司范围内进行分配的一种薪酬制度。收益分配也涉及组织范围内的奖金分配，但它与利润分配存在两方面的主要差异：其一，计算奖金时，收益分配通常是依据可控成本或单位产量而不是依据利润；其二，收益分配总是与选用何种管理方法结合在一起的，最著名且最原始的收益分配策略是 Scanlon 策略。

Scanlon 策略包括以下几种基本要素。① 比率。比率是用来测定业务表现的标准。它可表示如下：比率=总劳动成本/产品销售额。② 奖金。奖金额取决于成本相对于现有比率的降低程度。③ 生产管理委员会。生产管理委员会负责激励员工提出增加产量、改进质量、降低浪费等方面的建议。生产管理委员会的目标类似于质量控制小组。④ 监控委员会。监控委员会由高层管理部门和负责发放员工月薪、讨论产品问题及提出改进建议的员工代表组成。

富兰克林的收获

富兰克林被称为"美国之父"，他年轻时曾去拜访一位德高望重的老前辈，那时他年轻气盛，挺胸抬头迈着大步，一进门，他的头就狠狠地碰在门框上，疼得他一边不住地用手揉搓，一边看着比他身子矮一大截的门。出来迎接他的前辈看到他的样子，笑笑说："很痛吧！可是，这将是你今天访问我的最大收获。一个人要想平安无事地活在世上，就必须时刻记住：该低头时就低头。这也是我要教你的事情。"

富兰克林把这次拜访得到的教导看成是一生最大的收获，并把它列为一生的生活准则之一。富兰克林从这一准则中受益终生，后来，他功勋卓越，成为一代伟人。他在一次谈话中说："这一启发帮了我的大忙。"

启示：人生总有高低起伏，你不可能总昂着高贵的头。当你不能改变环境时，你只能去适应环境。该低头时就低头，将会避免不必要的烦恼和挫折，并会从容地迈向你所憧憬的美好前程。

6.6.3　基于知识的报酬方式

基于知识的报酬方式是指以员工技能的提高为基础向员工支付工资的薪酬政策。随着公司向精益生产的转换，一些变化对工作环境产生了直接影响：① 企业以前存在的许多缓冲器消失了；② 现在各个管理人员更少了；③ 对质量、生产率、柔性的强调提高了。

因此，能够胜任多种工作的员工变得特别有用武之地，公司日益认识到这一点，随之制定了一种付酬方式来奖励那些参加培训以提高技术水平的员工，这就是基于知识的报酬。

6.6.4　个人激励方案

个人激励方案是指为提高员工个人的工作效率而制订的工资激励方案。个人激励方案有不同的形式，最简单的是直接计件工资，在这种方案下，员工的报酬是其产出的线性函数。在过去，计件工资方案相当普遍，现在，最低工资的法律规定使得这种方案有点不切实际。

尽管如此，目前采用的许多种方案都是直接计件工资方案的变形。通常它们包含一个基本比率作为最低工资，无论员工产出多少，给其一个最低工资保证。基本比率与一个产出标准相联系，员工的产出低于标准的将按基本比率付酬，这使得个人避免由于延迟、故障等类似问题而遭受意外报酬损失。在大多情况下，对于超标准的产出给予激励，这种报酬即为奖金。

6.6.5　群体激励计划

群体激励计划是指针对某个工作团队采用的工资激励方案。当前有多种强调与员工进行增产收益分红的群体激励计划正广为使用。有些仅仅集中在产出上，而另一些根据产出和材料、成本费用的减少相结合来奖励员工。下面 4 种方案反映了目前正实施的大多数群体激励计划的主要特点。① Scanlon 方案。这项方案的主要特点是通过允许员工分享从劳动成本减少带来的收益来鼓励劳动成本的减少。这项方案包括建立员工委员会来积极挖掘可改进领域。② Kaiser 方案。同 Scanlon 方案一样，它利用员工委员会来寻求减少费用的办法，并且同员工分享节约所带来的收益。除分享劳工费用的减少外，它还让员工从材料和供应费用的减少中获得收益。③ Linclon 方案。它包括利润共享、工作扩大和参与管理，同其他方案一样，它利用评估委员会来提出建议。这个方案的 3 个主要组成部分是计件工资、年终奖和认股权。④ Kodak 方案。这个方案结合使用加班工资和与公司利润有关的年终奖，而不是更为传统的激励方案。公司帮助员工制定目标，决定合理的绩效水平，其理念是：员工的参与使得他们更容易在某一报酬率下进行生产。

▶▶ 小提示 ◀◀

团队生产方法是群体激励的另一种形式，许多公司正在使用它来解决问题，获得持续进步。这种方法强调的是团队绩效，而不是单个人的绩效。

本章习题

一、计算题

1. 流程是指由投入到产出的转换过程。（　　　）

2. 单件小批量型流程的基本特征是运作任务（产品或服务）可变性程度很低，重复性程度很高。（　　　）

3. 产品-流程设计矩阵应用于生产流程设计，应用的含义之一是：根据产品结构性质，沿对角线选择和配置生产流程，不能达到最好的技术经济性。（　　　）

4. 设计服务流程是一项富有创造性的工作，它需要从能够在将来提供一种与竞争对手有所不同的服务概念和战略开始。（　　　）

5. 对服务流程设计趋向动态化是指：在设计中，应该保证设计的流程能够根据变化做出恰当的反应。（　　　）

6. 制定工作标准的关键是定义"特别"的工作速度、工作技能的水平，是寻求一个能够反映大多数人特别工作能力的标准。（　　　）

二、选择题

1. 流程的类型主要包括（　　　）。

A. 项目型　　　　　B. 单件小批量型　　　C. 成批轮番型　　　D. 大量流水型

2. 工作标准的作用主要体现在（　　　）。

A. 制定生产运作能力规划

B. 进行作业排序和任务分配

C. 进行生产运作系统及生产运作程序设计

D. 作为一种激励手段

E. 用于成本和价格计算

F. 评价员工的工作绩效

3. 产品-流程设计矩阵的产品结构特征包括（　　　）。

A. 低产量　　　　　B. 中低产量　　　　　C. 中批产量　　　　D. 大量生产

4. 常用的作业测量方法包括（　　　）。

A. 时间研究法　　　　　　　　　　　B. 标准动作单元时间

C. 预定动作时间标准法　　　　　　　　D. 预定时间标准

E. 工作抽样法

思考题

1. 流程可分为几种基本类型？选择流程主要有哪些依据？
2. 简述工作设计的步骤。
3. 作业测量主要有几种方法？并对各个方法作简单介绍。
4. 简述工作标准的利弊。
5. 介绍几种基本的激励工资制度。

案例分析

关注流程之"根"，提升组织效率

目前很多企业都在开展流程梳理工作，但是仅有10%左右的企业的流程梳理工作达到预期目标，而90%的企业都以失败告终。为何会造成这样的局面？流程烦琐，效率低下，成本过高，交期延误，客户流失，人员流失……诸多的问题困扰着企业，也因此造成不少企业夭折。因此，如何提高效率、减少浪费、降低成本、加强对关键制造环节的监控，将成为许多企业管理的重点，而优化流程则是达到以上管理效果的一个重要手段。很多企业在开展流程优化时，却常常遇到"劳而无功"的尴尬。因此，在开展流程优化时，首先需要识别出组织的关键流程，然后根据流程的本质对这些关键流程进行问题诊断，如此有的放矢地进行优化、改进，才有可能收到事半功倍的效果，才能体现出流程优化工作的价值。

1. 识别关键流程

一个组织中往往存在大量的工作流程，只能对组织的关键业务流程进行优化组合，以达到集中优势资源，快速提升组织绩效的目标。关键业务流程识别有以下几种方式。

第一，通过对组织关键成功要素入手，分析关键业务流程。可以通过对制约组织关键成功要素能力发挥的原因进行分析，进而确定关键业务流程。

第二，通过与组织绩效的关联密切程度来识别关键流程。因而，在思考选择何种流程进行优化这个问题时，就要找到与组织绩效紧密相关的流程。如果流程表现欠佳但对提高组织绩效又非常重要，则该流程就是关键流程。

第三，还可通过与成本控制的关联密切程度来识别关键流程，即对成本效益影响较大、而目前流程不顺畅或不高效的那几个流程，就是需要关注的关键流程。

2. 流程问题诊断

绘制流程图是一种非常重要的分析流程现状的方法，有利于全面分析流程问题及其与目标绩效流程之间的差距。同时对流程相关岗位人员配以流程调研问卷形式进一步掌握流程的实际运行状况。通过对问卷调研结果的统计分析，可以得到这样一些信息：程序文件与实际程序之间的差异、不同员工的方法差异、对流程的改进建议、对流程测评点和测评指标、需要记录的作业、流程改进中的障碍、实际时间和作业时间、优化流程所需要的资源支持，以及将采取的行动、时机和人员等。

3. 流程优化

在流程优化过程中，首先要从工作目标出发定义组织各岗位职责、相互关系及工作的协作关系，理清部门职能和各岗位职责，实现部门和岗位工作目标的可衡量性。业务流程优化方法一般有以下几种方式。

（1）剔除或减少流程非增值活动：如过量生产/采购、活动等待时间、不必要的运输、重复的活动（反复的加工、检验）、跨部门的重复协调、过量的库存等，通过对以上活动的剔除优化，可以大幅度降低组织的运营成本，提高流程效率，从而提升对内外部客户反应速度。

（2）使决策点尽可能靠近任务地点：在决策点和实际工作地之间的时间延迟会导致工作进程的缓慢甚至停滞，因此会造成效率低下，机会丧失或成本增加。传统的职能等级企业的协调模式大多是凡事汇报给部门领导，部门领导决策后反馈给下属，下属再去与关联部门进行沟通，然后对方再与他所在部门的管理者汇报……我们称这种沟通协调方式为"M"型，不仅效率低下，而且反复的上下沟通也可能带来信息失真，另外部门领导也未必对具体问题了解得比下属更透彻，因而，部门领导最好的方式应该利用其经验为下属提供中肯的建议，而不是替基层做出决定。

（3）整合工作任务：例如尽可能使同一个人完成一项完整的工作或让同一岗位承担多项工作，这样不但提高员工的工作积极性和成就感，同时也为实现对员工的绩效评估提供可衡量的依据。通过对流程中任务的整合减少工作任务的交接次数、流程节点的等待时间，从而大大减少流程运营中的差错机会和扯皮现象，达到提升流程效率的目的。

（4）简化活动：优化组织内部过于复杂的表格、过于复杂的技术系统、过于专业化分工的程序、缺乏优化的物流系统及复杂的沟通形式，使以上各种活动更加简捷快速有效。

（5）流程任务的自动化：企业可以对脏、累、险以及乏味的工作或流程及数据的采集与传输等工作实施系统改造，实现此类流程或任务的自动化。这样不但大大减少流程差错机会、提升流程效率，同时还可以达到降低人工成本的目的。

总之，我们在进行流程梳理与优化时，不能只关注流程是如何流转的，或只关注流程是否顺畅，而要从流程梳理之"根"——即流程的目的出发，紧紧围绕流程的目的去优化流程，这样才能达到流程梳理的真正目的，而不会被别人认为是一项"有意义，没价值"的工作。

资料来源：节选自世界经理人互动社区，2016。

【问题】

1. 试说明流程分析和优化在企业运营管理中的重要性。

2. 从流程分析到优化的过程说明目前企业优化流程中失败率居高不下的原因。

运营系统运行

3

第7章

需求预测

【学习目标】

1. 掌握预测的相关基础知识；

2. 掌握几种常见的定性和定量预测方法；

3. 了解预测误差与监控的相关问题。

【导入案例】

位于武汉市的 PC 纸杯公司，一直致力于纸杯等纸餐具的生产和销售。在市场一片欣欣向荣的同时，公司现任董事长李总却发现他的工作变得越来越不轻松了，虽然公司各个部门工作都很努力，但是他感到这种努力有时候并没有带来理想的结果。上周销售部门上报的报表显示：5 盎司和 8 盎司的冰激凌纸杯及 16 盎司的大饮料杯严重缺货，不得不追加生产，这样既影响了销售业绩也并不利于控制生产成本。与此同时会计部门报告：4 盎司冰激凌纸杯和 9 盎司的饮料杯已经严重挤压，需要尽快处理。由于不能对纸杯的市场需求做出相对准确的预测，公司已经并且正在付出缺货和积压的代价。

资料来源：https://wenku. baidu. com/view/60da5305bceb19e8b8f6ba95. html。

7.1 预测概述

7.1.1 预测的概念及其类型

1. 预测

所谓预测（forecasting），就是根据过去和现在的已知因素，运用已有的知识、经验和科学方法，对未来事件进行判定和估算，并推测其结果的一种科学方法。

2. 预测的类型

（1）经济预测。政府部门以及其他一些社会组织常就未来的经济状况发表经济预测报告。对政府部门而言，关于未来总的经济形势的估计是十分重要的，因为它是预计税收收入、就业水平、货币需求等经济指标的基础。企业可以从这些报告中获取长期的和中期的经济增长指标，以规划自己的行动。

（2）技术预测。技术预测是对技术进步情况的预计与推测。电力行业对太阳能和核能方面的技术进步速度感兴趣，石油化工行业关心从油页岩里提炼油的技术的发展状况。一方面，技术进步为很多企业提供了新的产品和原材料；另一方面也使一些企业面临着同行业或相近行业的更加激烈的竞争。因为技术进步即使不能从根本上改变一种产品，但它所引起的生产该产品的方式的变化也可能导致大量的资金节约（对使用新技术的企业而言）或浪费（对未使用新技术的企业而言）。技术预测最好由该领域的专家来进行。

（3）需求预测。需求预测不仅为企业给出了其产品在未来的一段时间里的需求期望水平，而且为企业计划的控制决策提供了依据。既然企业生产的目的是向社会提供产品或服务，其生产决策无疑很大程度地受到需求预测的影响。

需求预测与企业生产经营活动关系最密切，是本章讨论的重点。需求预测的方法可以应用到其他领域的预测中去。

7.1.2　影响需求预测的因素

对企业产品或服务的实际需求是市场上众多因素作用的结果。其中有些因素是企业可以影响甚至决定的，而另外一些因素则是企业可以影响但无法控制的。在众多因素中，一般来讲，某产品或服务的需求取决于该产品或服务的市场容量以及企业所拥有的市场份额和市场占有率。图 7-1 给出了影响需求的各种因素，其中，用曲线圈起来的因素是通过企业的努力可以做到的。

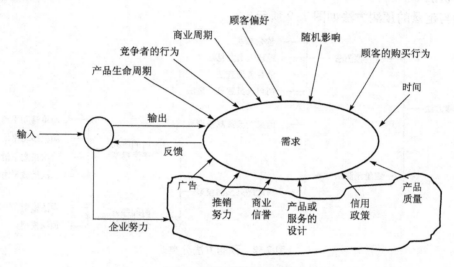

图 7-1　影响需求的因素

7.1.3　预测分类

按不同的目标和特征可以将预测分为不同的类型。本书是按预测时间跨度、主客观因素在预测中的作用等进行分类的。

1. 按预测时间跨度分类

预测通常可以由问题所需要考虑的时间跨度来划分。一般意义上把预测分为 3 类。

（1）长期预测（long-range forecast），是指对 5 年或 5 年以上的需求前景的预测。它是企业长期发展规划、产品开发研究计划、投资机会、生产能力扩充计划等的依据。长期预测一般通过对市场的调研、技术预测、经济预测、人口统计等方法，加上综合判断来完成，其结果大多是定性的描述。

（2）中期预测（intermediate-range forecast），是指对一个季度以上两年以下的需求前景的预测。它是制订年度生产计划、季度生产计划、销售计划、生产与库存预算、投资和现金预算的依据。中期预测可以通过集体讨论、时间序列法、回归法、经济指数相关法或组合等方法并结合预测者的判断而作出。

（3）短期预测（short-range forecast），是指以日、周、旬、月为单位，对一个季度以下的需求前景的预测。它是调整生产能力、采购、安排生产作业计划等具体生产经营活动的依据。短期预测可以利用趋势外推、指数平滑等方法与判断的有机结合来进行。

2. 按主客观因素所起的作用分类

（1）定性预测方法（subjective or qualitative approach），也称主观预测方法，此法简单明了，不需要数学公式。它的预测结果来源于不同的主观意见。定性预测方法包括德尔菲法、经理人员意见法、消费者调查法、销售人员意见汇集法等。

（2）定量预测方法（quantitative or statistical approach），又称为统计预测方法，其主要特点是利用统计资料及数学模型来进行预测。然而，这并不意味着定量方法完全排除主观因素，相反，主观判断在定量方法中仍起着重要的作用。定量预测方法可分为因果分析法和时间序列分析法等。

定性与定量的预测方法如图 7-2 所示。

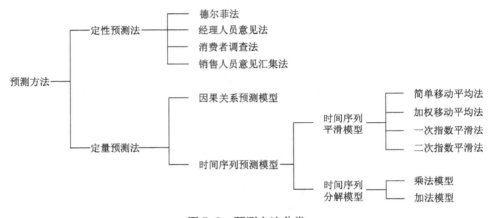

图 7-2　预测方法分类

7.1.4　预测的一般步骤

预测主要有以下 7 个步骤。

（1）明确预测目的。预测的目的是什么？何时进行预测？通过明确预测目的，可以确定所需信息资料的详细程度、必要资料（人力、时间、成本）的数量以及预测的精确度。

（2）确定时间跨度。必须确定预测时间间隔；同时应清楚，当时间跨度增大时，预测的精确度将降低。

（3）选择预测方法。根据预测目的和可获得的信息资料选择恰当的预测方法。

（4）收集并分析相关的数据。在开始进行预测之前必须收集并分析数据，明确所有的假设前提。在作出预测以及应用预测结果时应能满足这些前提条件。

（5）进行预测。根据预测方法的要求，对信息资料或数据进行处理分析，获得预测结果。

（6）对预测过程进行监控。必须对预测的全过程进行监控，以便确定预测是否像预期的那样进行。如果偏离了预期，要重新检查所用的方法、提出的前提条件以及数据的合理性。如果认为有必要，做出适当的调整后再进行预测。

（7）将预测结果付诸实际应用。

这些步骤总结了从开始、设计到应用预测的各个环节。如果是定期进行预测，数据应定期收集。如果是做实时预测，还必须依靠相应的硬件和软件，如零售终端的 POS 系统和数据挖掘技术。

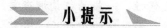

在分析预测精度与成本时，应注意的是：

第一，不存在百分之百准确的预测方法，因而不要为了预测的绝对准确而白费心机；第二，就任何一个预测问题而言，存在精度比较合理的最低费用区间（见图 7-3）。

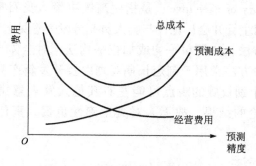

图 7-3　预测精度与成本的关系

7.2　定性预测方法

7.2.1　德尔菲法

德尔菲（Delphi）法，又称专家调查法。首先由美国兰德公司的奥拉夫·海尔默等人于 1948 年提出。该方法预测的过程如下。

（1）在有关领域内确定专家名单，一般 30～50 人为宜，以信件的形式，向专家提出所要决策的问题，并附上有关这个问题的各种背景材料，请他们书面答复。应该注意的是，问题的提出不应带有任何倾向性。

（2）采取背靠背的方式，各专家在回答问题时，不与其他专家交换意见，只表达自己的意见和看法。

（3）将各专家第一次回函所得的意见进行统计、归纳、综合并列表，不注姓名，再交给各位专家，请他们修正或坚持自己的判断，并书面答复调查人员。

（4）将反馈回来的各专家意见或判断置于修正表内，制成第三轮表格，再一次交给各专家，以便他们参照比较，再一次修正或坚持自己的意见。

（5）专家们的意见几经反馈后，通常对决策的问题渐趋一致，这个意见或判断即可作为决策的基础。

这种方法的最大优点是既依靠专家，又避免了专家会议方式的不足。比如，减少了因迷信权威而使自己的意见"随大流",或是因为不愿当面放弃自己的观点而固执己见的现象。它的缺点是,信件往返时间长,可靠性不高,容易对不明确的问题过分敏感。

小提示

在使用德尔菲法时必须坚持三条原则。第一条是匿名性,对被选择的专家要保密,不让他们彼此通气,使他们不受权威、资历等方面的影响。第二条是反馈性,一般的征询调查要进行三四轮,要给专家提供充分反馈意见的机会。第三条是收敛性,经过数轮征询后,专家们的意见相对收敛,趋向一致,若个别专家有明显的不同观点,应要求他详细说明理由。

7.2.2　经理人员意见法

经理人员意见法(jury of executive)是指由高级决策人员召集销售、生产、采购、财务、研究与开发等各部门主管开会讨论,与会人员充分发表意见,对某一问题进行预测,然后由召集人按照一定的方法,如简单平均或加权平均法,对全体与会人员的预测值进行处理,得出预测结果。这种方法常用于制定长期规划以及开发新产品。使用该方法时,与会人员间容易相互影响,个别权威的观点可能左右其他人发表意见;耽误了各主管的宝贵时间;因预测是集体讨论的结果,故无人对其正确性负责,责任不明会导致草率地发表意见。

7.2.3　消费者调查法

当对新产品或缺乏销售记录的产品的需求进行预测时,常常使用消费者调查法(users' expectation)。销售人员通过信函、电话或访问的方式对现有的或潜在的顾客进行调查,了解他们对与本企业产品相关的产品及其特性的期望,再考虑本企业可能的市场占有率,然后对各种信息进行综合处理,即可得到所需的预测结果。使用该方法可以了解顾客对产品或服务优缺点的看法,了解一些顾客不购买这种产品的原因,掌握这些信息有利于改善产品、有利于开发新产品和有针对性地开展促销活动。但是,很难获得顾客的通力合作。

小提示

调查需要相当丰富的知识并能正确处理所得到的信息。预测人员应充分重视调查表的设计以及调查结果的正确使用和解释。

7.2.4　销售人员意见汇集法

销售人员和销售服务人员直接与顾客接触,他们比较了解顾客的需求。销售人员意见汇集法(field sales force)通常由各地区的销售人员根据其个人的判断或与地区有关部门(人士)交换意见并判断后作出预测。企业对各地区的预测进行综合处理后,即得到企业范围内的预测结果。有时企业也将各地区的销售历史资料发给各销售人员作为预测参考;有时企业的总销售部门还根据自己的经验、历史资料、对经济形势的估计等作出预测,并与各销售人员的综合预测值进行比较,以得到更加正确的预测结果。该方法虽然简单易行,但由于销售人员优势会过于受到当前销售情况的影响。结果是,经过几个畅销期后,他们的估计可能过于乐观;此外,如果预测是为了制定最低销售限额,此时,对销售作出保守的估计对销售人员有利，但对公司不利，因而造成了个人与公司之间利益上的冲突。

7.3 时间序列预测方法

7.3.1 时间序列的构成

时间序列是按一定的时间间隔，把某种变量的数值依发生的先后顺序排列起来的序列。这些数值可能是销售量、收入、利润、产量、运量、事故数等。每天、每周或每月的销售量按时间的先后所构成的序列，是时间序列的典型例子。通常，一个时间序列可以分解成趋势、季节、周期、随机 4 种成分。

（1）趋势成分。数据随着时间的变化表现出一种趋向。它按某种规则稳步地上升或下降，或停留在某一水平。

（2）季节成分。在一年里按通常的频率围绕趋势做上下有规则的波动。

（3）周期成分。在较长的时间里（一年以上）围绕趋势做有规则的上下波动。这种波动常被称为经济周期。它可以没有固定的周期。一般需要数十年的数据才能描绘出这种周期。

（4）随机成分。由很多不可控因素引起的、没有规则的上下波动。

对以上 4 种成分，本章只讨论趋势成分和季节成分。随机成分的影响由于无法预测，不在讨论之列。周期成分也因需要长期的历史数据而被忽略。不过，这样做并不影响大多数生产经营决策的科学性，因其时间一般都较短，周期成分对此不会造成明显的影响。即使是长期预测，预测也是滚动的，是随着时间推移而不断修改的，因而周期成分的影响也很小。

7.3.2 时间序列平滑模型

1. 简单移动平均法

简单移动平均法（simple moving average，SMA）的基本思想是：假定预测对象的未来状况和邻近几期的数据有关，因此，只选近期几个数据加以算术平均，作为下期的预测值。随着预测时期的向前推移，邻近几期的数据也向前推移。

假设被预测对象共有 N 个时期的数值，本期为 t 期，那么包括 t 期在内的最近 N 个时期的数据的算术平均值，就是 t 期的移动平均数，即可作为 $t+1$ 期的预测值，记为 SMA_{t+1}，其计算公式为：

$$SMA_{t+1} = \frac{x_t + x_{t-1} + x_{t-2} + \cdots + x_{t-N+1}}{N} = \frac{1}{N} \sum_{i=t-N+1}^{t} x_i \qquad (7-1)$$

式中：N——简单移动平均法选定的数据个数；

x_i——第 i 期的实际发生值。

▶ **小提示** ◀

运用简单移动平均法进行预测时，关键是确定应选几期的数据来求平均值作为预测值，即确定移动平均时距 N。这应根据预测对象历史资料时间序列的变动情况而定。如果 N 取大一些，则修正能力强，可更好地消除随机因素的影响。但如果 N 过大，又会使时间序列的差异平均化，显示不出时序变化的特点，缺乏对突变事物的敏感性，影响预测的准确性。因此，在计算移动平均数之前，应先分析时间序列数值的变化情况，若变动缓慢，N 可取大一些；否则，N 取小一些。

2. 加权移动平均法

加权移动平均法（weighted moving average，WMA），是指在计算平均值时，并不同等对待各时间序列数据，而是给近期数据以更大的权重，这样近期数据就会对移动平均值（预测值）有更大的影响。其计算公式为：

$$\mathrm{WMA}_{t+1} = \sum_{i=t-N+1}^{t} \alpha_{i-t+N} x_i \tag{7-2}$$

式中： WMA_{t+1}——t 期末加权移动平均值，即为 $t+1$ 期的预测值；

α_1，α_2，$\cdots$，α_n——实际需求的权系数，$\alpha_1 + \alpha_2 + \cdots + \alpha_n = 1$；其余符号意义同前。

显然，若对每个时段 α_i 都取相同的值，即同等地对待序列中的每个值，加权移动平均预测值就变成了简单移动平均预测值。因而，简单移动平均是加权移动平均的一种特例。

加权移动平均法可以解决平等对待时间序列数据的问题，使预测值更符合实际。

一般来说，α_i 和 N 的取值不同，预测值的稳定性和响应性也不一样，受随机干扰的程度也不一样。N 越大，则预测的稳定性就越好，响应性就越差；N 越小，则预测的稳定性就越差，响应性就越好。近期数据的权重越大，则预测的稳定性就越差，响应性就越好；近期数据权重越小，则预测的稳定性就越好，响应性就越差。然而，α_i 和 N 的选择都没有固定的模式，都带有一定的经验性，究竟选用什么数值，要根据预测的实践而定。

3. 一次指数平滑法

一次指数平滑法（single exponential smoothing，SES）是另一种形式的加权移动平均。加权移动平均法只考虑最近的 N 个实际数据，指数平滑法则考虑所有的历史数据，只不过近期实际数据的权重大，远期实际数据的权重小。t 期的一次指数平滑平均值，即 $t+1$ 期的一次指数平滑预测值 SES_{t+1} 的计算公式为：

$$\mathrm{SES}_{t+1} = \alpha x_t + (1-\alpha)\,\mathrm{SES}_t \tag{7-3}$$

式中：SES_{t+1}——$t+1$ 期一次指数平滑预测值；

x_t——t 期的实际值；

α——平滑系数，它表示赋予实际数据的权重（$0 \leqslant \alpha \leqslant 1$）。

式（7-3）可以改写成：

$$\mathrm{SES}_{t+1} = \mathrm{SES}_t + \alpha\,(x_t - \mathrm{SES}_t) \tag{7-4}$$

式（7-3）是一个递推公式。它赋予 x_t 的权重为 α，赋予 SES_t 的权重为 $1-\alpha$。将式（7-3）展开，得：

$$
\begin{aligned}
\mathrm{SES}_{t+1} &= \alpha x_t + (1-\alpha)\big[\alpha x_{t-1} + (1-\alpha)\mathrm{SES}_{t-1}\big] \\
&= \alpha x_t + \alpha(1+\alpha)x_{t-1} + (1-\alpha)^2 \mathrm{SES}_{t-1} \\
&= \alpha x_t + \alpha(1-\alpha)x_{t-1} + (1-\alpha)^2\big[\alpha x_{t-2} + (1-\alpha)\mathrm{SES}_{t-2}\big] \\
&= \alpha x_t + \alpha(1-\alpha)x_{t-1} + \alpha(1-\alpha)^2 x_{t-2} + (1-\alpha)^3 \mathrm{SES}_{t-2} \\
&= \alpha\big[(1-\alpha)^0 x_t + (1-\alpha)^1 x_{t-1} + (1-\alpha)^2 x_{t-2} + K + (1-\alpha)^{t-1}x_1\big] + (1-\alpha)^t \mathrm{SES}_1
\end{aligned}
$$

$$= \alpha \sum_{j=0}^{t-1} (1-\alpha)^j x_{t-j-1} + (1-\alpha)^t \mathrm{SES}_1 \tag{7-5}$$

式中，SES_1 可事先给定或令 $\mathrm{SES}_1 = x_1$。

在式（7-5）中，当 t 很大时，$(1-\alpha)^t \mathrm{SES}_1$ 可以忽略。因此，第 $t+1$ 期的预测值可以视为前 t 期实测值的指数形式的加权和。随着实测值"年龄"的增大，其权数以指数形式递减。这正是指数平滑法名称的由来。

例 7-1　某公司月销售额记录如表 7-1 所示，试分别取 $\alpha = 0.4$，$\mathrm{SES}_1 = 11.00$，计算一次平滑指数预测值。

解：$\mathrm{SES}_{t+1} = \alpha x_t + (1-\alpha)\mathrm{SES}_t = 0.4x_t + 0.6\mathrm{SES}_t$

当 $t = 1$ 时，$\mathrm{SES}_2 = 0.4 \times 10\,000 + 0.6 \times 11\,000 = 4\,000 + 6\,600 = 10\,600$（元），其余计算相同，结果如表 7-1 所示。

表 7-1　某公司的月销售额一次平滑指数预测表

月份/月	实际销售额 x_t/元	$\alpha \times$ 上月实销售额/元	上月预测销售额/元	$(1-\alpha) \times$ 上月预测销售额/元	本月平滑预测销售额/元
1	10 000				11 000
2	12 000	4 000	11 000	6 600	10 600
3	13 000	4 800	10 600	6 360	11 160
4	16 000	5 200	11 160	6 700	11 900
5	19 000	6 400	11 900	7 140	13 540
6	23 000	7 600	13 540	8 120	15 720
7	26 000	9 200	15 720	9 430	18 630
8	30 000	10 400	18 630	11 180	21 580
9	28 000	12 000	21 580	12 950	24 950
10	18 000	11 200	24 950	14 970	26 170
11	16 000	7 200	26 170	15 700	22 900
12	14 000	6 400	22 900	13 740	20 140

4. 二次指数平滑法

面对上升或下降的需求序列时，就要采用二次指数平滑法（double exponential smoothing，DES）进行预测。其计算公式为：

$$\mathrm{DES}_{t+p} = \mathrm{SA}_t + (p)T_t \tag{7-6}$$

式中：DES_{t+p}——从 t 期计算，第 p 期的二次指数平滑预测值；

　　　T_t——t 期平滑趋势值，T_0 事先给定；

　　　SA_t——t 期平滑平均值，又称为"基数"，SA_t 可按式（7-7）计算，SA_0 可事先给定：

$$\begin{aligned}
\mathrm{SA}_t &= \alpha x_t + (1-\alpha)(\mathrm{SA}_{t-1} + T_{t-1}) \\
&= \alpha x_t + (1-\alpha)\mathrm{DES}_t
\end{aligned} \tag{7-7}$$

T_t 可按式（7-8）计算：

$$T_t = \beta(\mathrm{SA}_t - \mathrm{SA}_{t-1}) + (1-\beta)T_{t-1} \tag{7-8}$$

式中：β——斜率偏差的平滑系数；其余符号意义同前。

二次指数平滑预测的结果与 α 和 β 的取值有关。α 和 β 越大，预测的响应性就越好；反之，稳定性就越好。α 影响预测的基数，β 影响预测值的上升或下降的速度。

7.3.3 时间序列分解模型

实际需求值是趋势、季节、周期或随机等多种因素共同作用的结果。时间序列分解模型（time series decomposition）试图从时间序列值中找出各种成分，并在对各种成分单独预测的基础上，综合处理各种成分的预测值，以得到最终的预测结果。

时间序列分解模型有两种形式：乘法模型（multiplicative model）和加法模型（additive model）。乘法模型比较通用，它是通过将各种成分（以比例的形式）相乘的方法来求出需求估计值。加法模型则是将各种成分相加来预测的。对于不同的预测问题，人们常常通过观察其时间序列值的分布来选用适当的时间序列分解模型。式（7-9）和式（7-10）分别给出了乘法模型和加法模型。

$$TF = T \cdot S \cdot C \cdot I \tag{7-9}$$

$$TF = T + S + C + I \tag{7-10}$$

式中：TF——时间序列的预测值；

     T——趋势因素；

     S——季节因素；

     C——周期因素；

     I——随机因素。

1. 乘法模型

图 7-4 给出了几种时间序列类型，本小节以类型 c 为例，介绍乘法模型的应用。用这种方法进行预测的关键在于求出线性趋势方程（直线方程）和季节系数。下面通过一个实例来说明。

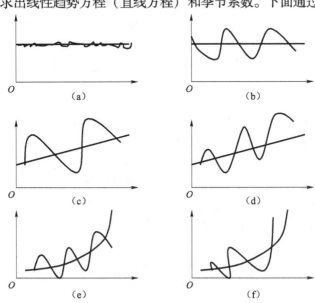

图 7-4 几种可能的时间序列类型

（a）无趋势、无季节波动；（b）无趋势，有季节波动；（c）线性趋势、相等的季节波动；

（d）线性趋势、增大的季节波动；（e）非线性趋势、相等的季节波动；（f）非线性趋势、增大的季节波动

例7-2 表7-2是某快餐店过去三年各季度快餐的销售记录。试预测该公司未来一年各季度的销售量。

表7-2 某快餐店过去三年各季度快餐销售记录 份

季度	季度序号（t）	销售量（x_t）	4个季度销售总量	4个季度移动平均	季度中点
夏	1	11 800			
秋	2	10 404			
冬	3	8 925			
春	4	10 600	41 729	10 432.3	2.5
夏	5	12 285	42 214	10 553.5	3.5
秋	6	11 099	42 819	10 704.8	4.5
冬	7	9 213	43 107	10 776.8	5.5
春	8	11 286	43 793	10 948.3	6.5
夏	9	13 350	44 858	11 214.5	7.5
秋	10	11 270	45 119	11 279.8	8.5
冬	11	10 266	46 172	11 543.0	9.5
春	12	12 138	47 042	11 756.0	10.5

解： 求解可分三步进行。

1）求趋势直线方程

首先根据表7-2给出的数据绘出曲线图形（见图7-5），然后用简单移动平均法求出4个季度的平均值，将它们标在图上（圆圈）。为求趋势直线，可采用最小二乘法。为简单起见，这里采用目测法。让直线穿过移动平均值的中间，使数据点分布在直线两侧，尽可能地各占一半。此直线代表着趋势，它与纵轴的截距为a，这里$a = 10\ 000$份。另一端，在第12个季度时，销售量为12 000份。故b的值为

$$b = (12\ 000 - 10\ 000)/12 = 167$$

由此得到趋势方程为：

$$T_t = 10\ 000 + 167\ t$$

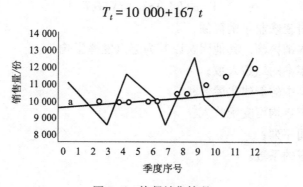

图7-5 快餐销售情况

2）估算季节系数

所谓季节系数（seasonal index，SI），就是实际值x_t与趋势值T_t的比值的平均值。例如，对季度1，$x_1/T_1 = 11\ 800/10\ 167 = 1.16$。类似地，可以求出各个季度的$x_t/T_t$，如表7-3

所示。

表7-3 x_t/T_t 计算表

t	1	2	3	4	5	6	7	8	9	10	11	12
x_t/T_t	1.16	1.01	0.85	0.99	1.13	1.00	0.82	1.00	1.16	0.95	0.87	1.01

由于季节1、5、9都是夏季，应求出它们的平均值作为季节系数：

$$SI(夏) = (x_1/T_1 + x_5 T_5 + x_9 T_9)/3 = (1.16 + 1.13 + 1.16)/3 = 1.15$$

同样可得

$$SI(秋) = 1.00 \qquad SI(冬) = 0.85 \qquad SI(春) = 1.00$$

需要指出的是，随着数据的积累，应该不断地对季节系数进行修正。

3）预测

在进行预测时，关键是选择正确的 t 值和季节系数。在这里，该快餐店未来一年的夏秋冬春各季节对应的 t 值分别为13、14、15、16，对应的季节系数分别为 SI（夏），SI（秋），SI（冬），SI（春）。因此该快餐店未来一年销售量分别为：

夏季：（10 000+167×13）×1.15 = 13 997（份）

秋季：（10 000+167×14）×1.00 = 12 338（份）

冬季：（10 000+167×15）×0.85 = 10 629（份）

春季：（10 000+167×16）×1.00 = 12 672（份）

由例7-2可以看出，对线性趋势、相等的季节性波动类型可以用一种简明的周期性预测方法，它应用起来比较方便。

2. 加法模型

因果关系预测方法的多元线性回归预测与趋势变动预测的复合模型就是典型的加法模型的应用实例。例如，预测室内装修业的相关销售额。根据定性分析，确定其影响因素有当年结婚人数、新建房屋数、人均可支配收入等。同时，由近年来的销售实绩走向也可以预测出趋势。因此，得到的预测模型为：

$$Y = a + bX_1 + cX_2 + dX_3 + eT \tag{7-11}$$

式中： Y——室内装修业年销售额；

a——基本销售额，其他因素以其为起点发挥影响；

X_1——一年中的结婚人数；

X_2——一年中的新建房屋数；

X_3——当年年均可支配收入；

T——时间序列；

$b，c，d，e$——相应的系数。

7.4 因果关系预测方法

在时间序列模型中，将需求作为因变量，将时间作为唯一的自变量。这种做法虽然简单，但忽略了其他影响需求的因素，如政府部门公布的各种经济指数、地方政府的规划、银行发布的各种金融方面的信息、广告费的支出、产品和服务的定价等。因果模型则有效地克服了时间序列法的这一缺点，它通过对一些与需求有关的先导指数的计算，来对需求进行预测。

按照反映需求及其影响因素之间因果关系的数学模型的不同，因果模型又分为回归模型、经济计量模型、投入产出模型等。

本节只介绍一元线性回归模型预测方法。

一元线性回归模型可用下式表达：

$$Y_T = a + bX \tag{7-12}$$

$$b = \frac{n\sum XY - \sum X \sum Y}{n\sum X^2 - (\sum X)^2} \tag{7-13}$$

$$a = \frac{\sum Y - b\sum X}{n} \tag{7-14}$$

式中：Y_T——一元线性回归预测值；

　　　a——截距，为自变量 $X=0$ 时的预测值；

　　　b——斜率；

　　　n——变量数；

　　　X——自变量的取值；

　　　Y——因变量的取值。

例 7-3　对例 7-2 应用一元线性回归法进行预测。

解：计算 b 和 a，然后求 Y_T，结果如表 7-4 所示。

表 7-4　一元线性回归计算

X	Y	X^2	XY
2.5	10 432.3	6.25	26 080.75
3.5	10 553.5	12.25	36 937.25
4.5	10 704.8	20.25	48 171.60
5.5	10 776.8	30.25	59 272.40
6.5	10 948.3	42.25	71 163.95
7.5	11 214.5	56.25	84 108.75
8.5	11 279.8	72.25	95 878.30
9.5	11 543.0	90.25	109 658.50
10.5	11 756.0	110.25	123 438.00
$\sum X = 58.5$	$\sum Y = 99\ 209.0$	$\sum X^2 = 440.25$	$\sum XY = 654\ 709.50$

$b = (9 \times 654\ 709.5 - 58.5 \times 99\ 209.0)/(9 \times 440.25 - 58.5^2) = 164.183$

$a = (99\ 209 - 164\ 183 \times 58.5)/9 = 9\ 956.03$

$Y_T = 9\ 956.03 + 164.183X$

自变量 X 与因变量 Y 之间的相关程度可用相关系数 r 来衡量。

$$r = \frac{n\sum XY - \sum X \sum Y}{\sqrt{\left[n\sum X^2 - (\sum X)^2\right]\left[n\sum Y^2 - (\sum Y)^2\right]}} \tag{7-15}$$

当 r 为正，说明 Y 与 X 正相关，即 X 增加，Y 也增加；当 r 为负，说明 Y 与 X 负相关，即 X 增加，Y 减少。r 越接近 1，说明实际值与所做出的直线越接近。

7.5 预测误差与监控

7.5.1 预测误差

所谓预测误差，是指预测值与实际值之间的差异。误差有正负之分。当预测值大于实际值时，误差为正；反之，误差为负。预测模型最好是无偏的模型（unbiased model），即应用该模型时，正、负误差出现的概率大致相等。平均误差是评价预测精度、计算预测误差的重要指标。它常被用来检验预测与历史数据的吻合情况，同时它也是判断预测模型能否继续使用的重要标准之一。在比较多个模型孰优孰劣时，也经常用到平均误差。

7.5.2 误差测量

1. 绝对平均偏差

绝对平均偏差（mean absolute deviation，MAD）：预测期内每个预测值与实际值的绝对偏差的平均值。即：

$$\text{MAD} = \frac{\sum_{t=1}^{n} |A_t - F_t|}{n} \tag{7-16}$$

式中：A_t——t 期（当前期）的实际值；

F_t——t 期（当前期）的指数平滑预测值；

n——移动步长（即整个预测期内的时段个数）。

MAD 较好地反映了预测精度，MAD 与标准差类似，但更易求得。如果预测偏差服从正态分布，其值约为 0.8 倍的标准差，1 倍 MAD 约占 58%；2 倍 MAD 约占 89%；3 倍 MAD 约占 98%，参见表 7-5。其缺陷是不易测量预测值的无偏性。

表 7-5 跟踪的控制界限

上下控制界限（MAD 的倍数）	相应的均方差（σ^2）	跟踪信号落在界限内的概率/%
±1.00	±0.80	57.62
±1.50	±1.20	76.98
±2.00	±1.60	89.04
±2.50	±2.00	95.44
±3.00	±2.40	98.36
±3.50	±2.80	99.48
±4.00	±3.20	99.86

2. 平均平方误差

平均平方误差（mean square error, MSE）：误差平方和的平均值。沿用式（7-16）中的符号，即：

$$MSE = \frac{\sum_{t=1}^{n}(A_t - F_t)^2}{n - 1} \tag{7-17}$$

式中：F——综合预测值。

MSE 也能较好地反映预测精度，但也不易衡量预测值的无偏性。

3. 预测误差滚动和

预测误差滚动和（running sum of forecast error, RSFE）：预测误差的积累和。即：

$$RSFE = \sum_{t=1}^{n}(A_t - F_t) \tag{7-18}$$

如果预测模型是无偏性的，预测误差滚动和应该接近于零。

4. 平均预测误差

平均预测误差（mean forecast error, MFE）：预测误差积累和的平均值。即：

$$MFE = \frac{\sum_{t=1}^{n}(A_t - F_t)}{n} \tag{7-19}$$

平均预测误差能很好地衡量预测模型的无偏性，但不能反映预测值偏离实际值的程度。

5. 平均百分误差

平均百分误差（mean percentage error, MPE）：积累相对误差。即：

$$MPE = \frac{\sum_{t=1}^{n}\left(\dfrac{A_t - F_t}{A_t}\right)}{n} \times 100 \tag{7-20}$$

6. 平均绝对百分误差

平均绝对百分误差（mean absolute percentage error, MAPE）：相对误差的绝对值的积累值。即：

$$MAPE = \frac{\sum_{t=1}^{n}\left|\dfrac{A_t - F_t}{A_t}\right|}{n} \times 100 \tag{7-21}$$

MAD、MSE、RSFE、MFE、MPE、MAPE 是几种常用的衡量预测误差的指标，但任何一种指标都很难全面地评价一个预测模型，在实际应用中常常将它们结合起来使用。表 7-6 是计算以上误差的例子。

表 7-6　MAD、MSE、RSFE、MFE、MPE、MAPE 计算一览表

实际值 (A)	预测值 (F)	偏差 $(A-F)$	绝对偏差 $\lvert A-F \rvert$	平方误差 $(A-F)^2$	百分误差 $100(A-F)/A$	百分绝对误差 $100\left\lvert\dfrac{A-F}{A}\right\rvert$
120	125	-5	5	25	-4.17	4.17

续表

实际值 (A)	预测值 (F)	偏差 ($A-F$)	绝对偏差 $\lvert A-F \rvert$	平方误差 $(A-F)^2$	百分误差 $100\,(A-F)\,/A$	百分绝对误差 $100\left\lvert\dfrac{A-F}{A}\right\rvert$
130	125	+5	5	25	3.85	3.85
110	125	−15	15	225	−13.64	13.64
140	125	+15	15	225	10.71	10.71
110	125	−15	15	225	−13.64	13.64
130	125	+5	5	25	3.85	3.85
		−10	60	750	−13.04	49.86

MAD=60/6=10；MSE=750/6=125；RSFE=−10；MFE=−10/6=−1.67；MPE=−13.04/6=−2.17%；MAPE=49.86/6=8.31%

7.5.3 预测监控

预测监控就是将最近的实际值与预测值进行比较，检测预测偏差是否仍在可以接受的范围内。采用的手段一是计算跟踪信号，二是利用控制图进行动态监控。

1. 跟踪信号的计算

所谓跟踪信号（tracking signal，TS），是指预测误差滚动与绝对平均偏差的比值。即：

$$TS = \frac{RSFE}{MAD} = \frac{\displaystyle\sum_{t=1}^{n}(A_t - F_t)}{\dfrac{\displaystyle\sum_{t=1}^{n}\lvert A_t - F_t \rvert}{n}} \qquad (7-22)$$

式（7-22）中各符号意义同前。当 MAD 的初始值给定后，MAD_t 可用指数平滑法计算：

$$MAD_t = \alpha(\lvert A_t - F_t \rvert - MAD_{t-1}) + MAD_{t-1} \qquad (7-23)$$

式中：α——平滑系数（$0 \le \alpha \le 1$），其实际意义为当前期实际值的权重。

TS 的控制上下限按照判断和经验确定，取值范围为±3～±8，一般取±4。每当实际需求发生时，就应该计算 TS。只有 TS 在一定范围内（见图 7-6）时，才认为预测模型可以继续使用。否则，就应该重新选择预测模型。

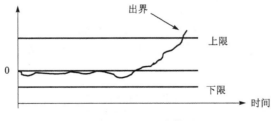

图 7-6 预测跟踪信号

2. 控制图的计算

TS 的预测误差的上下限量是为积累误差设置的，控制图的上下限是为单个预测误差设置的。运用控制图的假设条件是：① 预测误差是均值为零的随机分布；② 误差的分布是正态的。取 MSE 的平方根 $s=\sqrt{\mathrm{MSE}}$，控制上下限为 $0\pm 2s$ 时，95% 的误差将落入其中；当控制上下限为 $0\pm 3s$ 时，99.7% 的误差将落入其中。

表 7-7 所示为某商店 24 个月西装的销售数字和预测数字，先用 TS 和控制图来检查所用预测方法是否合适。TS 从第 10 个月开始计算，用指数平滑法更新 MAD，取 $\alpha=0.2$，TS 上下限取 ± 4；控制图取 $\pm 2s$ 作为上下限控制，利用前 8 个月的数字绘控制图，然后用该控制图评价其余数据。

表 7-7　某商店西装销售与预测情况

月　数	A（实际销售）	F（预测值）	$A-F$	｜$A-F$｜	累计｜$A-F$｜
1	47	43	4	4	4
2	51	44	7	7	11
3	54	50	4	4	15
4	55	51	4	4	19
5	49	54	−5	5	24
6	46	48	−2	2	26
7	38	46	−8	8	34
8	32	44	−12	12	46
9	25	35	−10	10	56
10	24	26	−2	2	58
11	30	25	5	5	
12	35	32	3	3	
13	44	34	10	10	
14	57	50	7	7	
15	60	51	9	9	
16	55	54	1	1	
17	51	55	−4	4	
18	48	51	−3	3	
19	42	50	−8	−8	
20	30	43	−13	13	
21	28	38	−10	10	
22	25	27	−2	2	
23	35	27	8	8	
24	38	32	6	6	
			−11		

1—10 月的绝对偏差之和为 58，因此，第 10 月份（初始）MAD 的值为 58/10=5.8。按 $\mathrm{MAD}_t=\alpha(\,|A_t-F_t|-\mathrm{MAD}_{t-1})+\mathrm{MAD}_{t-1}$ 将计算结果列入表 7-8。

表 7-8　TS 的计算

T（各月）	｜$A-F$｜	$\mathrm{MAD}_t=\mathrm{MAD}_{t-1}+0.2\,(\,|A-F|-\mathrm{MAD}_{t-1})$	累计误差	跟踪信号
10			−20	−20/5.800=−3.45
11	5	5.640=5.8+0.2（5−5.8）	−15	−15/5.640=−2.66
12	3	5.112=5.640+0.2（3−5.64）	−12	−12/5.112=−2.35
13	10	6.090=5.112+0.2（10−5.112）	−2	−2/6.090=−0.33

续表

T（各月）	$\mid A-F \mid$	$MAD_t = MAD_{t-1} + 0.2 \ (\mid A-F \mid -MAD_{t-1})$	累计误差	跟踪信号
14	7	$6.272 = 6.090 + 0.2 \ (7 - 6.090)$	5	$5/6.272 = 0.80$
15	9	$6.818 = 6.272 + 0.2 \ (9 - 6.272)$	14	$14/6.818 = 2.05$
16	1	$5.654 = 6.818 + 0.2 \ (1 - 6.818)$	15	$15/5.654 = 2.65$
17	4	$5.323 = 5.654 + 0.2 \ (4 - 5.654)$	11	$11/5.323 = 2.07$
18	3	$4.858 = 5.323 + 0.2 \ (3 - 5.323)$	8	$8/4.858 = 1.65$
19	8	$5.486 = 4.858 + 0.2 \ (8 - 4.858)$	0	$0/5.486 = 0.00$
20	13	$6.989 = 5.486 + 0.2 \ (13 - 5.486)$	-13	$-13/6.989 = -1.86$
21	10	$7.591 = 6.989 + 0.2 \ (10 - 6.989)$	-23	$-23/7.591 = -3.03$
22	2	$6.473 = 7.591 + 0.2 \ (2 - 7.591)$	-25	$-25/6.473 = -3.86$
23	8	$6.778 = 6.473 + 0.2 \ (8 - 6.473)$	-17	$-17/6.778 = -2.51$
24	6	$6.662 = 6.778 + 0.2 \ (6 - 6.778)$	-11	$-11/6.662 = -1.66$

从 TS 的情况看，都没有超过±4，因此预测方法没有问题。

现在分析控制图情况。平均误差＝－11/24＝0.46，接近于 0，符合控制图使用要求。

$$s = \sqrt{\frac{\sum (A-F)^2}{n-1}} = \sqrt{\frac{4^2 + 7^2 + 4^2 + 4^2 + (-5)^2 + (-2)^2 + (-8)^2 + (-12)^2}{8-1}} = 6.91$$

$$0 \pm 2s = 0 \pm 2 \times 6.91 = -13.82 \sim 13.82$$

所有单点误差（$A-F$）都在其内。

将所有的单个误差标在如图 7-7 所示的控制图上就可以分析其波动情况。如果预测误差成周期性波动，则说明预测方法需要改进。除此之外，对于有偏情况或趋势情况，都要对预测方法进行调整。控制图方法一般也比 TS 方法优越。TS 方法的主要缺点是使用累计误差，掩盖了单个误差。可能存在很大的正偏差和负偏差，但通过累计掩盖了。相反，在控制图上可以反映每个预测数据的误差。

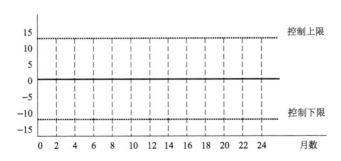

图 7-7　控制图

本 章 习 题

一、判断题

1. 时间序列预测模型是以历史数据分析为基础的对将来的预测。（　　　）

2. 指数平滑方法比简单移动平均方法预测的要准确。（　　）

3. 时间序列是按一定的时间间隔，把某种变量的数值依发生的先后顺序排列起来的序列。（　　）

4. 短期预测是指对一个季度以上两年以下的需求前景的预测。（　　）

二、选择题

1. 时间序列平滑模型主要包括（　　）。

　A. 简单移动平均法　　　　　　　　　B. 加权简单移动平均法

　C. 一次指数平滑法　　　　　　　　　D. 二次指数平滑法

2. 预测期内每个预测值与实际值的绝对偏差的平均值是（　　）。

　A. 平均平方误差　　B. 平均预测误差　　C. 平均百分误差　　D. 绝对平均偏差

3. 预测监控采用的方法有（　　）。

　A. 绝对平均偏差　　B. 平均百分误差　　C. 计算跟踪信号　　D. 控制图

4. 定性预测方法主要包括（　　）。

　A. 德尔菲法　　　　　　　　　　　　B. 经理人员意见法

　C. 消费者调查法　　　　　　　　　　D. 销售人员意见汇集法

5. 通常，一个时间序列数据可能表现为（　　）成分。

　A. 趋势　　　　　B. 季节　　　　　C. 周期　　　　　D. 随机

思考题

1. 为什么说预测不是一门精确的科学？

2. 影响需求的因素是什么？

3. 有哪些定性预测方法和定量预测方法？说明其各自的特点和适用范围。

4. 预测有哪些类型？时间序列分析预测法一般用于哪些方面？有什么明显的优缺点？

计算题

1. 某商品在过去5个月内的销售情况如表7-9所示。

表7-9　某商品销售情况

月份	销售量/件	月份	销售量/件
4月	321	7月	482
5月	396	8月	331
6月	487		

（1）假定4月份的预测值为330，令 $\alpha=0.2$，用一次指数平滑模型预测5—9月份各月的产品需求量；

（2）利用5、6、7、8月份的数据计算该预测模型的MAD。

（3）若取 $\alpha=0.4$，则 $\alpha=0.2$ 和 $\alpha=0.4$，哪一种预测效果更好。

2. 某品牌冰淇淋专卖店近6周来某种口味冰淇淋销售记录如表7-10所示。

表 7-10　某品牌冰淇淋专卖店近 6 周某口味冰淇淋销售情况

周	重量/升	周	重量/升
5 月第一周	19	5 月第四周	25
5 月第二周	18	6 月第一周	29
5 月第三周	22	6 月第二周	32

（1）用 3 周移动平均的方法预测下一周需求量；

（2）用加权移动平均预测的方法预测下一周需求量，按与预测期的接近程度，平滑指数分别为 0.6、0.3 及 0.1；

（3）比较上述两种预测模型，哪一种更适合，为什么？

3. 某啤酒经销商想预测未来两年的销售水平，以便确定对库房、冷藏空间、运输能力、劳动力、资金等各种资源需求。表 7-11 给出了过去两年及今年上半年的季度销售情况。

表 7-11　某啤酒销售情况　　　　　　　　　　　　　　　万升

季度	前年	去年	今年
一	24 500	26 200	29 200
二	33 200	36 600	38 100
三	36 900	39 700	
四	26 400	28 500	

（1）利用以上数据建立销售随季度变化的函数，并计算实际需求与函数值的比值。

（2）利用季节系数预测今年三、四季度的销售量，并分别计算这三年的年平均销售量。

案例分析

　　某市春花童装厂近几年来生产销售额连年稳定增长。谁料该厂李厂长这几天来却在为产品推销、资金搁死而大伤脑筋。原来，年初该厂设计了一批童装新品种，有男童的香槟衫、迎春衫，女童的飞燕衫、如意衫等。借鉴成人服装的镶、拼、滚、切等工艺，在色彩和式样上体现了儿童的特点，活泼、雅致、漂亮。由于工艺比原来复杂，成本较高，价格比普通童装高出了 80% 以上，比如一件香槟衫的售价在 160 元左右。为了摸清这批新产品的市场吸引力如何，在春节前夕厂里与百货商店联合举办了"新颖童装迎春展销"，小批量投放市场十分成功，柜台边顾客拥挤，购买踊跃，一片赞誉声。许多商家主动上门订货。连续几天亲临柜台观察消费者反应的李厂长，看在眼里，喜在心上。不由想到，"现在都只有一个孩子，为了能把孩子打扮得漂漂亮亮的，谁不舍得花些钱？只要货色好，价格高些看来没问题，应该趁热打铁，尽快组织批量生产，及时抢占市场。"

　　为了确定计划生产量，以便安排以后的月份生产，李厂长根据去年以来的月销售统计数，运用加权移动平均法，计算出以后月份预测数，考虑到这次展销会的热销场面，他决定按生产能力的 70% 安排新品种，30% 为老品种。二月份的产品很快就被订购完了。然而，现在已是四月初了，三月份的产品还没有落实销路。询问了几家老客商，他们反映有难处，原以为新品种童装十分好销，谁知二月份订购的那批货，卖了一个多月还未卖掉三分之一，他们现在既没有能力也不愿意继续订购这类童装了。对市场上出现的完全相反的需求变化，李厂长感到十分纳闷。他弄不明白，这些新品种都经过试销，自己亲自参加市场调查和预测，为什么会事与愿违呢？

资料来源：http://www.jlrtvu.jl.cn/wlkc/course/180001510-1/205-02.htm。

【问题】

1. 你认为春花童装厂产品滞销的问题出在哪里？
2. 为什么市场的实际发展状况会与李厂长市场调查与预测的结论大相径庭？
3. 请根据实际为春花童装厂做出需求预测。

第8章 生产能力与生产计划

【学习目标】

1. 掌握生产能力的相关基础知识；
2. 了解生产能力的计算方法；
3. 了解生产能力规划及处理非均匀需求的策略；
4. 理解生产计划的一般制订过程及方法；
5. 了解收入管理的相关知识。

【导入案例】

日本佳能公司在不断发展壮大过程中，多元化以及技术创新在提高生产能力方面起着非常重要的作用。为了在即将到来的竞争激烈的时代生存，佳能必须拥有十种以上的先进技术，使公司能开发出独特的产品。通过研究和开发，佳能在多个领域积累了独特技术，并将它们整合起来提供革命性的产品。

一直以来，佳能把办公室自动化设备作为成长的主要机会。通过能力糅合以及产能扩张，佳能已经树立了良好的品牌。它提供各种复印机、传真机、电子打印机、激光打印机、字处理设备和个人计算机。佳能的下一个挑战是，把功能分立的仪器整合成一个多功能系统，可执行复印机、传真机、打印机、扫描仪等多种设备的任务，并与计算机界面连接，使所有的功能可以通过一个键盘控制。而今，佳能公司已发展成为拥有全面生产办公、通信、精密光学及精密化学等众多领域优秀产品的大型综合企业，佳能公司的商标已在 130 多个国家注册。

资料来源：https://wenku.baidu.com/view/34236de24afe04a1b071de7b.html。

8.1　生产能力概念与计算

8.1.1　生产能力的概念

1. 生产能力的定义

企业的生产能力是指企业所输出的资源，在一定时间内，并在先进合理的技术组织条件下，所能实现的最大产出量。

在制造型企业中，生产能力实现以最大产出量来表示，例如，汽车厂一个班次生产的产量或一年生产的产量，而在服务企业中，生产能力被表现为一段时间所服务的人数，如餐馆从中午 12 点到下午 1 点所能提供的就餐人数。

2. 生产能力的分类

企业的生产能力有各种类型，它们的经济内涵有所不同，在制订企业计划时，可根据企业计划所反映的内容和需要，合理选择能力指标。

（1）设计能力。设计能力是企业进行新建、扩建或技术改造时，设计任务书和技术设计文件中规定的产品的生产能力。它是按照企业设计中规定的生产方案和各种设计数据确定的。

（2）计划能力。计划能力是企业在设计能力的基础上，根据市场需求的变化，预算企业在计划期内能够实现的营运能力。

（3）查定能力。查定能力是对生产能力的一种界定方式。企业在运营了一定时期后，由于产品设计、工艺方法、技能的熟练程度、原有的生产设施的变化等原因，当初的设计能力已完全不能反映实际情况，这时需要对企业的生产能力做重新调查和核定。

小资料

电视机厂原有生产设备可以年产 A 型电视机 500 万台，由于产品更新换代，现要生产 B 型电视机，通过对原设备简单改造后，该企业可年产 B 型电视机 250 万台，这 250 万台就是该企业的查定能力。

（4）有效能力。有效能力是一个企业在一定的产品组合、计划方法、维护和质量变化的条件下预期能获得的生产能力。

小资料

一家企业可以 24 小时连续运作，但它发现这样会使它的设备维护成本、人工成本大大提高，而每天运作 16 小时效率更高、效益更好；许多服务企业都是可以全天运营的，但实际却很少有不顾其他条件夜以继日运作的企业。

小提示

由于市场和经营条件的变化等原因，企业要达到100%的运营效率很困难，但是企业可通过增强对市场的应变能力，合理组织和优化内部资源，提高企业的有效能力。

（5）定额能力。定额能力是衡量在多种限制条件下，企业最终应达到的生产能力标准。由于种种因素的限制，如供应商的供应时间、原材料的质量、员工的主观因素、设备的使用状况等方面的原因，决定了企业的定额能力总是小于设计能力。

8.1.2　生产能力的衡量

由于各种原因，企业的实际产出不一定能达到企业的生产能力，因此需要对企业的生产能力利用情况进行衡量。

1. 最佳运作水平

最佳运作水平（best operating level）是指生产系统的设计生产能力，即当产品单位生产成本最小时的输出产量。

当生产系统的产出量低于最佳运作水平时，平均成本将由于管理成本分摊到的产出量下降而上升；当高于最佳运作水平时，由于加班、设备磨损、废品率增加（对服务业来说，可能由于服务质量和工作效率下降）而使平均成本上升。

2. 生产能力利用率

$$生产能力利用率 = \frac{有效能力（或预期能力）}{设计能力} \qquad (8-1)$$

所谓有效能力，是指在给定产品组合、排程、机器维修以及质量因素等情况下的最大可能产出。

▶ **小提示** ◀

有效生产能力要考虑市场需求（如某汽车厂设计能力30万辆，但投产初期市场需求不到30万辆）、产品组合改变的现实性、设备定期维修的需要、午餐或休息时间以及生产规划和平衡情况等现实后预期能获得的能力。通常有效能力要小于设计能力，它反映出市场需求、技术和管理水平等现实情况的约束后的可能生产能力。

3. 生产效率

$$生产效率 = \frac{实际产出}{有效（预期）能力} \qquad (8-2)$$

由于受到机器故障、缺工、材料短缺、不合格品等预期之外问题的影响，实际产出通常要小于有效生产能力。生产效率是衡量对有效生产能力的利用情况，生产效率实际考核的是现场管理水平。

▶ **小提示** ◀

运作部经理只注意生产效率，而忽视能力利用率。实际上，只考核生产效率将会起到误导作用，因为当有效能力与设计生产能力相比很小时，高的生产效率并不能反映企业资源真正得到了有效的利用。

8.1.3　生产能力的计算

计算生产能力是做好能力计划工作所必需的。通过计算企业的生产能力，不仅可以摸清自己企业的资金运转情况，做到心中有数，还可以发现生产过程中的瓶颈部分和富裕环节，为科学合理地制订计划提供基础资料。

1. 生产能力的计量单位

1）以产出量为计量单位

产能与产出量和投入量有关，但有些企业的生产能力以产出量表示十分确切明了。调制型和合成型生产类型的制造企业都具有这个特征，如钢铁厂、水泥厂都以产品吨位作为生产能力，家电生产厂是以产品台数作为生产能力。这类企业的产出数量越大，能力也越大。

但是，在具体地计算它们的生产能力时，就会碰到问题。例如，企业只生产单一产品，则以该产品为计量单位；若生产多种产品，该如何计算？钢铁厂可以轧制各种型材，简单地以吨位计算不能反映真实情况，电冰箱厂制造单门与三门冰箱的加工量是大不一样的，这时可采用代表产品的概念，选择代表企业专业方向、产量与工时定额乘积最大的产品作为代表产品，其他的产品可换算成代表产品。换算系数 K_i 由下式求得：

$$K_i = \frac{t_i}{t_0} \qquad (8-3)$$

式中：K_i——i 产品的换算系数；

　　　t_i——i 产品的时间定额；

　　　t_0——代表产品的时间定额。

2）以原材料处理量为计量单位

有的企业使用单一的原料生产多种产品，这时以工厂年处理原料的数量作为生产能力的计量单位是比较合理的，如炼油厂以一年加工处理原油的吨位作为它的生产能力。这类企业的生产特征往往是分解型的，使用一种主要原料，分解制造出多种产品。

3）以投入量为生产能力计量单位

有些企业如果以产出量计量其生产能力，则会使人感到不确切、不易把握。如发电厂，年发电量几十亿度电，巨大的天文数字不易比较判断，还不如用装机容量来计量更方便。这种情况在服务业中更为普遍，如航空公司以飞机座位数量为计量单位，从不以运送的客流量为计量单位；医院以病床数量而不是以诊疗的病人数为单位；零售商店以营业面积或者标准柜台数来计量，而不能用接受服务的顾客数计量；电话局以交换机容量表示，而不用接通电话的次数表示。这类企业的生产能力有一个显著特点，就是能力不能存储。假如一架飞机有 150 个座位，某次航班只有 100 位乘客，多余的 50 个座位的能力只能放空，而不可能存储到高峰时期使用。其原因是这类企业的产品不能存储，服务业往往属于这种类型。

2. 生产能力的计算

生产能力的计量单位确定以后，计算生产能力就不再是一项复杂的工作。相比之下，机械制造业的生产能力计算稍微复杂一些，主要原因是这类企业产品的加工环节多，参与加工的设备数量大，设备能力又不是连续变动的，而是呈阶梯式发展的，所以各环节的加工能力是不一致的。计算考虑工作通常从底层开始，自下而上进行，先计算单位设备的能力，然后逐步计算班组（生产线）、车间、工厂的生产能力。

1）流水线生产类型企业的生产能力的计算

在大量生产企业，总装与主要零件生产都采用流水线的生产方式，因此，企业生产能力是按每条流水线核查的。先计算各条零件制造流水线的能力，再确定车间的生产能力，最后通过平衡，求出全厂的生产能力。

（1）流水线生产能力计算。流水线的生产能力取决于每道工序设备的生产能力，所以，计算工作从单台设备开始。计算公式如下：

$$M_{单} = \frac{F_e}{t_i} \tag{8-4}$$

式中：$M_{单}$——单台设备生产能力；

　　　F_e——单台设备计划期（年）有效工作时间，时；

　　　t_i——单位产品在该设备上加工的时间定额，时/件。

▶ **小提示** ◀

工序由一台设备承担时，单台设备的生产能力即为该工序能力。当工序由 S 台设备承担时，工序生产能力为 $M_{单} \times S$。这种由设备组成的流水线，各工序能力不可能相等，生产线能力只能由最小工序能力确定。

（2）车间生产能力的确定。车间生产能力确定需要分几种情况讨论。如果仅仅是零件加工车间，每个零件有一条专用生产线，而所有零件又都是为本厂的产品配套，那么该车间的生产能力应该取决于生产能力最小的那条生产线的能力；如果是一个部件制造车间，它既有零件加工流水生产线，又有部件装配流水线，这时其生产能力应该由装配流水线的能力决定。即使有个别的零件加工能力低于装配流水线的能力，也应该按照这个原则确定，零件加工能力不足可以通过其他途径补充。

（3）工厂生产能力的确定。在确定了车间生产能力的基础上，通过综合平衡的方法来确定工厂的生产能力。

第一步是对基本生产车间的能力作平衡。由于各车间之间加工对象和加工工艺差别较大，选用的设备是不一样的，性能差别很大，生产能力很难做到一致，因此，基本生产车间的生产能力通常按主导生产环节来确定。所谓主导生产环节，是指产品加工的关键工艺或关键设备，这些生产环节的能力决定了某些基本生产车间的能力，同时，也基本限定了工厂的生产能力。

第二步是对基本生产车间与辅助生产部门的能力作平衡。当两者的能力不一致时，一般来说，工厂的生产能力主要由基本生产车间的能力决定。如果辅助部门的能力不足，则可以采取各种措施来提高其能力，以保证基本生产车间的能力得到充分利用。

2）成批加工生产类型企业的生产能力计算

这种类型的企业，生产单位的组织采用工艺专业化原则。产品的投入与产出有较长的间隔期，有明显的周期性。它们的生产能力计算与工艺专业化原则划分车间和班组有密切的关系，且有自己的特点。

（1）单台设备及班组生产能力计算。在这类企业中，车间内班组是最小生产单位，每个班组配备一定数量的加工工艺相同的设备，但它们的性能与能力不一定相同。所以班组生产能力的计算也是从单台设备开始的。

由于加工的零件不是单一品种，是多对象多品种，数量可达上百数千种，所有零件的形状大小不同，加工的工艺步骤不同，加工的时间长短不一，这时不能用产出量计算，而只能采用设备能提供的有效加工时间来计算，称为机时。计算公式如下：

$$F_e = F_0 \times \eta = F_0(1-\theta) = F_0 - d \tag{8-5}$$

式中：F_0——年度工作时间；

　　　　η——设备制度工作时间计划利用率；

　　　　θ——设备计划修理停工率；

　　　　d——设备计划修理停工时间。

如果班组内全部设备的加工技术参数差异不大，则全部设备的机时之和就是班组的生产能力。如果技术参数相差很大，以车床为例，床身长度和回转半径两个参数规定了设备可以加工的工件的尺寸，这时有必要再分别统计不同参数设备的机时，着重查看某些大工件的设备加工能力是否满足。

（2）车间生产能力的确定。由于班组的加工对象是零件，其能力以机时计量是合理的，而对于车间的其他生产对象往往是产品或零部件配套数，所以它的生产能力应该以产量计量。工时与产量之间的换算是很容易的，换算之后可能会发现，各设备组（班组）的生产能力是不平衡的，如图 8-1 所示。

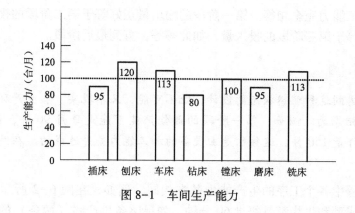

图 8-1　车间生产能力

车间的生产能力可以按关键设备能力来确定。图 8-1 中，假定镗床是关键设备，就可以确定车间月生产能力为 100 台。能力不足的设备组，可以通过能力调整措施来解决。

（3）工厂生产能力的确定。工厂生产能力可以参照主要生产车间的能力来确定，能力不足的车间，可以用调整措施来解决。

小提示

需要指出的是，关于车间、工厂生产能力的确定，并没有严格规定。有观点认为应该以最小设备组生产能力或者最小车间生产能力来确定，即遵循所谓的"木桶原理"。也有观点认为，应该以关键设备能力来确定，理由是关键设备的价值高，企业不可能有备用的，也难以找到外协者，购置新的设备又可能因能力利用不足而不经济，所以生产能力只能受制于关键设备能力。因此，具体问题需要做具体分析。

3）服务行业生产能力的计算

服务行业量大面广，生产能力的具体表现千差万别，一般考虑以投入量为计量单位是比较合理的。只要确定了计量单位就可以比较方便地算出生产能力。如仓储业的计量单位是存储空间，其有效仓位面积就是它的生产能力；公路运输业，企业运输工具的总装载吨位就是生产能力；律师事务所和会计事务所，其员工人数就是生产能力等。

8.2　生产能力规划与需求的匹配

8.2.1　生产能力规划

1. 生产能力长期规划

生产能力的长期规划具有战略性质，对企业的远期利益至关重要。长期规划又具有很大的风险性，应谨慎处置，周密考虑。长期规划分为扩展与收缩两类。

1）扩展规划

绝大多数企业都有规模不断扩大的倾向，所以企业都会面临自己生产能力如何扩展的决策。在扩展规划中要考虑几个问题：系统能力平衡、扩展的步骤及如何利用外界的力量。

（1）系统能力平衡。生产过程由许多加工环节构成，理想状态的系统能力平衡是指所有生产环节的加工能力完全相等。第一阶段的输出量正好等于第二阶段的投入量，第二阶段的输出量又正好等于第三阶段的投入量，如此等等，直到最后阶段。

◢ 小资料 ◣

事实上，要达到这种理想状态的设计，既不可能，又不现实。各生产环节的最佳运行生产能力不可能是相等的。例如，第一阶段的最佳产能可能是每月 90 件，第二阶段会是 75 件，第三阶段也许是 150 件，这往往是由设备的加工能力差异造成的。在做规划时，必须考虑这种现象。

如果一个流程中各个工序的生产能力基本相同，例如，在图 6-2 所示的面包制作流程中，如果混合、成型和烘烤都是每批 60 分钟，如果整条生产线（两条）的能力与包装工序的能力都是每批 30 分钟，则整个流程是平衡的。但是在实际生产运作过程中，这种理想的状态几乎是不存在的。如果一个流程各个环节的生产能力不平衡，就意味着在非瓶颈环节存在着资源的浪费。

◢ 小提示 ◣

正如"瓶颈"的字面含义，一个瓶子瓶口的大小决定着液体从中流出的速度，生产运作流程中的瓶颈则制约着整个流程的产出速度。瓶颈还有可能"漂移"，取决于在特定时间段内生产的产品或使用的人力和设备。因此，在流程设计中和日后的日常生产运行中都需要引起足够的重视。

有许多方法可以处理能力不平衡问题。一种办法是，专门在瓶颈工序进行投资，扩大瓶颈口的能力。这时瓶颈能力会发生转移。当生产发展后，能力在新的瓶颈处又受到限制，在新的瓶颈处再进行投资，以扩大能力，如此达到生产能力不断扩展的目标。也可以把力量集中在关键工序，不断投资以提高生产能力。不平衡的非关键工序，用短期能力调整的方法来平衡生产系统的能力。当然，也可以选用多台能力较小的设备，通过调整设备数量，使系统内各工序的生产能力达到平衡。

（2）扩大产能的步骤。要达到预期的生产能力水平，有两种方式。一种是一次投资，一步到位，这样做往往要购买能力大的设备；另一种是分几步走，每次少量投资，逐步到位，即每次选用能力较小的设备，逐步添置，或逐步用能力较大的设备替换老设备。如图 8-2 所示。

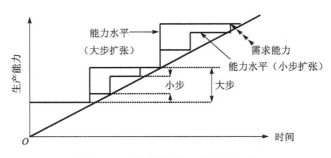

图 8-2　生产能力的两种扩张方法

一次投资的优点是投资费用低，但风险大。如果投产后发现能力严重过剩，则总成本也不会低，因为这时要计算机会成本和设备折旧。多次投资的缺点是总费用高，其原因是，设备费用部分会明显增大，设备重新布置会增加人工费用和停工损失。但它所承担的风险相对较小。究竟采用哪种方法较为妥当，理论上无法给予明确的证明，从实践经验看，应尽可能选择风险小的投资方案。

（3）利用外部力量。企业即使通过新的投资来扩大生产能力，也必须认真考虑如何利用企业外部的力量，以减小本企业资金压力和投资风险。走专业化、协作化的道路是个好方法。

小提示

由于生产能力长期规划涉及新的投资，又具有较大的风险，所以对长期规划必须作充分的论证，作多方案多因素综合评价，特别要作风险分析。比较通用的方法就是决策树法。

2）收缩规划

随着市场经济的发展，那些不能适应市场的企业，因经营不佳而陷入困境。这时企业面临的问题不是扩展，而是收缩。企业应尽可能在收缩中减少损失，力争在收缩中求得新的发展。

（1）逐步退出无前景行业。企业之所以采取逐步退出的策略，是因为还有市场。另外，企业资金的转移也不是一件很容易的事情，企业不能轻易放弃还有利可图的市场，这样做可以尽可能地减少损失。

（2）出售部分亏损部门。企业通过出售亏损部门，卸掉包袱，救活部分资金，搞活其他部分，确是明智之举。对待出售资产的决策应有积极的态度，出售是收缩，但收缩是为了卸掉包袱，争取主动，为发展创造条件。

（3）转产。如果本行业已日暮穷途，而企业的设备还是比较先进的，员工的素质也很好，可以考虑转向相关行业。由于是相关行业，加工工艺相似，大部分设备可以继续使用，员工们的经验也可以得到充分发挥。

2. 生产能力中期规划

生产能力中期规划与预期需求的数量和时间有关。如果规划期间的预期需求总量和同一期间的可利用生产能力差别很大，生产管理的主要工作内容就将是改变生产能力或需求，或同时改变两者，尽力达到平衡。另外，即使生产能力和需求基本等于总体上的规划水平，企业仍然可能面临规划期间非均匀需求的问题。预期需求有时会超过有时会达不到规划生产能力，另外有一些时期两者相等。

生产能力中期规划制定的目的是使整个计划期间的需求和生产能力达到大致平衡。同时使生产计划的成本最小，虽然成本不是唯一的考虑因素。

3. 生产能力短期规划

一年以内的生产能力规划称为生产能力短期规划，它的最大特点是，当年动用的固定资产数量是已定的。即使当年有固定资产投资，一般也难以在年内形成生产能力。因此，年内生产计划的主要内容是调节能力与生产计划之间的平衡，调节只能靠投资以外的措施。此时，生产能力的不确定特性正好被用作短期能力调整。

8.2.2　生产能力与需求的匹配

市场需求的起伏和波动是绝对的，而企业生产能力又是相对稳定的，要解决这个矛盾，就要研究如何将生产能力与实际需求匹配以及如何处理非均匀的需求。在此介绍两种方法，一是通过市场营销的方法，即改变需求，如价格变动、促销、推迟交货等；二是通过生产运作的方法，即调整生产能力的方法，如加班加点、改变库存等。

1. 改变需求的办法

（1）通过改变价格转移需求。通过价格差别使高峰转移到低峰时期。例如，平时上班电话费率高，节假日、周末和夜间电话费率低；白天飞行票价高，晚间飞行票价低；晚上打保龄球费率高，上午打保龄球费率低等。这些都是通过价差转移需求的例子。这种方法在服务业用得多，且对需求价格弹性大的产品和服务最有效。

（2）推迟交货。将某期间的订货推迟一段时间交货，同时给顾客一定的价格折扣。能否成功应用这种策略取决于顾客的态度，推迟交货有损失销售额和失去顾客的危险。

2. 调整生产能力的方法

（1）改变劳动力数量。任务重的时候多雇工，任务轻的时候少雇工。这种方法在服务业用得较多。一些旅游点具有明显的季节性，夏季或节假日游客多，服务能力不能满足需要；冬季及平时，游客少，人员闲置。对这种企业，可以少用固定职工，在接待任务重时招募临时工。国外很多学生利用假期打工挣学费，正是这种策略为他们提供了机会。使用这种方法要求工作是非专业性的，一般人经简单训练或观摩就可以胜任。对于制造业，由于需要专门技术，难以随时招募技术人员，或者需要经过系统培训才能上岗，这种办法不可行。

▶ 小提示 ◀

解雇职工会受到法律的限制和工会的反对，同时还会影响职工的劳动情绪，遭到职工的反对。现在越来越多的企业视职工为最重要的竞争资源，而不是一种可变成本。

（2）利用库存调节生产能力。如果企业的产品具有季节性，销售旺季与销售淡季的销售量相差很大，旺季时，生产能力不足，淡季时，能力过剩，用库存来平衡能力与需求量之间的缺口是比较常用的方法。这种方法是利用了制造业的产品具有可存储的特点而设计的。例如，空调器的旺季是6、7、8三个月份，销售量占到全年总量的一半以上，而企业的月生产能力远远小于旺季时的月需求量。这时企业除了开足马力加紧生产以外，主要靠淡季多生产一些储存起来以弥补旺季时能力的不足。假如产品有保质期限制，如食品厂，应谨慎采用这种方法。

（3）变动劳动时间调节生产能力。生产能力与设备开动时间成正比例，有许多企业只开一班，当能力不足时，首选方案便是加班。但这种方法也不是永远可行，过多的超时工作会使人厌倦，工作效率和质量降低，甚至引起安全事故。在工作任务少时，可抽调部分职工进行培训，以提高他们的技能。

（4）利用外部资源增加生产能力。当生产能力短期内不足时，采取临时性外协甚至外购的方法也可以解决供需矛盾。现在有许多产品制造企业，能力不足时，大量零部件通过外协解决；需求不足时，又收回外协任务，改为自制。

（5）转包。转包就是把一部分生产任务转给其他企业去做，利用其他企业的生产能力加工本企业的产品，相当于扩大了本企业的能力。当然，转包可能会带来能否按期交货的问题和质量问题，本企业会丧失部分控制权，会损失一部分收益。

8.3　生产计划组成与编制

8.3.1　生产计划的组成

1. 生产计划系统结构

根据不同组织层次管理目标的不同，生产计划可分为不同的层次，每一层次都有特定的内容。图 8-3 就是生产计划系统结构示意图。长期计划是企业最高层管理部门制订的计划，它涉及产品发展方向、生产发展规模、技术发展水平、新生产设施的建造等。一般跨度期限为 3～5 年。中期计划是企业中层管理部门制订的计划，确定在一定约束条件下生产经营活动应该达到的目标，如产量、品种、产值、利润等，具体表现为生产计划、总体能力计划和产品出产进度计划。时间跨度为 1～2 年。短期计划是执行部门编制的计划，确定日常生产经营活动的具体安排，常以物料需求计划、能力需求计划和生产作业计划与控制等来表示。

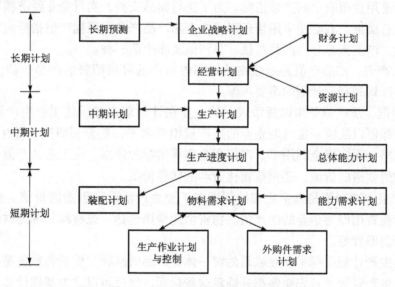

图 8-3　生产计划系统的一般结构

2. 生产计划的主要指标

企业的生产计划从内容上包括产品产量计划、产值计划、产品生产进度计划以及生产协作计划等。有些计划由一系列生产指标构成，其主要指标有：产品品种指标、质量指标、产量指标、产值指标。这些指标各有不同的内容和作用，并从不同的侧面来反映对生产的要求。

1）品种指标

产品品种指标是企业在计划期内出产的产品品名和品种数（包括新产品的品种数）。产品品种按具体产品的用途、型号、规格来划分。这一指标不仅反映企业在产品品种方面满足企业市场需要的程度，也反映了企业的生产技术水平和管理水平。

2）质量指标

质量指标是指生产部门在计划期内提高产品质量应达到的指标。常用的综合性质量指标是产品品级指标，如合格品率、一等品率、优质品率。

3）产量指标

产量指标是指企业在计划期内出产的符合质量标准的工业产品数量。产量指标一般以实物单位计量，如汽车以"辆"表示、机床以"台"表示、轴承以"套"表示等。

产品产量指标反映企业向社会提供的使用价值的数量以及企业生产发展的水平。产品产量指标也是进行产销平衡、产供平衡、制订成本和利润计划以及劳动工资和生产作业计划等的主要依据。

▶▶▶ **小 提 示** ◀◀◀

不合格品、进一步用于本企业生产的各种半成品、外售废品、未经本厂加工而转售的产品等不能列入产品产量中。

4）产值指标

产值指标是用货币表示的产量指标。为了进行商品交换，实行企业经济核算以及综合反映企业生产的总成果，有必要采用货币形式来表示产品产量。根据产值指标包括的具体内容及作用的不同，产值指标分为产品产值、总产值及净产值三种。

（1）产品产值。产品产值是企业在计划期内出产的可供销售的产品价值。它是编制成本计划、销售计划和利润计划的重要依据。

（2）总产值。总产值是指以货币表示的企业在计划期内完成的工业生产活动总成果数量。总产值指标可以反映一定时期企业的生产规模及水平，是分析研究企业生产发展速度，计算劳动生产率、固定资金利用率、产值资金率等指标的依据。在工业总产值中，不仅包括计划期内劳动所创造的价值，还包括物化劳动的转移价值。

（3）净产值。净产值是指企业在计划期内工业生产活动新创造的价值。从总产值中扣除各种物资消耗费用即为企业的净产值。物资消耗费用包括：原材料、辅助材料、燃料、动力、固定资产折旧费等。

上述各项生产计划指标是相互联系的统一体。产品的品种、质量和数量是生产计划中最主要的指标，生产管理者首先要熟悉并确定这些指标，然后再以此为基础计算产值指标，以便综合反映企业的生产成果。

8.3.2　生产计划的编制

1. 生产计划的编制步骤

企业计划职能人员在编制生产计划时，应遵循以下程序。

（1）调查研究，收集资料。制订企业生产计划需要收集的资料主要有：国内外市场的经济技术情报及市场预测资料；企业长远发展规划，长期经济协议；计划期产品销售量、上期合同执行情况及产品库存量；上期生产计划的完成情况；组织技术措施计划与执行情况；

计划生产能力与产品工、台、时定额；以及产品试制、物资供应、设备检修、劳动力调配等方面的资料。

小资料

计划职能人员在收集资料的同时，还要注意学习和研究国家有关的方针政策，认真总结上期计划执行的经验和教训，研究在生产计划中贯彻企业经营方针的具体措施。

（2）统筹安排，初步提出生产计划指标。应着眼于更好地满足社会需要和提高生产的经济效益，促使计划职能人员对全年生产任务作出统筹安排。其中包括：产量指标的优选和确定；产品出产进度的合理安排；各个产品品种的合理搭配生产；将企业的生产指标分解为各个分厂、车间的生产指标等工作。这些工作相互联系，实际上是同时进行的。

（3）综合平衡，确定生产计划指标。在编制生产计划时，要将需要与可能结合起来，把初步提出的生产计划指标同各方面的条件进行平衡，使生产任务得到落实。

（4）报请上级主管部门批准或备案，最后确定生产指标。确定的生产计划，经过反复核算和平衡，最后编制出工业产品质量计划和工业产值计划表，交给生产经理审核，再将其报请上级主管部门审查批准，也可由生产经理决定，报送上级主管部门处备案。

2. 生产计划编制的方法

生产计划的编制在运营管理中起着至关重要的作用，因此，如何科学地编制生产计划是企业成功进行运营管理的关键。下面介绍几种编制生产计划的方法。

1）作图法

它是一种用人工画图、计算编制中期计划的方法。具体步骤是：

（1）以累计的综合产量和累计的时间单位分别作为图示的纵坐标和横坐标；

（2）绘制累计最大需求产量曲线，它按照以前阶段的产量曲线加上保险储备量计算而成，是各种可行方案的基础；

（3）绘制各个可行计划方案相应曲线，在图中的最大需求量累计曲线与各个可行计划方案曲线间的垂直距离，表示这个计划各个方案的库存累计。

2）最优反应率法

它是一种由计划管理部门，通过调控调整生产量水平的频率，以及对预期销售量变化所作的调整反应率，来实现库存和劳动力调整费用总和为最少的计划产量的安排方法。反应率是指对销售量与预测数差异的调整的程度，它是一个 0%～100% 之间的相对数。低反应率的结果是稳定的产量，但库存较大；而高反应率情况相反，可能导致费用大幅度增加。在反应率一定的情况下，调整的频率与生产库存的波动成正比。销售波动大是由偶然性引发的，理智的做法是不必很快作出反应。运用数学的方法能得出反应率和调整频率两者之间的最优组合，从而实现以最少费用的增加来调整计划产量的目的。

3）滚动计划法

编制滚动式计划是一种动态编制计划的方法。这种方法可用于编制各种计划。

按编制滚动计划的方法，整个计划期被分为几个时间段，其中第一个时间段的计划为执行计划，后几个时间段的计划为预计计划。执行计划较具体，要求按计划实施。预计计划比较粗略，每经过一个时间段，根据执行计划的实施情况以及企业内、外条件的变化，对原来的预计计划作出调整与修改，原预计计划中第一个时间段的计划变成了执行计划。其示例见图 8-4。

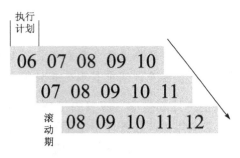

图 8-4　5 年期滚动计划

4）线性规划法

线性规划的单纯型模型可用来辅助多品种生产的决策。在需求和组织内部资源条件确定的情况下，通过建立数学模型并求解，可得出使产值、利润最大化或者成本、费用最小化的品种、产量的决策。建模和计算过程为：

（1）建立最大化或最小化的目标函数；

（2）建立资源约束方程组；

（3）将线性方程组添加松弛变量配平；

（4）运用单纯性初等变换迭代求解；

（5）将最优解代入目标函数得出目标值。

5）线性判定法

线性判定法被研究用于组织总体计划中的劳动力使用规模和生产率水平的决策，线性判定法通过建立一个二次成本函数模型来作出决策判定。根据预定计划期总体销售量预测，运用模型计算出计划期用工规模和生产率两个决策性数据。二次成本函数中的成本构成为：正常工资、雇佣和解雇费用、加班费、库存、延期交货和设备调整费用。

8.4　收入管理

收入管理（revenue management），最初称为收益管理（yield management），是在不同时期、对具有不同需求的顾客采取的不同产品的定价或服务的定价，以生产最大收入或收益的综合计划策略。

收益管理的历史可以追溯到 20 世纪 70 年代末 80 年代初，美国政府放弃对机票的定价权，转而让航空公司自己去定价。这时，收益管理系统发挥了重大作用。美国航空公司售票系统（SABRE）允许各航空公司根据市场需求情况实时更改各自的票价，变更飞行航线。系统根据实际的订票量和需求量，实时调整机票价格，使得航空公司能够最大限度地获取利润。美国航空公司在收益管理上的成功吸引了很多其他行业的公司也采用这种理念，例如，旅馆、歌剧院、出租车公司纷纷采用收益管理，取得了可观的收入。

实施收入管理的公司通过预测市场需求，针对细分市场进行差别性定价，优化资源配置，实现"将座位按不同的票价适时地卖给不同的旅客"的理念，在成本不变的情况下使收益机会最大化，并同时将机会成本和风险降到最低。

实行收益管理的企业具有以下特点：① 产品价值的易逝性，如酒店的房间和床位；② 产品或服务可以在消费前进行销售；③ 需求的变化比较大；④ 企业生产或服务能力相对固定，短期内不易改变；⑤ 市场可以根据顾客需求偏好进行细分，这是实行差别价格的前提；⑥ 变动成本比较低，而固定成本比较高。

现对收入管理进行举例说明。

例 8-1 某酒店拥有 100 间客房，以前，该酒店对每间客房收取一样的费用，每晚 150 元，每间客房的变动费用很低，估计每间客房每晚只需要 15 元，包括打扫清洁、使用空调，以及肥皂、洗发水等的消耗费用。客房的平均出售率为 50%。目前客房收费情况如图 8-5 所示。采用单一价格的净销售额是每晚 6 750 元。

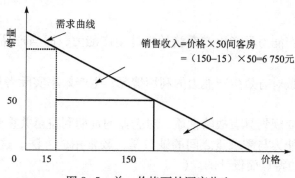

图 8-5　单一价格下的酒店收入

其实，讲阔气的客人原本愿意每晚支付高于 150 元的价格，而讲实惠的客人则愿意支付低于 150 元的价格。

图 8-6 显示该酒店设置了两种房价。据估计 100 元一间的客房每晚可以销售约 30 间，而 200 元一间的客房每晚也可以销售 30 间。现在总的收益是 8 100 元（其中，100 元的房价带来 2 550 元，200 元的房价带来 5 550 元）。比设置一种价格的收入高 8 100 - 6 750 = 1 350（元）。

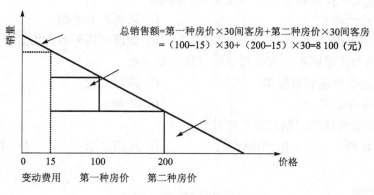

图 8-6　两种价格的酒店收入

学习误区

从数学上分析，设置更多的价格档次，可以带来更多的收入。但实际上，应该考虑以下三点。

1. 不同层次的价格必须可行，顾客感到公平合理。

2. 做好资源使用的预测工作并预计所需的时间。例如，需要安排多少经济舱的座位？顾客会为能看到海景的房间支付多少钱等。

3. 应对需求变化。这意味着在提供更多服务内容时需要管理更多的服务，也意味着需要调整价格结构，还可能因为预测的不完美而需要应对新出现的情况。

本 章 习 题

一、判断题

1. 企业的实际生产能力是指生产系统的设计生产能力，即当产品单位生产成本最小时的输出产量。（　　　）

2. 生产效率是衡量对有效生产能力的利用情况，生产效率实际考核的是现场管理水平。（　　　）

3. 生产能力的长期规划具有战略性质，对企业的远期利益至关重要。（　　　）

4. 用库存来平衡能力与需求量之间的缺口是比较常用的方法。这种方法是利用了制造业的产品具有可存储的特点而设计的。（　　　）

5. 市场需求的起伏和波动是绝对的，且企业生产能力的起伏和波动也是绝对的。（　　　）

二、选择题

1. 生产能力与需求匹配的调整生产能力的方法主要包括（　　　）。

    A. 改变劳动力数量　　　　　　　　B. 利用库存调节生产能力

    C. 变动劳动时间调节生产能力　　　D. 利用外部资源增加生产能力

    E. 转包

2. 在生产能力的扩展规划中，需要考虑的问题有（　　　）。

    A. 改变生产率　　　　　　　　　　B. 系统能力平衡

    C. 扩展的步骤　　　　　　　　　　D. 如何利用外界的力量

3. 生产能力与需求匹配的改变需求的方法主要包括（　　　）。

    A. 通过改变价格转移需求　　　　　B. 推迟交货

    C. 改变库存水平　　　　　　　　　D. 转包

4. 由企业中层管理部门制订的生产计划是（　　　）。

    A. 长期计划　　　　B. 中期计划　　　　C. 短期计划　　　　D. 能力计划

思考题

1. 试举例说明什么是生产能力？哪些因素影响生产能力？如何影响？

2. 如何理解产能平衡问题，有哪些因素会影响产能平衡，如何维护系统平衡？

3. 如何理解生产能力与规模经济的关系？

4. 阐述生产计划的编制程序。

5. 什么是滚动式计划方法？它有哪些优缺点？还有哪些其他生产计划方法？各自有什么优缺点？

案例分析

综合生产计划分析

Force-Master 公司是一间中型的制造商，主要产品是汽油引擎驱动的家园工具。公司初期只生产割草机，8 年前开始制造除雪机，之后还推出几种次要的产品。由于各种产品的相似度高，因此都在同一厂房内生产。Force-Maxter 的员工都具有多种技能，而且常常轮调工作，公司根据经验与实际量测定制造一部割草机需要 1.8 人·时，除雪机则需要 2.5 人·时，两种产品的市场需求几乎是相反的。

本年度已进入最后阶段，Force-Master 公司准备拟定下一年度的综合生产计划，此计划以两个月为一期，一月与二月为第一期，其余类推。公司目前有 350 名员工，每个员工每期工作约 300 小时，平均薪资约为 \$6 000，加班的薪资为每小时 \$28，但公司规定每个员工每期加班时数不得超过 60 小时。员工每期的自动离职率约为 2%，各级法律与劳资合约规定，员工被解雇时应领取相当于两个月薪资的遣散费（\$6 000），而雇用新员工时需付出广告、面试、训练等成本，每人约是 \$2 000。另外，新进员工在第一期的平均生产力是熟练员工的一半，因此可以假设新进员工有效的工作时数只有一半。

Force-Master 公司预估在本年度结束时，库存将有 4 500 部除雪机与 500 部割草机，割草机每期的库存成本大约是 \$8，除雪机每期的库存成本大约是 \$10。下一年度割草机的制造成本估计为 \$95，除雪机的制造成本为 \$110，割草机的预定出货价格为 \$210，除雪机则为 \$250，业务部门据此价格与过去的销售量估计下一年度各期的需求量见表 8-1。每台割草机与除雪机所需的零部件分解结果见表 8-2。现公司零部件库存情况见表 8-3。另外，零部件订货周期为一个月（即从订单发出到到货需 1 个月）。

表 8-1 下一年度各期的需求量 单位：台

期别	割草机	除雪机
1～2	12 000	16 000
3～4	85 000	4 000
5～6	80 000	0
7～8	32 000	5 000
9～10	8 000	35 000
11～12	3 000	45 000

表 8-2 每台割草机与除雪机所需的零部件分解表 单位：个

种类	A	B	C	D	E	F	G	H
割草机	2		3	15	6	3		
除雪机	1	4		10			6	7

表 8-3　现公司零部件库存情况表　　　　　　　单位：个

种类	A	B	C	D	E	F	G	H
数量	30 000	52 000	38 000	70 000	12 000	18 000	41 000	45 000

Force-Master 公司向来采取保守的人事策略，需求增加时先加班，再考虑增聘员工，而且尽量不解雇员工。生产管理主任根据这个策略规划出下年度的综合生产计划，见表 8-4。

表 8-4　下年度的综合生产计划表

期别	员工人数			加班时数	割草机		除雪机	
	熟练	新聘	解雇		制造	库存	制造	库存
上年度 11~12	350					500		4 500
1~2	343	0	0	0	41 194	29 694	11 500	0
3~4	336	27	0	21 780	64 344	9 038	4 000	0
5~6	356	0	0	20 932	70 962	0	0	0
7~8	349	0	0	0	32 000	0	18 840	13 840
9~10	342	0	0	0	8 000	0	35 280	14 120
11~12	335	0	0	0	3 500	500	37 680	6 800
合计	2 061			42 712	220 000	39 232	107 300	34 760

计划的成本如下：

薪资：（2 061+27）×$6 000＝$12 528 000

加班费：42 712×$28＝$1 195 936

雇佣成本：27×$2 000＝$54 000

制造成本：220 000×$95＝$20 900 000

　　　　　107 300×$110＝$11 803 000

库存成本：39 232×$8＝$313 856

　　　　　34 760×$10＝$347 600

总计：$47 142 392

资料来源：https://wenku.baidu.com/view/3f37a988b1717fd5360cba1aa8114431b90d8ea2.html。

【问题】

分析计划的合理性，请给出一个新的综合生产计划，要求：

1. 分析该综合生产计划的优缺点，要求有理有据，用数据和相关对比图表来进行分析说明。

2. 指出新制订的综合生产计划的特点，并和上述生产计划进行数据对比分析。

3. 新的综合生产计划目标应该明确。

第9章

库存管理

【学习目标】

1. 了解库存的概念及库存管理的相关成本；
2. 描述基本的经济订货批量模型及其假设条件；
3. 了解物料需求计划的基本思想；
4. 理解制造资源计划的管理模式；
5. 了解企业资源计划的核心管理思想。

【导入案例】

"高库存"和"缺货"看似一对矛盾的主体，却总是成为企业库管的通病。

"为什么我们的货卖不出去？"望着仓库里的一大堆货品，源源服装公司仓库管理员小张一头雾水。而公司销售部的富总也每天都不得不面对各种各样针对他的敌意，因为在其他人眼里，产品堆积，一定是销售不利，这也说明富总的工作并没有做好。并且，不仅是富总天天因为这些库存很郁闷，老板王总最近也常说头痛，因为这些居高不下的库存，不仅造成了管理成本的上升，而且还占用了公司大量的资金。

事实上，像源源服装公司遇到的这种情况，很多企业都曾经遇到过。"库存积压"在某种程度上，几乎就是经营不善或公司衰退的代名词。不过，一些有前瞻性的企业提出了"零库存"的管理模式，并借助IT系统来实现这个目标。现在，已经有一些企业实现了这一目标。不过，从源源服装公司来看，"零库存"管理却做得相当失败。源源公司的王总在与另一家服装企业鑫星公司的CIO冯虎交流时，他的一句话让他颇受启发："建立最优的库存，对上下游供应商建立联合库存管理，使库存的周转率达到最高。"

资料来源：http://www.iepgf.cn/thread-217804-1-1.html。

9.1　库存管理概述

9.1.1　库存的基本概念

库存是指商品的库存或储备。不管是制造业，还是服务业，都要对库存进行处理。制造业的库存一般包括原材料、零部件、在制品和最终的成品等。对服务业而言，企业围绕流程，组织人员、物料和辅助产品进行服务增值，在这一过程中，会涉及库存问题如超市的库存一般包括各种食品、家居用品、日常用品、农产品及其他物品。

9.1.2　库存管理的作用与功能

库存具有调节和缓冲供需之间矛盾，使生产均衡进行的正面作用与功能。归纳起来，库存具有以下几方面的作用与功能。

（1）缩短供货周期，提高服务水平。当企业维持一定水平的产成品库存时，顾客的订货可以立即提取，从而使企业的供货周期大幅度缩短，服务水平显著提高。

（2）缓解供需矛盾，维持生产均衡。在当代激烈竞争的社会中，企业面临的外部市场需求越来越不稳定，在这种情况下，外部市场需求的波动与企业内部按均衡性组织生产的客观要求之间的矛盾加剧。此时，满足顾客需求和维持生产均衡的双重目标，客观上要求企业要维持一定的产成品库存。

（3）防止运营中断，确保运营过程的连续性。企业运营过程一般会涉及多个环节，如果不维持一定的在制品库存，一旦某一环节因故障而停工，则其下游环节的运营也会因缺少相应的物料输入而停止。可见，维持一定的在制品库存是确保企业运营过程连续性的前提。

（4）防止短缺，确保正常供应。维持一定量的库存可以防止短缺和脱销，也可以应付各种需求或供应的变化，起到应急和缓冲的作用。例如，一个国家为了应付难以预料的战争和自然灾害，必须维持一定数量的战略物资储备。

（5）降低成本，获取规模效益。通常通过设立库存，可以实现采购、运输和制造方面的规模经济。例如，为了减少库存，企业需要减少每次的订货批量，因此，往往不能达到经济订货批量；此时，虽然库存维持费用降低，但是，其总成本并未下降。在这种情况下，适度的库存可以使企业达到经济订货批量，从而使总成本降低。

9.1.3   库存管理的相关成本

在库存控制决策中涉及的成本主要有以下几种。

（1）订货成本。订货成本是由于向供应商发出订单而发生的成本，通常包括信息通信费、商务洽谈费、运输费、检验费等，而不包括库存的采购成本。

（2）库存持有成本。库存持有成本是指公司由于所持有的库存量而发生的一切成本。通常包括资金成本、报废成本、损坏成本、保险费用、存储费用等。

（3）缺货成本。缺货成本包括两部分：一是生产系统为处理误期任务而付出的额外费用，如加班费等；二是误期交货对企业收入的影响，包括误期交货的罚款等。

（4）库存物资成本。库存物资成本与物资价格和订货数量有关，是所采购物资的价值。

在上述4种与库存管理相关的成本中，在需求确定的前提下，增大每次的订货批量有利于减少订货成本和缺货成本，但是会导致库存量增加，引起库存持有成本上升，合理地控制库存，使库存管理的总成本最低，是库存控制决策的主要目标。

9.2   库存 ABC 管理

9.2.1   ABC 分类法的基本思想

ABC 分类法的基本思想是基于 20/80 的统计规律，将手头的库存按年度货币占用量分为三类：A 类——年度货币量最高的库存，这些品种可能只占库存总数的 15%，但用于它们的库存成本却占到总数的 70% ～80%；B 类——年度货币量中等的库存，占全部库存的

30%，占总价值的 15%～25%；C 类——年度货币量最低的库存，只占全部年度货币量的 5%，占库存总数的 55%。

ABC 分析法所需要的年度货币量＝每个品种库存的年度需求量×每件库存的成本

ABC 分析法是帕累托原理的一种库存应用——重要的"少数"和不重要的"多数"。这一思想就是将管理资源集中于重要的"少数"而不是不重要的"多数"。基于 20/80 的统计规律，通过对库存物品分类，试图找出占用大量资金的少数物品，并对其施以严格的控制与管理。而对占用少量资金的物品，则施以较松的控制和管理。实际应用中，通常人们将占用了 65%～80% 价值的 15%～20% 的物品划归为 A 类；将占用了 15%～20% 价值的 30%～40% 的物品划归为 B 类；占用了 5%～15% 价值的40%～55% 的物品划归为 C 类。如图 9-1 所示。

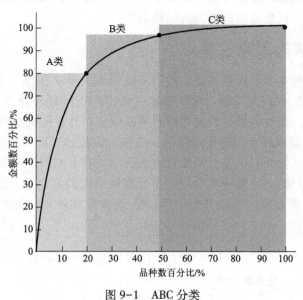

图 9-1　ABC 分类

9.2.2　库存物品 ABC 分类的步骤

首先，列出所有库存物品及其数量，然后，在计算出每种物品价值的基础上，标出它们的序号大小。

其次，按标注序号的大小，对物品进行重新排序，并计算出累计年使用金额和累计百分比。

最后，对 ABC 类别进行划分，并计算各类别所占品种数和价值的比例。

9.2.3　建立在 ABC 分类基础上的控制策略

（1）花费在购买 A 级存货的资金应大大多于花在 C 级的存货上。

（2）对 A 级存货的现场控制应更严格；或许是它们应存放于更安全的地方，而且为了保证记录准确性，更应对其频繁地进行检验。

（3）预测 A 级存货应比预测其他级存货更为仔细精心。

9.3　独立需求库存管理

9.3.1　独立需求库存的特点

独立需求库存是指某种库存物质的需求不依赖于其他库存物质，而是直接来源于外部顾客。这种物品通常是即将销售给顾客的产成品或其他最终产品。这类物品需求互不相关，需求量取决于市场，具有不确定性和随机性。例如，批发和零售业的库存、制造业企业的成品库存和配件库存、医院的药品库存等，都属于独立需求库存。独立需求最明显的特征是需求的对象和数量不确定，只是通过预测方法粗略地估计。

9.3.2　独立需求的库存控制

独立需求不是企业本身所能控制的，所以不能像相关需求那样（参见 9.4 节）来处理，只能采用"补充库存"的控制机制，将不确定的外部需求问题转化为对内部库存水平的动态监视与补充的问题，通过保持适当的库存水平来保证对外界随机需求的适当服务水平。这种"补充库存"的控制模型可以形象地用图 9-2 来加以描述。即可以将它想象为一个水池，右下端是用户使用的水管开关，左上端是自来水公司。右下端用户对水池中水的需求完全是随机的，要达到对用户的一定服务水平，就是要维持一定的库存量，这便构成了两项任务：① 监视库存状态——确定何时需要补充库存；② 设置库存量——决定每次补充多少，即确定订货批量。

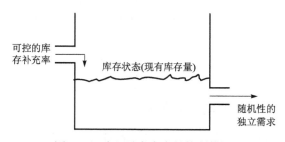

图 9-2　独立需求库存的控制模型

9.3.3　独立需求库存控制模型

1. 无价格折扣经济订货批量（economic order quantity，EOQ）模型

库存控制中的重要问题之一是确定每次补充库存所需的订货量。但是，要想选择一个最优订货批量并非易事。寻找合理的订货批量的一个好的方法就是利用 EOQ 模型，它是一个可以使库存成本和订货成本的总和最小的订货批量。严格的经济订货批量系统应具有以下特点。

（1）采购和运输均无价格折扣。

（2）对某产品的需求率恒定。

（3）产品以批量生产或采购，整批到货；批量的大小无限制。

（4）存在两种相关的成本：一是库存成本，它可以用某一时期的单件库存成本乘以库存量得到；二是每批订货成本或作业交换成本，它不随批量大小的变化而变化，订货成本是指准备订单所花费的时间、人力和物力等成本，作业交换成本是指为了完成不同的订单，在设备上更换工具等所带来的成本。

（5）各个产品的决策相互独立。

（6）不存在需求、订货周期及供应的不确定性。计划人员可以精确地决定为了避免缺货应该什么时候订货。

▶▶ 小提示 ◀◀

既然已经决定了订货量，就必须决定什么时候订货。在无价格折扣经济订货批量（EOQ）模型假设条件的前提下，再订货点（R）（应该订货的库存水平）可由下式得到：

R = 每天的需求×新订货的提前期（提前期：在下订单和收到订货之间的一段时间）

　　= $d \times L$

$$d = \frac{每年的需求 D}{一年的工作天数}$$

R 的等式假定需求是一致且稳定的。当情况不是这样时，应加入额外库存——安全库存。

在上述条件下，库存控制的目的就是要确定合适的订货批量 Q 与订货点 R，最终降低库存总成本。由于假设需求率是恒定的，库存水平呈直线下降状态，这样平均周转库存量就等于批量 Q 的 1/2。因此，每次订购 Q 个产品的总成本是：

总成本=年库存成本+年订购成本（或作业交换成本）

即
$$C = \frac{P \times Q}{2} + \frac{S \times D}{Q} \tag{9-1}$$

式中：C——年总成本；

　　　D——需求量，个/年；

　　　P——单位产品的年库存成本；

　　　S——订购或作业交换成本；

　　　Q——批量。

在式（9-1）中，第一项表示的是年库存成本，它等于平均周转库存乘以单位产品的年库存成本，所以该成本随 Q 增加而直线增加；第二项表示的是年订购成本，它等于每年订购的次数乘以每次订购的成本，而每年订购的次数等于年需求量除以 Q，所以这一项随 Q 的增加而减少。这两项的值随 Q 的变化而变化的情况如图 9-3 所示。从该图可明显地看出，存在一个订货批量，使用该批量，可使总成本最小。这个批量就是经济订货批量（EOQ）。

从上面订购 Q 个产品的总成本公式中可推导出经济订货批量的公式。对该式中的 Q 求导，令其导数为零，可得经济订货批量如下：

$$Q = \sqrt{\frac{2DS}{P}} \tag{9-2}$$

例 9-1　生产企业每年需要用 1 000 件 A 零件，现已知该零件的保管费用为 4 元，同时已知每次订货成本为 5 元，试求其经济订货批量、年订货总成本以及年库存总成本。

解：经济订货批量等于：

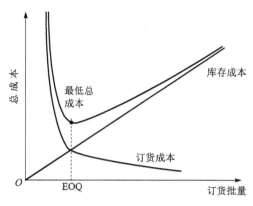

图 9-3 经济订货批量模型

$$Q = \sqrt{\frac{2DS}{P}} = \sqrt{\frac{2 \times 1\ 000 \times 5}{4}} = 50$$

年订货总成本等于：

$$S \times \frac{D}{Q} = 5 \times \frac{1\ 000}{50} = 100$$

年库存总成本等于：

$$\frac{Q}{2} \times P = \frac{50}{2} \times 4 = 100$$

从计算结果可知，以经济订货批量订货时，年订货总成本与年库存总成本相等。此现象并非巧合，如图 9-3 所示，订货成本与库存成本相等时的订货量正好与最小总成本相对应。

小提示

由于需求、生产周期或供应周期等方面存在着不确定性，企业为了应付这一不确定性而设置一定数量的库存为安全库存。

2. 有价格折扣经济订货批量模型

该模型基于无价格折扣经济订货批量模型中除第（1）个之外的其余假设条件。

为了增加销售，许多公司给它们的顾客提供数量折扣：当顾客购买的产品数量较多时，公司会以较低的价格卖给他们。正如已讨论到的其他库存模型一样，数量折扣模型的最终目标也是将总成本降至最低。

虽然可以为获得最大的折扣而订购相应数量的产品（见式（9-3）），但这样却不一定能使库存成本降到最低，因为折扣数量增加，虽然产品成本下降，但由于订货数量较大，持有成本也相应增加。因此，在考虑数量折扣时，就需要权衡减少的产品成本和增加的持有成本。

例如，某物品的分段折扣规则如下：

$$C(Q) = \begin{cases} 0.30Q & 0 \leqslant Q < 500 \\ 0.29Q & 500 \leqslant Q < 1\ 000 \\ 0.28Q & 1\ 000 \leqslant Q \end{cases} \tag{9-3}$$

由于有价格折扣优惠，所以价格将随着采购批量的增加而发生变化，因此，除年订货费不受价格折扣的影响之外，年库存维持费和年购买费用都会随价格的变化而发生相应变化，其结果使年度库存总费用也发生变化。该种情况下，库存总费用最小化的有价格折扣经济订货批量求解步骤为：

第一步　用式（9-3）对每种折扣计算 Q，注意，这时 P 的位置应该是 Ip（I=持有成本（库存维持率），p=产品单价）。

第二步　如果订货数量太低，那么就可以增加产品订购量到可获得折扣的订量下限。

第三步　计算在前两个步骤中每种折扣价下的最低总成本。

第四步　选择第三步中计算出的使总成本最低的 Q^*。它就是使库存成本最小的订货数量。

3. 经济生产批量模型

该模型基于无价格折扣经济订货批量模型中除第（3）项之外的其余假设条件。

在前面的库存模型中，假定全部订货一次收到。然而，企业的存货在一段时期内也许分几次收到，这种情况就需要不同的模型。当产品的生产和销售同时进行，或当下订单后订货在一定时期内连续到达时就可使用这种模型。

在这样的情况下，考虑了每日生产率（或库存流量）和每日需求率。

因为这个模型特别适合于生产的环境，因此，它通常也被称为经济生产订货数量模型。此模型与基本 EOQ 模型相比存在以下两点不同之处：① 交货是渐进的，而非一次性的；② 原来的订货费变为调整准备费。在这种情况下的经济生产批量为（推导过程略）：

$$Q = \text{EOQ} = \sqrt{\dfrac{2DS}{P\left(1 - \dfrac{r_\mathrm{d}}{r_\mathrm{p}}\right)}} \tag{9-4}$$

式中：r_p——库存达到最大水平期间的生产率（到货率）；

r_d——库存达到最大水平期间的需求率；

其余参数与前面含义相同。

9.4　相关需求库存管理

9.4.1　相关需求库存概念

相关需求库存是指对某种库存物质的需求与其他需求有内在相关性。例如，某厂生产100 辆汽车，则需要 100×4=400 个轮子和轮胎。这里汽车的需求是独立的，而轮子和轮胎的需求来源于汽车数量，所以是相关需求。由于相关需求的时段性与成批性等特点，人们提出了物料需求计划（MRP）的思想。

9.4.2　MRP 的基本思想

任何企业的生产活动都是围绕最终产品而进行的，对于加工装配式生产来说，其加工顺序是：将原材料制成毛坯，再将毛坯加工成各种零件，零件组装成部件，最后将零件和部件组装成产品。如图 9-4 所示。

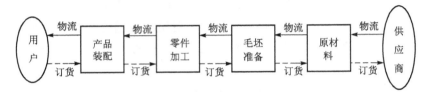

图 9-4　产品生产阶段示意图

如果要求按一定的交货时间提供不同数量的各种产品，就必须提前一定的时间加工所需数量的各种零件；要加工各种零件，就必须提前一定时间准备所需数量的各种毛坯，直至提前一定时间准备各种原材料。因此，根据产品的出产数量和出产时间，就可以推算出需要什么样的零部件，需要多少，何时需要；根据要加工的零部件的数量和交货期，就可以推算出需要什么样的毛坯，需要多少，何时需要；根据要制造的毛坯信息，就可以推算出对原材料的订货信息。MRP 正是根据这种逻辑来确定物料需求信息的。

在 MRP 系统中，"物料"是一个广义的概念，泛指原材料、在制品、外购件以及产品。所有物料分为独立需求和相关需求两类。例如，要生产一辆汽车，必须先准备好或生产出一台发动机、一台离合器、四个车轮等，发动机的需求即为相关需求，其需求量和需求时间可由汽车总装的数量和时间决定。所以对原材料、毛坯、零件、部件的需求，来自制造过程，是相关需求，MRP 处理的正是这类相关需求。

9.4.3　MRP 的基本原理与计算过程

1. MRP 的基本原理

MRP 的基本原理是由产品的交货期展开成零部件的生产进度日程与原材料、外购件的需求数量和需求日期，即将主生产计划转化成物料需求表，并为编制能力需求计划提供信息。其主要的功能及运算依据如表 9-1 所示。

表 9-1　MRP 处理的问题与所需信息

处理的问题	需用信息
生产什么？生产多少？何时完成？	切实可行的主生产计划（MPS）
要用到什么？	准确的 BOM
已有什么？	准确的库存信息
已订货量？到货时间？	下达采购订单的跟踪信息
已分配量？	预订提货单、配套领料单
还缺什么？	批量规则、安全库存、成品率
下达订单的开始日期？	提前期

MRP 的计算是通过 MRP 软件来完成的，其输入与输出信息如图 9-5 所示。

2. MRP 的主要输入信息

从图 9-5 可以看出，MRP 的主要输入有三个部分：主生产计划（MPS）、物料清单（BOM）和库存状态文件。

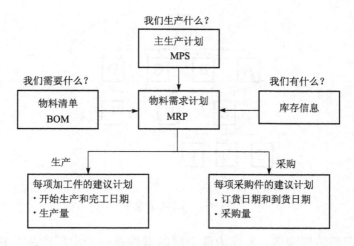

图 9-5　MRP 的输入与输出

1）主生产计划（MPS）

主生产计划（master production schedule，MPS）根据客户合同和市场预测，把经营计划或中期生产计划中的产品系列具体化，使之成为展开物料需求计划的主要依据，起到了从中期生产计划向具体计划过渡的承上启下作用。表 9-2 便是一主生产计划事例。它表示产品 A 的计划出产量为：第五周 12 台，第八周 15 台。产品 B 的计划出产量为：第四周 13 台，第七周 12 台。配件 C，计划 1～8 周每周出产 10 件。

表 9-2　主生产计划

周　次	1	2	3	4	5	6	7	8
产品 A/台					12			15
产品 B/台				13			12	
配件 C/件	10	10	10	10	10	10	10	10

2）物料清单

物料清单（bill of material，BOM），又称产品结构文件，反映产品的组成与结构信息，也就是说构成成品需要哪些物料，需要多少以及是如何制造出来的。

物料是组成产品结构的最小"元素"，而由物料组成的"单层结构"则是产品结构的基本单元，任何一个产品都是由若干个"单层结构"组成的。MRP 系统要正确计算出物料需求的时间和数量，特别是相关需求物料的数量和时间，首先要使系统能够知道企业所制造的产品结构和所有要使用到的物料。单层结构中的上层物料称为"母件"，下层物料称为"子件"，由一个母件和从属于母件的一个或一个以上的子件组成一个单层结构。相对于设计图纸而言，母件指的是组装图上的装配件，子件是零件明细表中的众多零件。BOM 的基本形式如图 9-6 所示。

在产品结构文件中，各个元件处于不同的层次。每一层次表示制造最终产品的一个阶段。通常情况下，最高层为 0 层，代表最终产品项；第一层次表示组成最终产品项的元件；第二层次为组成第一层元件的元件……依次类推。最低层次为零件和原材料。由于产品的结构复杂程度不同，产品结构层次数也不同。

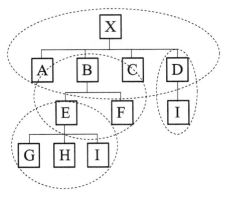

图 9-6　BOM 示意图

以图 9-6 的产品结构为例，X 作为最上层的母件是一个出厂产品，它由 A、B、C、D 四个子件组成。X 件同 A、B、C、D 组成一个"单层结构"，在 MRP 系统中称之为"单层物料单"。图 9-6 中，件 B 对应于 X 来讲是子件，但它对应于件 E、F 来讲又是母件，并一起组成一个第二个层次的单层结构。同理，件 E 同件 G、H、I 及件 D 同件 I 又组成位于不同层次的单层结构。任何一个产品都是这样由无数个"单层结构"组成的。母件同子件的关系是唯一的，如果品种或数量不同，将视为有不同代码的单层结构。母件同子件之间的连线是工艺路线，单层结构上每一项物料代表的是已完工并可以入库的物料，而不是正在工序之间未成形的在制品。

　　3）库存信息

库存信息是保存企业所有产品、零部件、在制品、原材料等存在状态的数据库。在 MRP 系统中，将产品、零部件、在制品、原材料甚至工装工具等统称为"物料"或"项目"。为便于计算机识别，必须对物料进行编码。物料编码是 MRP 系统识别物料的唯一标识。

　　3. MRP 计算过程

MRP 系统是根据 BOM 文件，并结合库存记录文件，从产品结构的顶端开始向下分析，逐层展开计算 BOM 各层中间产品的需求。对于复杂 BOM 结构以及存在很多共同中间产品的情况，MRP 系统也允许生成一个反查记录文件，允许在产品结构中由下而上逐层反向寻求物料需求，识别每个相关需求的母项。MRP 计算例如表 9-3 所示。

表 9-3　某中间产品的 MRP 计算过程表

订货政策：定量订货	周　次								订货批量：230 个　订货提前期：2 周
	1	2	3	4	5	6	7	8
预测需求	150	0	0	120	0	150	120	0
预计入库量	230	0	0	0	0	0	0	0
现有库存量　37	117	117	117	227	227	77	187	187
计划订货入库量				230			230	
计划发出订货量		230			230			

SC 公司是世界上最大的蒸汽制冷机制造商。由于电价飞速上涨，传统耗电的制冷机相对于蒸汽制冷机失去了竞争优势。现在 SC 公司已经卖给了一个大的电器制造商，新公司派了一批年富力强的经理接管 SC 公司。但他们面对的形势却并不乐观，主要问题就是库存量过大，每年需要多少原材料就要有相应的库存量，这实在是难以想象，库存占了如此庞大的资金，以至于使生产能力大打折扣。在预估下一年的需求量为 3 000 万美元后，新的管理团队决定采用 MRP 来降低库存水平。经过两年的努力，MRP 给公司的管理水平带来了显著的变化，年产值上升为 4 000 万美元，而库存量则降为 980 万美元，利润增长了 5 倍。

9.5　准时制策略与库存管理

9.5.1　JIT 概述

JIT（just in time）意为及时或准时，所表达的含义为在需要的时间、按需要的量，生产所需的产品。JIT 是一种有效利用各种资源、降低成本的准则。JIT 方法最早由美国人提出，其后因在日本丰田公司的成功应用而成为举世闻名的先进管理体系。

在准时制生产方式倡导以前，世界汽车生产企业包括丰田公司均采取福特式的"总动员生产方式"，即一半时间人员和设备、流水线等待零件，另一半时间等零件一运到，全体人员总动员，紧急生产产品。这种方式造成了生产过程中的物流不合理现象，尤以库存积压和短缺为特征，生产线或者不开机，或者开机后就大量生产，导致了资源的严重浪费。丰田公司的准时制采取的是多品种少批量、短周期的生产方式，实现了消除库存、优化生产物流、减少浪费的目的。

JIT 生产方式以准时生产为出发点，首先暴露出生产过量和其他方面的浪费，然后对设备、人员进行淘汰、调整，达到降低成本、简化计划和提高控制的目的。在生产现场控制技术方面，JIT 的基本原则是在正确的时间，生产正确数量的零件或产品。它将传统生产过程中前道工序向后道工序送货，改为后道工序根据下游工序的需求量向前道工序取货，用最后的生产环节调节整个生产过程。

9.5.2　JIT 的基本思想

1. 后道工序到前道工序提取零部件

丰田汽车公司的大野耐一受超市补充商品的启发，着手对制造业进行改革。将前道工序为后道工序提供在制品的方式改为后道工序到前道工序提取自己所需的在制品。上道工序的零部件被提走后，由于数量减少而需要补充，必然向更上一级的工序提取必要数量的零部件，如此层层牵动，把各道工序连接起来，形成一条准时生产线。上道工序在没有接到下道工序提取零部件的指令前，不能随意生产，这样一来就把上道工序应该生产的数量、品种、时间严格限制在下道工序需要的范围内，消除了过量、过早的生产。

2. 小批量生产、小批量传送

为了在尽可能短的周期内生产必要的产品，实行准时生产制的各车间和各道工序一般都避免成批生产或成批搬运，而是使各工序以尽可能接近"零"的批量生产和传送。批量的缩小不仅使工序生产周期大为缩短，而且减少了工序在制品储备，这对于降低资金占用率、缩小保管空间、降低成本以及减少废次品的损失都起着很大的作用。

3. 用最后的装配工序来调整平衡全部生产

准时生产制的运行机制是后序指导前序，由此可推得准时生产制的起点是最后装配工序，这就意味着装配工序实际上起着调节与平衡全部生产的作用。

4. 宁可中断生产，决不积压储备

在实行准时生产制的初期，生产过程中一般都会出毛病，但是，权衡轻重，中断生产的损失较之积压储备、掩盖生产中的矛盾、麻痹生产管理人员思想等所带来的危害要小得多。正是因为坚持了这一原则，才使丰田公司在推行准时生产制中获得了巨大收益。

9.5.3　JIT 系统与传统的库存管理模式比较

JIT 系统与传统的存货管理模式相比有以下特点。

（1）JIT 生产是一个需求拉动式的系统。JIT 生产只在有需求时进行生产且只生产顾客需要的数量。每一个工序只生产下一工序需要的产品，除非下一流程发来信号，否则不进行生产，且生产需要的材料和零件适时到达。拉动式系统理顺了物流，极大地降低了存货成本，使零库存成为可能。

（2）否定存货存在的合理性。这是 JIT 系统与传统存货管理存在差异的关键与根本所在。传统观念认为存货成本包括订货成本（或生产准备成本）和存货持有成本，持有存货是非常必要的。在 JIT 系统中，存货则被看成是一种资源的浪费，它占用了资金空间及劳动力等资源，还掩盖了生产经营过程中的效率低下并增加了公司信息系统的复杂程度。

（3）适时能力。适时能力是衡量一个公司对顾客需求的反应能力的尺度。传统方式下，公司通过储备存货来确保公司可以按期交货。JIT 系统通过缩短生产准备时间、提高产品质量以及采用单元式制造方式来缩短公司的生产周期，以此提高公司按要求日期交货的能力和对市场快速作出反应的能力。

9.5.4　JIT 的看板管理

JIT 中最重要的管理工具是看板，看板是用来控制生产现场和生产排序的工具，用以实现后工序向前工序的信息传递。

1. 看板种类

看板主要有两种：取货看板和生产看板。取货看板又称为传送看板，其功能是用于调度零件在前后工序之间的移动。生产看板又称为生产指示看板，其功能是用于各工序内部的生产调度，明示各零件生产的数量及时间。

2. 看板的运行过程

看板运行过程示意如图 9-7 所示。

图 9-7 所示的运行过程如下。

（1）后工序由于装配加工的需要，从位于该工序入口存放处的取货看板收集盒中取出

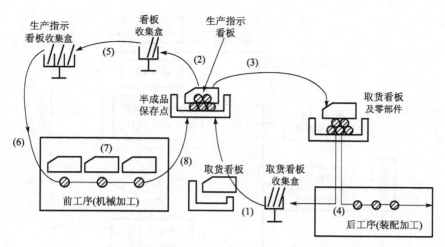

图 9-7　看板系统运行过程示意图

一枚取货看板，连同空的容器一起到前工序领取经机械加工过的某种物料。每相隔一定时间间隔取货称为定期取货；而每当取货看板收集盒中积攒一定数量的看板后再到前工序取货则称为定量取货。

（2）在位于前工序出口存放处找到相应存放容器，将附在其上的生产指示看板卸下，并将取下的生产指示看板按顺序放在相同位置的生产看板收集盒中。

（3）将取货看板取而代之挂在该容器上，并连同容器一起带回到后工序入口存放处准备装配加工。

（4）后工序装配加工过程中开始使用某容器内的物料时，将附在其上的取货看板取下，按顺序放置在取货看板收集盒中。然后，又回到步骤（1），重复上述过程。

（5）将步骤（2）卸下的生产指示看板按顺序积攒到一定批量（该物料的生产批量）。

（6）将积攒成批的生产指示看板附挂在相应数量的空容器上，并连同空容器送到前工序入口存放处准备加工。

（7）前工序按生产指示看板顺序，生产加工出每个空容器所规定的装载数量。

（8）将附挂有生产指示看板的满载容器运送到前工序的出口存放处以备后工序所需。

9.6　制造资源计划

制造资源计划（MRPⅡ），并不是一种与 MRP 完全不同的新技术，而是在 MRP 和闭环 MRP 的基础上发展起来的一种新的生产方式。它通过物流与资金流的信息集成，将生产系统与财务系统联系在一起，形成一个集成营销、生产、采购和财务等职能的完整的生产经营管理信息系统。图 9-8 表示的是 MRPⅡ的逻辑流程。

从图 9-8 可以看出，MRPⅡ编制的计划由上到下，由粗到细。经营计划是 MRPⅡ的起始点。按经营计划确定产值和利润指标，并根据市场预测和客户订单情况确定销售计划，将销售和应收账信息联系在一起。再结合企业当前的生产条件，确定生产计划。在制订生产计

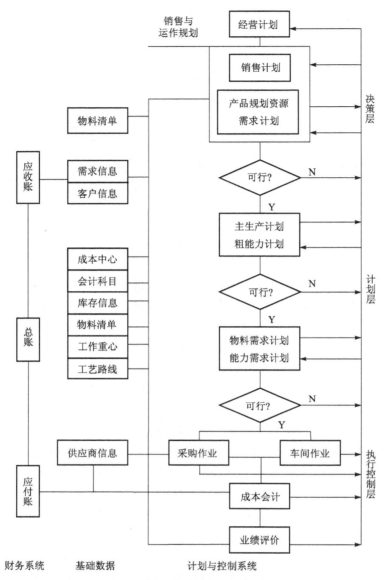

图 9-8 MRP II 的逻辑流程图

划时要进行粗略能力平衡,接着按生产计划确定主生产计划。主生产计划以具体产品为对象,它规定每种具体产品的出产时间与数量,是组织生产的依据,同时也是销售的依据。主生产计划必须切实可行。它是 MRP II 的一项关键输入。若不可行,必然导致 MRP II 运行失败。当生产能力不够,以致通过有限的调整生产能力的方法仍不能消除这种不足时,零部件就不能按 MRP II 给出的完工期限完工。这时就要将信息反馈到生产计划,使之作出调整。

可见,MRP II 的主线是计划与控制,包括对物料、成本和资金的计划与控制。计划的实施从下往上执行,发现问题时,逐级向上进行必要的修订。实践表明,上述处理逻辑是科学合理的。

MRPⅡ能够提供一个完整而详细的计划，可使企业内各部门的活动协调一致，形成一个整体。各个部门共享数据，消除了重复工作和不一致，也使得各部门的关系更加密切，提高了整体效率。从这个意义上来说，MRPⅡ统一了企业的生产经营活动，为企业进行集成化管理提供了有力的手段。

9.7　分配需求计划

分配需求计划（distribution requirements planning，DRP）同物料需求计划在运算方法上是相同的，都是一种分时段的计划方法。在订货批量规则上，往往采用订货点法或期间用量法，并考虑安全库存。分配需求计划依据客户的需求，对照各零售商、批发商、区域仓库和中心仓库的库存量以及在途的库存量，集成销售网点、区域仓库同制造厂家的信息，用补库单的形式，提出对物料的需求，并据此生成制造厂的主生产计划。

分配需求计划是根据物料的需求和库存状况计算各级仓库应有的进货量与进货时间，计算之前必须根据企业的目标来制定一系列的库存政策，如订货批量。这些库存控制的政策将决定物料需求数量和需求时间的计算，并且根据库存条件，提供紧急、延期和停止进货的信息。当仓库某物料库存量小于需求量时，库存配置功能发生作用，它能自动地进行计算，将多级仓库网中的上一层次仓库物料库存按一定比例进行分配。

DRP 处理的逻辑是：要卖什么？在哪里卖？已经有了什么？已经订购了什么？还缺什么？什么时候订货？DRP 汇总各地的销售需求量，提供给制造厂制订销售计划或 MPS 计划。DRP 的工作过程如图 9-9 所示，图中表示了 DRP 的输入是客户订单、预测需求、库存记录和库存控制；DRP 处理之后的输出是为 MRP、库存配置和车辆负荷而服务的，它的输出作为后者的输入。从中可以看出 DRP 的主要功能有分配需求计划、库存配置和库存控制、车辆负荷计划。

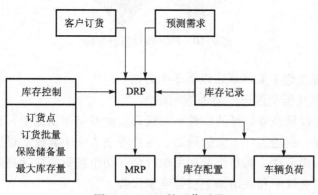

图 9-9　DRP 的工作过程

▶▶ **小提示** ◀◀

　　DRP 的实施队伍应该在以下方面有较强的能力：一是业务流程重组的能力；二是对系统进行客户化和集成化的能力，特别对打算支持移动用户的企业更是如此；三是对 IT 部门的要求，如网络大小的合理设计、对用户桌面工具的提供和支持、数据同步化策略等；四是实施小组具有改变管理方式的技能，并提供桌面帮助。这对于帮助用户适应和接受新的业务流程是很重要的。

9.8　企业资源计划

　　企业资源计划（enterprise resource planning，ERP）是一种在 MRP II 的基础上扩展了管理范围，实现业务数据和资源共享、业务处理流程标准化和规范化的集成系统。其结构如图 9-10 所示。

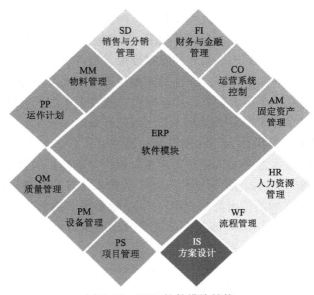

图 9-10　ERP 软件模块结构

　　ERP 的核心管理思想主要体现在以下 3 个方面。

　　1. 体现对整个供应链资源进行管理的思想

　　在知识经济时代仅靠企业自己的资源不可能有效地参与市场竞争，还必须把经营过程中的有关各方如供应商、制造工厂、分销网络、客户等纳入一个紧密的供应链中，才能有效地安排企业的产、供、销活动，满足企业利用全社会一切市场资源快速高效地进行生产经营的需求，以期进一步提高效率和在市场上获得竞争优势。

　　2. 体现精益生产、同步工程和敏捷制造的思想

　　ERP 支持对混合型生产方式的管理，其管理思想表现在两个方面。其一是"精益生产"（lean production，LP）的思想，它是由美国麻省理工学院（MIT）提出的一种企业经营战略体系。即企业按大批量生产方式组织生产时，把客户、销售代理商、供应商、协作单位纳入

生产体系，同他们建立起利益共享的合作伙伴关系，这种关系进而组成了一个企业的供应链，这就是精益生产的核心思想。其二是"敏捷制造"（agile manufacturing，AM）的思想。当市场发生变化，企业遇有特定的市场和产品需求时，企业的基本合作伙伴不能满足新产品的市场需求时，企业会组织一个由特定供应商和销售渠道组成的短期或一次性供应链，形成"虚拟企业"，把供应和协作单位看成是企业的一个组成部分，运用"同步工程"（SE）方法，组织生产，用最短的时间将新产品打入市场，时刻保持产品的高质量、多样化和灵活性，这即是"敏捷制造"的核心思想。

3. 体现事先计划与事中控制的思想

ERP 系统中的计划体系主要包括主生产计划、物料需求计划、能力计划、采购计划、销售执行计划、利润计划、财务预算和人力资源计划等，而且这些计划功能与价值控制功能已完全集成到整个供应链系统中。另外，ERP 系统通过定义事务处理（transaction）相关的会计核算科目与核算方式，以便在事务处理发生的同时自动生成会计核算分录，保证资金流与物流的同步记录和数据的一致性。从而根据财务资金现状，可以追溯资金的来龙去脉，并进一步追溯所发生的相关业务活动，改变资金信息滞后于物料信息的状况，便于实现事中控制和实时作出决策。

 **小资料**

ERP 如何适应电子商务

企业资源计划提供商的优势在于广泛地安装了 ERP 的顾客基础，以及在如订单执行这样的"后台"功能上有实际的限制。最近，企业资源计划的提供商们已经开始减少自己的野心，并集中到后台引擎上，这个引擎会加强电子商务，而不是努力提供建立一个好的电子商务网站所需要的所有软件。确实，专项软件提供商设计的软件能更容易地同电子商务网站结合起来。

本 章 习 题

一、判断题

1. 安全库存是由年需要量决定的。（　　　）

2. ABC 分类法是按照物品的单价高低进行分类的。（　　　）

3. 独立需求最明显的特征是需求的对象和数量不确定，只是通过预测方法粗略地估计。（　　　）

4. JIT 的基本思想是大量生产。（　　　）

5. 实现相关需求的库存控制常采用的方法之一是 MRP。（　　　）

二、选择题

1. 库存管理的基本目标就是（　　　）。

　　A. 防止缺货和超储　　　　　　　　B. 消除供需双方的空间差异

　　C. 实现联合管理库存　　　　　　　D. 协调与供应商的关系

2. 独立需求库存控制模型主要包括（　　　）。

A. 无价格折扣经济订货批量模型　　　B. 有价格折扣经济订货批量模型

C. 经济生产批量模型　　　D. MRP 模型

3. MRP 模型输入的主要信息包括（　　　）。

A. 中期计划　　　B. 主生产计划（MPS）

C. 物料清单（BOM）　　　D. 库存状态文件

4. JIT 中最重要的管理工具是看板，看板是用以实现后工序向前工序的信息传递，看板类型主要包括（　　　）。

A. 取货看板　　　B. 计划看板　　　C. 调度看板　　　D. 生产看板

5. 在制定购买库存量的决策时，需要考虑（　　　）。

A. 维持库存费　　　B. 调整准备费　　　C. 订货费　　　D. 购买物资的费用

思考题

1. 库存管理的作用与功能是什么？库存成本由哪几种成本组成？

2. 有人说"库存是万恶之源"，你认为这种说法有道理吗？为什么？

3. JIT 的基本思想是什么？JIT 的运作如何实现？

4. MRP 的基本思想是什么？它的主要输入和输出有哪些？

5. ERP 与 MRP Ⅱ 有什么联系和区别？

6. 一家大型面包店购买面粉用的是 25 斤装的袋子。该面包店平均每年使用 4 860 袋面粉。准备订单与接受面粉到货的成本为每次订货 4 元，年库存成本为 30 元/袋。

（1）求经济订货批量。

（2）平均库存袋数为多少？

（3）每年需要订货多少次？

（4）计算面粉订购与库存的总成本。

（5）如果年库存成本每次订货增加 1 元，对最小年总成本的影响额是多少？

案例分析

QL 通过优化结构削减库存

强化资金使用管理，调整库存物资结构，减少储备资金占用，是企业增加经济效益的重要节点。在这一环节 QL 公司采取了缜密的措施。

一是对储备资金实行定额管理。制定物资储备定额，把储备资金占用分解到各科室、各专业、各岗位，明确责任；坚持定期库存结构分析制度和清仓利库制度；还建立了仓储管理对计划采购和入库物资的监督约束机制，与经济责任制挂钩加大奖惩力度，有效地控制了无计划物资和积压物资的产生。

二是调整库存物资结构。对库存一年以上无动态物资进行清查盘点和库存分析，查明责任，责任到人；为了保生产的急需，还确定了特储物资；对于一年以内确无使用方向的沉淀物资，采取调剂、改制代用、返销和降价销售等方法，多渠道、多方位地处理积压物资。为了使这项工作落到实处，尽快盘活资金，公司采取了分解压库指标、层层落实、限期完成的方法。这种做法取得了积极的效果。

三是推行零库存管理，开辟和利用社会库存。公司根据物资的重要程度、使用时间、使用方向以及社会资源状况，确定了物资实行零库存管理的品种、最佳进货批量以及最有效地进货时间，充分利用社会库存来实现零库存管理，从而达到了以最合理的储备额保证生产建设的物资需要，又降低了储备资金占用，加快了资金周转，给企业增加了实质性经济效益。

资料来源：https://wenku.baidu.com/view/dcadb7b627d3240c8547efa9.html。

【问题】

1. QL 公司是如何进行库存管理的？

2. 根据材料，请谈谈还有哪些其他库存管理的方法能够使 QL 达到"资金流"和"现金流"的高效、双向控制。

第 10 章

供应链管理

【学习目标】
1. 了解供应链的基本概念及供应链管理中的相关活动；
2. 掌握如何设计供应链；
3. 重点理解供应链管理下的物流管理；
4. 描述供应链下准时制采购的重要性；
5. 解释供应商的伙伴关系对组织的好处。

【导入案例】

IBM 供应链主要由四部分组成，即采购、制造、物流和客户支持。采购部门负责在全球范围内采购满足 IBM 运营的各种生产和非生产性物资。特别的是，IBM 所采购的生产性物资不仅包括硬件制造所需的零部件和制造设备，也向全球多家供应商提供包括软件开发、管理咨询等服务。制造部门则在全球多家正在付出缺货和积压的代价。工厂生产 IBM 的硬件和软件产品。物流部门负责按照订单要求如期向遍布各个地区的客户交付产品。客户支持部门则对 IBM 向客户交付的产品提供产品和技术支持。随着 IBM 的自身发展以及环境的变化，IBM 的供应链也在不断地改进和变革，以主动支持企业战略的调整。IBM 供应链转型和变革具体经过三个阶段：第一阶段，组织和流程重建，主要做高层方面组织结构的重组和流程的重新规划，把以前的一些效率低的流程和冗余组织进行一些优化。第二阶段，在服务的提供上做集成和优化。供应链不只是企业内部的事情，也关系着 IBM 上下游的供应商和合作伙伴，必须将他们全部纳入供应链集成和优化的全盘规划，才能把整个供应链推向一个更高的层面。第三阶段是协作，即如何与 IBM 的供应商和下游的客户渠道达到更好的合作、可视化。在强调集成供应链的时候，IBM 强调全球的可视化，从供应链的最上游到最下端，整个过程中对供应链的可视化，让各方共享供应链的信息，这样各个部门、各个合作伙伴都会从可视化供应链中得到收益。

资料来源：https://wenku.baidu.com/view/60c22c0979563c1ec5da7178.html。

10.1　供应链管理概述

10.1.1　供应链管理的基本概念

供应链管理（supply chain management，SCM）是指采用跨越公司边界的整体化管理模式，对供应链中的信息流、物流和资金流进行设计、规划和控制的管理活动，从而增强竞争实力，提高供应链中各成员的效率和效益。供应链管理包括计划、采购、制造、配送以及退货五大基本内容。

计划：好的计划是建立一系列的方法监控供应链，使它能够有效、低成本地为顾客递送高质量和高价值的产品或服务。

采购：选择能为自己的产品和服务提供货品和服务的供应商，和供应商建立一套定价、配送和付款流程并创造方法监控和改善管理。

制造：安排生产、测试、打包和准备送货所需的活动，是供应链中测量内容最多的部分，包括质量水平、产品产量和工人的生产效率等的测量。

配送：很多"圈内人"称之为"物流"，包括调整用户的订单收据、建立仓库网络、派快递人员提货并送货到顾客手中、建立货品计价系统和接收付款。

退货：这是供应链中的问题处理部分。建立网络接收客户退回的次品和多余产品，并在客户应用产品出问题时提供支持。

10.1.2 供应链管理思想的提出与发展

供应链管理是一种先进的管理理念，其基本思想就是"横向一体化"，即企业横向集成外部相关企业的资源，形成"强强联合，优势互补"的战略联盟，结成利益共同体去参与市场竞争，于是与这些企业就形成了一种水平关系，人们形象地称其为"横向一体化"。供应链管理跟我们通常所讲的一个组织内部的管理是不一样的，组织内部的管理体现为一种权力关系，即上级可以指挥下级。而供应链是具有独立法人地位企业的合作链，企业无论大小都是平等的，因此供应链管理主要体现为如何加强合作、加强对资源的协调运作和管理水平。

供应链管理的效益很明显。实践证明，供应链的实施可以给企业带来很多好处，如缩短产品的生命周期、提高产品质量和服务质量、降低成本、加快资金周转、增加市场占有率等，都可以给企业带来很大改观。又如减少销价处理的损失，由于上游企业所获得的需求信息与实际消费市场中的顾客需求信息存在很大偏差，所以上游企业不得不维持比下游企业更高的库存水平，即理论上所讲的"需求放大效应"，这样就导致多余的货物只能降价处理。实施供应链管理之后，加强了信息流和物流的协调，信息可及时、准确地传递给合作企业，这样一来就减少了削价处理的损失。更重要的是，供应链上各节点企业，不论大小都能够成为受欢迎的合作伙伴，增强自身的生存能力。

10.1.3 供应链管理的主要对象

在跨越企业边界的整个供应链中，存在着三种"流"：物流、信息流和资金流。这 3 种"流"就是供应链管理的主要对象。

1. 物流

物料沿供应链的流动是最主要的流，物料沿着供应链从最初的供应商流动到不同的生产商、装配商，完成整个制造过程，又从生产商流到一层层批发商、零售商，到达顾客手中，最终实现其价值。供应链管理，首先关注的是怎样使物料在必要的时候流动到必要的地点，怎样使这种流动所需的成本更低，怎样使流动过程中可能出现的偏差更小，一旦出现偏差怎样尽快地加以纠正等。

▷▷ **小资料** ◁

美国物流管理理事会提出，物流是以满足顾客需求为目的，计划、执行与控制原材料、在制品记录、产成品及从产地到消费地相关信息的高效、低成本流动与存储的过程。2001年美国物流管理理事会对物流的定义又进行了完善，物流的定义中使用了供应链的概念，即物流是在供应链运作中，以满足顾客需求为目的，对货物、服务和相关信息在产地和消费地之间实现高效率和低成本的正向和反向流动与储存所进行的计划、执行和控制过程。

2. 信息流

对供应链中物流的控制必须依赖及时、可靠的相关信息。因此，物流与信息流是相互作用、互不可分的。但是，与原材料从最初供应商流动到最终消费者不同，市场信息主要是沿相反方向流动的。为了确定什么时候使何种物料流到下一环节，其驱动信息来自下一环节。从这个意义上说，实际上信息可以代替物料，因为包含真正需求情况的信息可以避免库存，这也正是供应链管理的重要意义所在。

▷▷ **小资料** ◁

现在一些大型跨国制造公司利用计算机信息网络设置了与零部件企业共享的关于生产计划和实际生产的数据库，供应商可以不用等待买方的订货通知而自己随时扫描数据库提供的信息，由此判断什么时候需要送什么样的零部件，保证按时送货。由于从该数据库可以了解买方以后的生产计划，零部件供应商能够在此基础上制订自己的生产计划。

3. 资金流

供应链上资金流的含义不仅是链上各个企业之间的款项结算，还包括供应链上各个企业之间如何通过资金的互相渗透来结成更加紧密的供应链的问题。

▷▷ **小资料** ◁

根据 Sidhu 先生的观点，一个典型的每年盈利 10 亿美元并持有 2 500 万美元存货的公司通过更好地管理其供应链，能够轻松地把库存减少到不足 1 000 万美元。节省的部分来源于减少了的借款、更低的仓储成本以及降低了的损失风险。然后公司可以把这些钱再投资到产品开发或提高效率上。

10.2　供应链系统设计

10.2.1　供应链系统设计的指导思想和原则

供应链系统设计的指导思想可分为以下几方面。① 根据不同群体的需求划分顾客，以使供应链适应市场需求，按市场进行物流网络的顾客化改造，满足不同顾客群需求，确保供应链企业能够盈利。② 根据市场动态使整个供应链需求计划成为一体，保证资源的最优配置。上、下游企业的计划应该跟市场需求动态协调编制，保证需求与供给之间在时间、品种、数量上满足配套要求。一方面保证生产能力的有效利用，另一方面减少由于不协调而产生的库存量。③ 产品差异化尽量靠近用户，并通过供应链实现快速响应。④ 对供应资源实施战略管理，减少物流与服务的成本。⑤ 实施整个供应链系统的技术开发战略，以支持多层决策，清楚掌握供应链的产品流、服务流、信息流。⑥ 采取供应链绩效测量方法，度量满足最终用户需求的效率与效益。

在供应链设计的指导思想下，为了使供应链设计得更有效，还应遵循一些基本原则，以保证供应链的设计和重建满足供应链管理的战略目标。这些原则包括：① 自顶向下的设计和自底向上相结合的设计原则；② 简洁性原则；③ 互补性原则；④ 协调性原则；⑤ 动态性原则；⑥ 战略性原则；⑦ 创新性原则。

10.2.2 供应链系统结构

图 10-1 显示了供应链的系统结构。供应链的设计即确定供应链的层次与各层节点数。

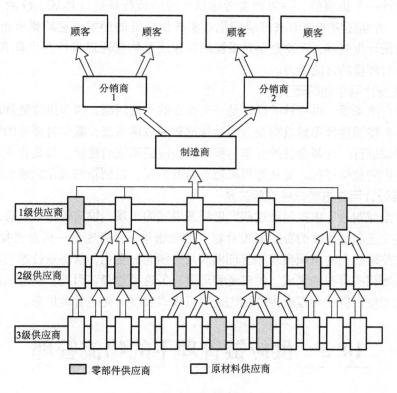

图 10-1 供应链系统结构

10.2.3 供应链系统设计的步骤

当企业考虑引进新产品时，或者当现有供应链达不到绩效目标时，管理者应该考虑对供应链进行重新设计。供应链的设计一般包括以下步骤：① 分析市场竞争环境；② 分析企业现状；③ 提出供应链设计；④ 建立供应链设计目标；⑤ 制定供应链的策略；⑥ 决定供应链结构的候选方案；⑦ 评价供应链结构的各种候选方案；⑧ 选择供应链结构；⑨ 决定单个供应链成员的候选企业；⑩ 评价并选择单个供应链成员；⑪ 衡量和评价供应链的绩效；

⑫ 当绩效目标未达到或有新的具有吸引力的选择存在时，评价供应链的候选方案。

10.2.4　供应链系统设计需要考虑的问题

1. 在产品开发初期考虑设计供应链问题

在一些高科技型企业，如惠普公司（Hewlett-Packard Company，HP），产品设计被认为是供应链管理的一个重要因素，众多学者也提出了为供应链管理设计产品（design for supply chain management，DFSCM）的概念。DFSCM 的目的在于设计产品和工艺以使供应链的相关成本和业务能得到有效的管理。人们越来越清楚地认识到供应链中生产和产品流通的总成本最终决定于产品的设计。因此，必须在产品开发设计的早期就开始同时考虑供应链的设计问题，以获得最大化的潜在利益。

2. 供应链设计与环境因素的考虑

构建和设计一个供应链，一方面要考虑供应链的运行环境（地区、政治、文化、经济等因素），另一方面还应考虑未来环境变化对实施供应链的影响。这就要求企业用发展的、变化的眼光来设计供应链，无论是信息系统的构建还是物流通道设计都应具有较高的柔性，以提高供应链对环境的适应能力。

3. 供应链设计与企业再造工程

从企业的角度来看，供应链的设计是一个企业的改造问题。因为供应链管理引进的是一种新的思想，要按照这种思想重构企业的运作框架和战略系统，就要对原有的管理架构进行反思，必要时要进行一些革命性的变革。所以，供应链系统的建设也就是企业或者是企业群体进行业务流程的重构过程。要从管理思想革新的角度，以创新的观念武装企业。

4. 供应链设计与先进制造模式的关系

如果没有全球制造、虚拟制造这些先进制造模式的出现，供应链的管理思想是很难得以实现的。正是先进制造模式的资源配置沿着"劳动密集—设备密集—信息密集—知识密集"的方向发展才使得企业的组织模式和管理模式发生相应的变化，从制造技术的技术集成演变为组织和信息等相关资源的集成。供应链管理适应了这种趋势，因此，供应链的设计应把握这种内在联系，使供应链管理成为适应先进制造模式发展的先进管理思想。

10.3　供应链管理下的物流管理

10.3.1　物流管理的含义

物流管理（logistics management，LM）是指在社会再生产过程中，根据物质资料实体流动的规律，应用管理的基本原理和科学方法，对物流活动进行计划、组织、指挥、协调、控制和监督，使各项物流活动实现最佳协调与配合，以降低物流成本、提高物流效率和经济效益。现代物流管理是建立在系统论、信息论和控制论的基础上的。

小资料

一般认为，物流管理是从配送与后勤管理发展而来的。后勤管理（logistics management）

在物流管理的起源和发展过程中扮演着重要的角色。后勤管理最初起源于军事战争时物资的供应管理。从 20 世纪 70 年代后期起，后勤管理逐渐发展为物流管理。尽管两者都用英文 logistics management 来表示，但其含义已经有了较大的差别。企业把物流活动看作是其战略的组成部分之一，而不仅仅是看作后勤系统。

10.3.2　供应链管理中物流管理的形式

把物流管理置身于供应链管理环境下，应具有 3 种表现形式，即物流的物质表现形式、价值表现形式和信息表现形式。

物流的物质表现就是企业之间的物质资源的转移（包括时间、空间和形态的转移）；物流的价值表现是指物流过程是一个价值增值过程，是一个能够创造时间价值和空间价值的过程；物流的信息表现则是指物流过程是一个信息采集、传递与加工过程，伴随物流的运动而产生信息，再将这种信息进行加工处理，为整个供应链的运行提供决策参考。

基于这种情况，现代物流管理的研究应置于供应链管理环境之下，才能使物流有更大的发展空间。这一观点也可从近几年物流管理飞速发展的过程看出来，供应链管理没有形成系统的思想之前，物流管理范畴相对很小，也没有像现在这样引起人们如此广泛的关注。供应链管理理念的出现，不仅使管理者的思维方式和管理模式发生了巨大的变化，也使物流管理获得从未有过的发展机遇。企业之间的原材料、半成品、产品的供应与采购关系，更具体地说是供应链联盟内的物流活动。

10.3.3　供应链管理中物流管理的特点

站在供应链管理的环境下看物流管理，它具有以下特点。

（1）整体性。一般环境下的物流管理，其信息传递在企业间是逐级进行的，信息偏差会沿着传递方向逐级变大，因此，信息扭曲现象在所难免，信息的利用率也很低；另外，一般环境下的物流管理缺乏从整体出发的观念来进行规划，供应链上的每个组织只关心自己的资源（如库存），相互之间很少有沟通和合作，经常出现的现象是一方面库存不断增加，另一方面当市场需求出现时又无法满足，因而企业库存成本很高，企业间因为物流系统不善而错失市场机遇。在供应链管理体系下，各方之间是战略合作关系，具有利益一致性，从而提高了信息共享的程度，避免了信息失真现象，各方的信息交流不受时间和空间限制，信息的流量也大大增加。

（2）提高了物流系统的快速反应能力。供应链管理以互联网作为技术支撑，其成员企业能及时获得并处理信息，通过消除不增加价值的程序和时间，使供应链的物流系统进一步降低成本，为实现其敏捷性、精细性运作提供了基础性保障。

（3）增进了物流系统的无缝连接。无缝连接是使供应链获得协调运作的前提条件，没有物流系统的无缝连接，运送的货物超过期限未到，顾客需求得不到满足而等待，物资采购过程中途受阻等而造成的有形成本和无形成本的增加，会使供应链的价值大打折扣。

（4）提高了顾客的满意度。在供应链管理体系下，企业能够迅速把握顾客的现有和潜在（一般和特殊）需求及需求量，使企业的供应活动能够根据市场需求变化而变化，企业能比竞争对手更快、更经济地将商品（或服务）供应给顾客，极大地提高服务质量和顾客满意度。

（5）物流服务方式的多样化。随着现代信息技术和物流技术的不断发展，物流服务方式日益表现出灵活多样的特点。为了适应国际化经营的要求，出现了发生在不同国家间的国际物流；出现了专门从事物流服务的第三方物流企业，出现了进行联合库存管理的分销中心等。所有这些都使得物流服务更加高效快捷，适应了个人、企业和社会不断增长的物流需求。

小资料

像福特汽车、宝洁、通用制造和杜邦这样的大公司外购很多同物流有关的任务，从运输管理到全球贸易管理，再到船队运输。例如，在福特汽车公司中，汽车制造商用第三方物流来管理在北美洲的进出口贸易流程。

10.4 供应链管理下的准时制采购管理

10.4.1 传统采购模式的特点

传统采购模式的主要特点表现在以下几个方面。

1. 传统采购过程是典型的非信息对称博弈过程

选择供应商在传统的采购活动中是一个首要的任务。采购一方为了从多个供应商中选择价格最低、质量合适的供应商，往往会保留私有信息，因为给供应商提供的信息越多，供应商的竞争筹码就越大，这样对采购一方不利。因此采购一方尽量保留私有信息，而供应商也在与其他供应商的竞争中隐瞒自己的信息。这样，采购、供应双方都不进行有效的信息沟通，这就是非信息对称的博弈过程，从而使得供应商在与采购方确定合作关系时，必须更加注重眼前及现实的利益。

2. 验收检查事后把关工作烦琐，供货质量难以稳定

质量与交货期是采购一方要考虑的另外两个重要因素，但是在传统的采购模式下，要有效控制质量和交货期只能通过事后把关的办法。由于双方的生产组织、技术要求不能及时沟通处理，且相互之间的工作是不透明的，双方合同约定的交货标准只能是国标、行业标准等，采购方在生产加工、装配过程中必然会出现质量差异。

3. 供需关系是临时的或短时期的合作关系，而且竞争多于合作

在传统采购模式中，供应与需求之间的关系是临时性的，或者短时性的合作，而且竞争多于合作。供应商是被动地按采购方需求备货，由于缺乏战略合作与协调，采购过程中各种埋怨、扯皮的事情比较多，采购方与供应商绝大部分工作消耗在日常重复事务中，没有更多的时间用来做长期性预测与计划工作，这种不和谐的合作氛围增加了双方合作的不确定性因素。

4. 响应用户需求能力迟钝

由于供需双方的信息不能及时沟通，所以一旦市场突变，采购方需求减少或增加订购量就会无法满足；同时，若供应商遇到突发情况需要变更采购合同，双方的谈判就变得异常艰苦，往往会导致生产企业丧失难得的市场机遇，满足不了业主的需求。因此，供需之间对用

户需求的响应没有同步进行，缺乏应对需求变化的能力。

10.4.2　供应链管理环境下采购的特点

在供应链管理环境下，企业的采购方式和传统的采购方式有所不同。这些差异主要体现在以下几个方面。

1. 从为库存而采购到为订单而采购的转变

在传统的采购模式中，采购的目的很简单，就是补充库存，即为库存而采购。采购部门并不关心企业的生产过程，不了解生产的进度和产品需求的变化，因此采购过程缺乏主动性，采购部门制订的采购计划很难适应制造需求的变化。在供应链管理模式下，采购活动是以订单驱动方式进行的，制造订单的产生是在用户需求订单的驱动下产生的，然后，材料订单驱动采购订单，采购订单再驱动供应商。这种准时化的订单驱动模式，使供应链系统得以准时响应用户的需求，从而降低了库存成本，提高了物流的速度和库存周转率。

2. 从采购管理向外部资源管理转变

正如前面所指出的，在传统的采购模式中，采购管理注重对内部资源的管理，追求采购流程的优化、采购环节的监控和与供应商的谈判技巧，缺乏与供应商之间的合作。在供应链管理模式下，转向对外部资源及对供应商和市场的管理，增加了与供应商的信息沟通和市场的分析，加强了与供应商在产品设计、产品质量控制等方面的合作，实现了超前控制，供需双方合作双赢的局面。

3. 从一般买卖关系向战略协作伙伴关系转变

在传统的采购模式中，供需方企业之间是一种简单的买卖关系，采购理念停留在压榨供应商、频繁更换供应商上。因此无法解决一些涉及全局性、战略性的供应链问题，而基于战略伙伴关系的采购方式为解决这些问题创造了条件。这些问题如下所述。

第一，库存问题。在传统采购模式下，供应链的各级企业都无法共享库存信息，各级节点企业都独立地采用订货点技术进行库存决策（在库存管理一章中有详细论述），不可避免地会产生需求信息的扭曲现象，供应链的整体效率得不到充分提高。但在供应链管理模式下，通过双方的合作伙伴关系，供应与需求双方可以共享库存数据，因此采购的决策过程变得透明多了，减少了需求信息的失真现象。

第二，风险问题。供需双方通过战略性合作关系，可以降低由于不可预测的需求变化带来的风险，如运输过程的风险、信用的风险及产品质量的风险等。

第三，通过合作伙伴关系可以为双方共同解决问题提供便利条件，通过合作伙伴关系，双方可以为制订战略性采购供应计划共同协商，不必为日常琐事消耗时间与精力。

第四，降低采购成本问题。通过合作伙伴关系，供需双方都从降低交易成本中获得好处。由于避免了许多不必要的手续和谈判过程，信息的共享避免了信息不对称决策可能造成的成本损失。

第五，战略性的伙伴关系消除了供应过程的组织障碍，为实现准时化采购创造了条件。

10.4.3　供应链管理下的准时制采购

1. 基本思想

在供应链管理模式下推行的是 JIT 采购，它的基本思想是：把合适数量、合适质量的物品，在合适的时间供应到合适的地点。采购活动是以订单驱动方式进行的，制造订单的产生是在用户需求订单的驱动下产生的，然后，制造订单驱动采购订单，采购订单再驱动供应商，这种准时化的订单驱动模式使供应链系统得以准时响应用户的需求，从而降低了库存成本，提高了物流的速度和库存周转率。准时制采购策略体现了供应链管理的协调性、同步性和集成性，供应链管理需要准时制采购来保证供应链的整体同步化运作。

2. JIT 采购的优点

JIT 作为一种先进的采购模式，不但可以有效克服传统采购的缺陷，提高物资采购的效率和质量，还可以有效提升企业的管理水平，为企业带来巨大的经济效益。主要优点包括以下几个方面。

（1）有利于暴露生产过程中隐藏的问题。JIT 采购认为，过高的库存不仅增加了库存成本，而且还将许多生产上、管理上的矛盾掩盖起来，使问题得不到及时解决，日积月累，小问题就可能积累成了大问题，严重影响企业的生产效率。JIT 采购通过不断减少外购件和原材料的库存来暴露生产过程中的隐藏问题，从解决深层次的问题上来提高生产效率。

（2）消除了生产过程的不增值过程。在企业采购中，存有大量不增加产品价值的活动，如订货、修改订货、收货、装卸、开票、质量检验、点数、入库及运转等。由于 JIT 采购大大精简了采购作业流程，因此消除了这些浪费，极大地提高了工作效率。

（3）使企业真正实现柔性生产。JIT 采购使企业实现了需要什么物资，就能供给什么样的物资，什么时间要就能什么时间供应，需要多少就能供给多少。从而使原材料和外购件库存降到最低水平。从这个意义上讲，JIT 采购最能适应市场需求变化，使企业具有真正的柔性。

（4）有利于提高采购物资的质量。一般来说，实施 JIT 采购，可以使购买的原材料和外购件的质量提高 2～3 倍。而且，原材料和外购件质量的提高又会引致质量成本的降低。

（5）有利于降低原材料和外购件的采购价格。由于供应商和制造商的密切合作以及内部规模效益与长期订货，再加上消除了采购过程中的一些浪费，就使得购买的原材料和外购件的价格得以降低。

▶ 小资料 ◀

美国施乐公司通过实施 JIT 采购策略，使其采购物资的成本下降了 40%～50%，取得了显著的经济效益。

3. JIT 采购的实质

JIT 采购的实质在于消除库存和不必要的浪费。JIT 采购的最终目标是为每种物料或几种物料建立起单一可靠的供应渠道，其结果是从总体上大大减少供应商的数量。这样可以使产品保持质量的一致性和稳定性，采购方还可以大大减少时间、人力、出差等方面的费用，最为重要的是有助于供需双方建立长期合作关系，由于向同一供应商采购的物料数量越多，最终成本越低，还可以减少买方物料供应中断的风险。

JIT 采购成功的关键是与供应商的关系，供应链管理所倡导的战略伙伴关系为实施 JIT 采购提供了基础条件。如何选择和激励合适的供应商是实施 JIT 采购的另外一个重要的影响因素。另外，企业各部门间的通力协作能力为实施 JIT 采购创造有利条件。

小提示

采购对供应链效率来说非常重要，因为采购的工作是选择供应商，然后同他们建立互利互惠的关系。没有好的供应商，没有更好的采购模式，供应链在今天的市场上就没有竞争力。采购同样也介入了产品设计和研发工作中。很多制造商已经发现，如果在产品设计和研发流程的最早阶段就让采购将供应商介入流程中，那么制造成本可以降低，产品质量可达最优化，而且新产品也可以更快的速度投入市场。

10.5　供应商选择与管理

10.5.1　供应商选择的指标体系

供应商的选择问题一直是供应链管理中的一项重要内容。供应商的选择指标体系涉及的因素很多，而且不同的供应链涉及的指标也不同，因此很难建立一套普遍适用的供应商选择指标体系。一般的供应商选择指标体系包括产品质量、交货可靠度、生产设施和能力、价格、技术能力以及财务状况等。一般认为，在供应商选择指标体系中，产品因素和交易因素是选择供应商的最关键的因素。

1. 产品因素

（1）价格因素。这里的价格主要是指供应商所供给的原料、初级产品或消费品组成部分的价格。

（2）质量因素。这主要是指供应商所供给的原材料、初级产品或消费品满足企业需求的程度。

（3）品种因素。主要是指供应商所供给的原材料、初级产品或消费品组成部分的品种，还包括品种的柔性。

2. 交易因素

（1）交货准时性因素。是指按照买方所要求的时间和地点，供应商将指定产品准时送到指定地点。

（2）交货提前期。是指从企业发出订单到收到订单之间的时间。对于需求方来说，交货提前期越短越好。

在供应商选择决策过程中，除了上面市场经济方面的影响因素外，供应商的管理水平和商业信誉也是比较重要的影响因素。

10.5.2　供应商选择的步骤

第一步　设计供应商选择的指标体系。设计评价指标时，会涉及定性和定量指标，评价指标体系的设计要遵循全面、相关、定性与定量相结合等原则。

第二步　对候选供应商进行初步筛选。根据供应链战略应达到的基本要求及应满足的基本约束，如必须具备某种生产设备，或者必须位于某地域范围内等，剔除一些不合格的供应商。

第三步　综合优选，在通过第一轮筛选的供应商中选择最佳的供应商。利用多目标优选法，将候选供应商进行综合比较，按评价值大小排序，以便确定最佳的合作伙伴。

10.5.3　供应商的管理

供应商管理是供应链管理中一个很重要的问题，它是实现准时化采购的重要基础。

1. 两种供应关系模式

在供应商与制造商关系中，存在两种典型的关系模式：传统的竞争关系和合作性关系，后者又叫双赢关系。两种关系模式的采购特征有所不同。

竞争关系是价格驱动的。这种关系的采购策略表现为：① 买方同时向若干供应商购货，通过供应商之间的竞争获得价格好处，同时也保证供应的连续性；② 买方通过在供应商之间分配采购数量对供应商加以控制；③ 买方与供应商保持的是一种短期合同关系。

双赢关系模式是一种合作的关系，尤其是这种模式在日本企业中取得了巨大成功之后，就受到越来越多企业的重视。在这种模式中，买方和卖方互相视对方为"伙伴"，双方保持一种长期互惠关系。表现为：① 制造商对供应商给予协助，帮助供应商降低成本、改进质量及加快产品开发进度；② 通过建立相互信任的关系提高效率，减少交易/管理成本；③ 通过长期的信任合作取代短期的合同；④ 比较多的信息交流。

前面介绍的准时化采购采用的模式就是合作性的关系模式，供应链管理思想的集中表现就是合作与协调性。因此，建立一种双赢的合作关系对于实施准时制采购是很重要的。

2. 双赢供应关系管理

双赢关系已经成为供应链企业之间合作的典范，因此，要在采购管理中体现供应链的思想，对供应商的管理就应集中在如何和供应商建立一种长期的双赢关系上。

1）信息交流与共享机制

信息交流有助于减少投机行为，促进重要生产信息的自由流动。为加强供应商与制造商的信息交流，可以从以下几方面着手。① 在供应商与制造商之间经常进行有关成本、作业计划以及质量控制信息的交流与沟通，保持信息的一致性与准确性。② 实施并行工程。制造商在产品设计阶段让供应商参与进来，这样供应商可以在原材料和零部件的性能和功能要求上提供有关信息，为实施 QFD（质量功能配置）的产品开发方法创造条件，把用户的价值需求及时转化为供应商的原材料和零部件的质量与功能要求。③ 建立联合的任务小组解决共同关心的问题。在供应商与制造商之间应建立一种基于团队的工作小组，由双方的有关人员共同组成，解决供应过程及制造过程中遇到的各种问题。④ 供应商和制造商经常互访。供应商与制造商采购部门应经常性地进行互访，及时发现和解决各自在合作活动过程中的困难和出现的问题，便于创造良好的合作气氛。⑤ 使用电子数据交换和因特网技术进行快速数据传递。

2）供应商的激励机制

要保持长期的双赢关系，对供应商的激励是非常重要的，没有有效的激励机制，就不可能维持良好的供应关系。在激励机制的设计上，要体现公平、一致的原则。给予供应商价格折扣和柔性合同，以及采用赠送股票等方式，使供应商和制造商分享成功，同时也使供应商从合作中体会到双赢机制的好处。

3）合理的供应商评价方法和手段

要进行供应商的激励，就必须对供应商的业绩进行评价，促使供应商不断改进。没有合理的评价方法，就难以对供应商的合作效果进行有效评价，这将大大挫伤供应商的合作积极性和稳定性。对供应商的评价要抓住主要指标或问题，如交货质量是否改善了，提前期是否缩短了，交货的准时率是否提高了等。通过评价，把结果反馈给供应商，与供应商一起共同探讨问题产生的根源，并采取相应措施予以改进。

本 章 习 题

一、判断题

1. 供应链管理是采用跨越公司边界的整体化管理模式。（　　　）

2. 双赢关系已经成为供应链企业之间合作的典范。（　　　）

3. JIT 采购并不能消除生产过程的不增值过程。（　　　）

4. 采购活动以订单驱动方式进行，降低了库存成本，提高了物流的速度和库存周转率。（　　　）

5. JIT 采购的成功与供应商并没有关系。（　　　）

6. JIT 采购的基本思想是：把合适数量、合适质量的物品、在合适的时间供应到合适的地点。（　　　）

二、选择题

1. 供应链管理的主要对象是（　　　）。

A. 物流　　　　　　　　B. 信息流　　　　　　　C. 资金流　　　　　　　D. 设备

2. 传统采购模式的主要特点是（　　　）。

A. 传统采购过程是典型的非信息对称博弈过程

B. 验收检查事后把关工作烦琐，供货质量难以稳定

C. 供需关系是临时的或短时期的合作关系，而且竞争多于合作

D. 响应用户需求能力迟钝

3. JIT 采购的优点主要包括（　　　）。

A. 有利于暴露生产过程中隐藏的问题　　　　　B. 消除了生产过程的不增值过程

C. 使企业真正实现柔性生产　　　　　　　　　D. 有利于提高采购物资的质量

E. 有利于降低原材料和外购件的采购价格

4. 在供应链管理的环境下，企业的采购方式和传统的采购方式有所不同。这些差异主要体现在以下几个方面：（　　　）。

A. 从为库存而采购到为订单而采购的转变

B. 从采购管理向外部资源管理转变

C. 从一般买卖关系向战略协作伙伴关系转变

D. 采购过程是典型的非信息对称博弈过程

思考题

1. 何为供应链管理？简述供应链管理与物流管理的区别和联系。

2. 简述企业实施供应链管理的原则和步骤，并以制造型企业为例，分析我国企业传统

采购模式如何实现改造。

3. 为了实现对消费者需求快速有效的响应，你认为供应链上各成员之间应建立一种怎样的关系？

4. 如何对供应链中的供应商实施有效的管理？

案例分析

西门子移动通信实施全球化供应链管理

西门子移动通信（以下简称西门子移动）的供应商星罗棋布，分布在全球的各个角落，全球集约化采购，是西门子移动进行采购管理、节约采购成本的关键。

1. 西门子移动的全球统一采购：方法与特色

过去很长一段时间里，西门子移动的通信、能源、交通、医疗、照明、自动化与控制等各个产业部门根据各自的需求独立采购。随着西门子移动公司的逐渐扩大和发展，采购部门发现不少的元部件需求是重叠的。因此，在三年前，西门子移动设立了一个采购委员会，协调全球的采购需求，把六大产业部门所有公司的采购需求汇总起来，这样，西门子移动可以用一个声音同供应商进行沟通。大订单在手，就可以吸引全球供应商进行角逐，西门子移动在谈判桌上的声音就可以响很多。

2. 西门子移动的协调：反应灵活与角色定位

有了这些充分集权的中央型采购，还需要反应灵活的地区性采购部门来进行实际操作。由于产业链分布在各个国家，西门子移动在各地区采购部门的角色很不一样。日本西门子移动采购部门的角色类似于一个协调者。由于掌握着核心技术，日本的供应商如东芝和松下直接参与了西门子手机的早期开发。西门子移动需要知道哪些需求在技术上是可行的，哪些是不可行的，而东芝和松下等企业也要知道西门子移动想要得到什么产品，采购部门的主要工作就是与日本供应商的研发中心进行技术研发方面的协调、沟通和同步运作。中国西门子移动采购部的角色重心就是利用中国市场的廉价材料，降低生产成本，提高西门子手机的全球竞争力。

3. 西门子移动的供应管理：竞争与评价

西门子移动除了给供应商持续的成本压力以外，还充分利用订单份额来做诱饵，让现有的2～3个供应商充分竞争。只有价格最低的供应商，才会得到西门子移动更大的订单。西门子移动有时也会故意放一两个新的供应商进场，打破原有的供应商竞争格局。新供应商更好的服务和更低的价格会迫使老供应商降低价格、提高服务，西门子移动就可以坐收"渔翁"之利。

每年年底，西门子移动内部所有与供应商有过接触的部门还会对供应商进行价格、物流服务力、产品质量三方面的总拥有成本（TOC）进行评分。成本最高的供应商，可能就会失去大笔订单。在竞争面前，供应商自然会对自己的产品质量、产品价格、物流服务等各方面严格审核，以期达到西门子移动的高标准、严要求。为了使选择供应商的过程尽可能公平透明，西门子移动还使用了一套网上竞价（e-biding）系统。西门子移动对现有的长期供应商的要求是：必须靠过硬的质量、价格和服务来与现有的供应商竞争。这套体系的好处是，所有的供应商都知道其他供应商能做什么，这样就能将价格和服务的底线推到循环竞争的极限。在未来的规划中，西门子移动50%的采购量都会通过这套系统来进行。

通过保持这样一种"充分竞争"的环境，西门子移动能非常高效率地管理自己的供应商，节约采购成本。

资料来源：https://wenku.baidu.com/view/09a6e5a2284ac850ad024260.html。

【问题】

1. 简述西门子移动公司采购管理的特点与启示。

2. 结合中国同类企业供应链管理的特点，谈谈如何根据本企业特点做到"精益采购"。

第11章

项目管理

【学习目标】

1. 掌握项目及项目管理的特点；
2. 理解网络计划技术原理；
3. 能够绘制简单的网络图，并能够分析网络图；
4. 了解网络优化的相关理论与方法。

【导入案例】　　　　　　　　**如何收拾烂摊子？**

某软件公司承担了 A 公司的一个 ERP 系统开发项目，在项目的实施过程中，系统需求似乎永远无法确定，用户说不清楚自己的需求，功能不断增加，怎么做他们都不满意，用户上周说要这个功能，今天说要那个功能，李部长认为这个功能该这样做，而王经理认为这样做不行，结果让软件开发人员无所适从。

该项目已经进行了两年多，项目何时结束还是处于不明确的状态，因为用户不断有新的需求提出来，项目组也就要根据用户的新需求不断去开发新的功能。大家对这样的项目已经完全丧失了信心。

软件公司针对目前出现的局面，派出项目管理专家刘工负责 ERP 项目组的管理工作，刘工通过对项目文档分析和 A 公司相关人员的沟通认识到，这个项目一开始就没有明确界定整个项目的范围，在范围没有明确的情况下，又没有一套完善的变更控制管理流程，任由用户怎么说就怎么做，也就是说，一开始游戏规则就没有定好，从而导致整个项目成了一个烂摊子。

资料来源：https://wenku.baidu.com/view/bc4e82c44431b90d6d85c72c.html。

11.1　项目管理概述

11.1.1　项目及项目的特点

项目就是为某个独特的任务所做的一次性工作。它由专门组织起来的人员在规定时间内完成；它有一个明确的预期目标和可利用的资源范围；它需要运用多种学科的知识来解决问题，而且没有什么经验可以借鉴。和日常的工作相比，项目具有以下一些特点。

（1）一次性。一次性是项目与其他常规运作的最大区别。项目有确定的起点和终点，没有可以完全照搬的先例，也不会有完全相同的复制。

> **管理小常识**
>
> 项目的一次性特点决定了项目组织结构的特点。如何将项目组织中相对松散的人员凝聚成一个实现项目目标的团队，就是管理者要解决的问题。

（2）独特性。每个项目都有属于自己的一个或者几个预定的、明确的目标。在一个项目中所产生的产品和服务，与已经完成的产品和服务是有一定差异的，项目既可以是以前工作的延续，也可以是新的工作的开始。

小提示

用一个比喻来理解项目的独特性特征，当我们找到一份新的工作，第一天去上班时（假设你是头一次去新单位），首先担心的是能不能找到新的地点，所以你总是早早就出发了。但是，当你第二天第三天以及以后上班时，你根本不需要担心能不能找到新的单位，而是会越来越准确地把握上班过程，变得更有效率了。我们把你第一天上班当作一个项目，以后就不是项目了。

（3）时限性。日常运作都是重复性的生产，每天做着相同或相似的工作，因此时限性不强，但是每个项目不同，它们都有明确的开始时间和结束时间。时限性是指每个项目都有明确的开始和结束。当项目目标达到时，该项目就结束了；或者当项目目标无法达到时，该项目就会被终止。

（4）开放性。日常运作中各个部门及其相关资源都是相对固定的，而项目一般是在启动以后，从其他部门调配所需的人员构建项目小组，同时根据需要调动相关资源，并且在项目结束后这些人员和相关资源将返回到各个职能部门。

（5）不确定性。由于以前没做过或者具有新的特点，不知道在项目的执行过程中会发生什么样的问题，因此不能准确地估计项目的时间和成本；另外，项目的客户会经常改变自己的需求，因而项目的范围也具有不确定性。

11.1.2　项目管理及特征

与项目的概念相对应，项目管理是指通过项目经理和项目组织的努力，运用系统理论和方法对项目及其资源进行计划、组织、协调和控制，旨在实现项目的特定目标。项目管理是一种管理方法体系，在这个体系中，管理的对象是由一系列任务所组成的整体系统，而不是这个整体中的某个部分或某几个部分。项目管理具有以下基本特征。

（1）普遍性。项目作为一种创新活动普遍存在于人类的社会生产活动之中，现有的各种文化物质成果最初都是通过项目的方式实现的，现有的各种运营活动都是各种项目的延伸和延续，人们的各种创新的想法、建议和提案或迟或早都会转化成项目，并通过项目的方式得以验证或实现。项目的这种普遍性使得项目管理也具有了普遍性。

（2）目的性。项目管理的另一个重要特征是其目的性，一切项目管理活动都是为实现"满足或超越项目有关各方对项目的要求与期望"这一目的服务的。其中"有关各方对于项目的要求"是一种已经明确和规定清楚的项目目标，而"有关各方对于项目的期望"是一种有待识别的、未明确的、潜在的项目追求。

（3）独特性。项目管理的独特性是指项目管理既不同于一般的生产服务运营管理，也不同于常规的行政管理，它有自己独特的管理对象（项目），有自己独特的管理活动，有自己独特的管理方法和工具。虽然项目管理也会使用一般管理的一些原理和方法，但它有自己独特的规律和方法。如项目计划管理中使用的关键路径法，项目范围管理中的工作分解结构法，项目成本控制管理中的 S 曲线法等。

（4）集成性。项目管理的集成性是相对一般运营管理的专门性而言的。在一般运营管理中，分别有生产管理、质量管理、财务管理、市场营销管理等各种各样的专业管理，它们是针对一个企业或组织的不同生产经营活动而开展的管理。而项目管理要求的是管理的集成性，这可以从项目管理的职能体现出来。

▶ 小说明 ◀

项目管理要求必须充分强调管理的集成性，例如，对于项目工期、造价和质量的集成管理，对于项目、子项目的集成管理等。

（5）创新性。项目管理的创新性包括两层含义：一是指项目管理是对于创新（由项目的一次性特点决定）的管理；二是指任何一个项目的管理都没有一成不变的模式和方法可供参考，必须通过管理创新去实现对于具体项目的有效管理，必须通过创新去实现一个具体项目的管理目标。

▶ 小资料 ◀

项目具有一种可预知的寿命周期。项目在其寿命周期中，通常有一个较明确的阶段顺序。这些阶段可通过任务的类型来加以区分，或通过关键的决策点来加以区分。根据项目内容的不同，阶段的划分和定义也有所区别。而一般认为项目的每个阶段应涉及管理上的不同特点，并提出需要完成的不同任务。但无论如何划分，对每个阶段开始和完成的条件和时间要有明确定义，以便审查其完成程度。

11.1.3　项目管理在企业中的应用

如今，项目管理已经被公认为是一种有生命力并能实现复杂企业目标的良好方法，且在以下几个方面均有应用。

（1）开发新产品。项目管理本身不能开发出新产品，但它能为开发新产品工作创造更好的条件，使其更容易、更快地取得成功。

（2）软件系统开发。例如，一个制造企业在引进或开发 MRP 系统时，只就其所需的软件部分而言，也需要生产、设计、财务等不同方面的专业人员来共同协作进行。采用项目管理的原理和方法就可以有效地协调这些横向联系。

（3）设备大修工程。企业的设备大修工程可以说与基建项目有类似之处。有些工厂，生产一定时间后，就需要进行停产大修。显然停产的时间越短越好。运用项目管理可以有效地缩短这个时间。

（4）单件生产。指某些特殊大型产品的一次性单件生产，如超大型计算机、专用成套设备等。这些产品通常由用户提出详细的订货要求，包括具体的交货时间和预算费用，这类产品一般利润高、风险大，因此经常用项目管理的方式来进行。

总而言之，在各种企业中，项目管理都得到了广泛的应用。关键是在决定是否采用项目管理时，应考虑到前节所述的各项主要因素，以保证由于项目计划、控制和执行所获得的价值超过采用项目管理所需增加的费用。

11.2 网络计划技术概述

11.2.1 网络计划技术

网络计划技术是运筹学的分支，它是 20 世纪 50 年代后期在美国产生和发展起来的，是一种应用于组织大型工程项目或生产计划安排的科学的计划管理方法。它以网络图的形式，反映组成一项生产任务或一项工程中各项作业的先后顺序及相互关系，并通过相应计算方法找出影响整项生产任务或项目的关键作业和关键路线，对生产任务或项目进行统筹规划和控制，是一种能缩短工期、降低成本、用最高的速度完成工作的有效方法。关键路线法（critical path method，CPM）和计划评审技术（program evaluation and review technique，PERT）是在 20 世纪 50 年代后期几乎同时发展起来的、目前经常使用的网络计划技术。

> **小资料**
>
> 在波音公司，网络计划技术发挥着重要的作用。波音 777 的 20% 的零部件在日本生产，其他辅助零部件则分别在澳大利亚（制造机身）、英国和新加坡（制造机头装置）、韩国（制造机翼）、巴西（制造机翅）等国进行生产。有效的网络计划技术无论是对安装波音 777 型飞机的装配系统，还是对其计划和生产都是十分重要的。

11.2.2 网络计划技术的基本原理

网络计划技术的基本原理是：先把所要做的工作，哪项工作先做，哪项工作后做，各占用多少时间，以及各项工作之间的相互关系等，运用网络图的形式表达出来。利用这种图解模型和有关的计算方法，可以看清计划任务的全局，分析其规律，以便揭示矛盾，抓住关键，并用科学的方法调整计划安排，找出最好的计划方案。然后组织计划的实施，并且根据变化了的情况，搜集有关资料，对计划及时进行调整，重新计算和优化，以保证计划执行过程中自始至终能够最合理地使用人力、物力，保质按时地完成任务。

11.2.3 网络图的组成

网络图是由若干圆圈和箭线组成的网状图，它表示一项工程或一项生产任务中各个工作环节或各道工序的先后顺序和所需的时间。网络图分为结点式和箭线式两种。箭线式网络图又称为双代号网络图，因为它不仅需要一种代号表示活动，还需要另一种代号表示事件；在此网络图中，箭线表示活动或作业，结点表示活动的开始或结束。结点式网络图只需一种代号表示活动，故又称为单代号网络图；结点表示活动，用箭线表示活动的先后顺序。如图 11-1 所示，在箭线式网络图中，箭线上的 A、B、C、D 是活动的代号，圆圈中的 1、2、3、4 代表事件，每一条箭线的箭头圆圈内的代号表示箭头事件，箭尾圆圈内的代号表示箭尾事件；在结点式网络图中，圆圈表示活动，用箭线表示活动之间的关系。

网络图由三个要素组成：活动、事件和路线，下面将以箭线式网络图为例说明这三个要素。如图 11-2 所示。

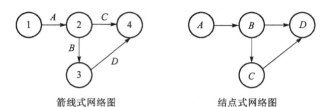

图 11-1　箭线式网络图与结点式网络图

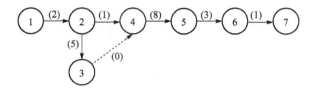

图 11-2　箭线式网络图示例

1. 活动

网络图中的"活动"是指一项需要消耗一定资源（包括人力、物力和财力），经过一定时间才能完成的具体工作。活动所包括的内容可以是一项设计工作，也可能是一个零件的制造过程。在箭线式网络图中，活动以箭线表示，如果箭线的箭头结点（图中的箭头圆圈）和箭尾结点（图中的箭尾圆圈）的编号分别为 i、j，表示活动的开始和完成，则该项活动可以用（i,j）表示。箭线上括号内的数字表示该活动所需消耗的时间。在不附设时间坐标的网络图中，箭线的长短与活动所需时间无关。图中虚箭线表示一种虚活动，它是一种作业时间为零的活动。它既不占用时间，也不消耗资源。其作用是表示前后活动之间的逻辑关系。

2. 事件

网络图中的"事件"是指活动开始或结束时刻，它由结点表示。它不消耗资源，也不占用时间和空间，如图 11-2 中的 1、2、4 等。在每一个网络图中必定有一个起始结点和终止结点，分别表示项目的开始和结束（如图 11-2 中的 1 和 7）。介于起始结点和终止结点间的事件（如 2、4、5 等）称为中间事件，所以中间事件既表示前一项活动的结束，又表示后一项活动的开始。

3. 路线

网络图中的"路线"是指从网络图的起始结点开始，顺着箭线方向连续不断地到达终止结点的一个序列。在一个网络图中，可能有很多条路线，路线中各项活动的作业时间之和就是该路线所消耗的时间。其中作业时间最长的路线被称为"关键路线"，它决定着完成网络图上所有工作必需的时间，即该项目的完工周期。

11.2.4　网络图的绘制规则与步骤

1. 网络图的绘制规则

在绘制网络图时，首先需要搞清楚活动之间的相互逻辑关系，然后根据此关系画网络图。而对于每项活动必须明确以下问题：① 哪些活动需要安排在此项活动之前？② 哪些活动需要安排在此项活动之后？③ 哪些活动可以与此项活动同时进行？一般来说，活动之间的逻辑关系有 4 种，即结束—开始型、开始—开始型、结束—结束型和开始—结束型。

在绘制网络图时，需要遵循以下规则。

（1）从左到右，紧前活动画出之后再画紧后活动，箭头序号大于箭尾序号且每个序号只能使用一次，序号可以不连续。

（2）在一个完整的网络图中，必须有且仅有一个起始事件和一个终止事件。起始事件表示项目的开始，终止事件表示项目的结束。不允许出现没有紧前事件或紧后事件的中间事件。如果在实际工作中发生了这类情况，应将没有紧前工作的事件同网络起点用虚线连接起来，将没有紧后工作的事件同网络终点用虚线连接起来。

（3）网络图中不允许出现循环回路。在网络图中，如果从一个事件出发，顺着某一线路又回到原出发点，称作循环回路。网络图中箭线的方向一律指向右边。

（4）任何两个结点之间不允许有多条箭线直接相连，否则当采用结点编号来表示某项活动时，会引起混淆。

在确定了项目各项活动的先后顺序后，遵照以上网络图的绘制基本原则，就可以将整个项目的活动清楚地用网络图表示出来。

2. 网络图的绘制步骤

（1）确定作业项目。对一些简单的工程或任务计划，人们也许能直接将其分解，列出作业项目。但是对于复杂的情况，直接列出作业项目较困难，可以采取逐级逐层分解的办法将复杂项目的情况加以细化，也就是说，将大型的复杂项目看作一个总项目，然后将总项目分解成几个子项目，对于子项目再将其分解成几个三级子项目，由此分下去，直至下一级子项目的情况较简单，最后形成一棵树形的项目细分图。

（2）确定作业之间的逻辑关系。作业项目确定后，必须确定这些作业的逻辑关系，即确定该作业的紧前作业和紧后作业是哪些。一般来说，首先从工艺要求上确定作业的工艺关系，然后从组织关系上由时间、工程的资金和设备等方面来考虑该作业的安排，合理确定其紧后作业。

（3）确定作业的持续时间。在确定作业的持续时间时，要始终按正常速度进行估计，绝不要受规定完成期限的影响而少估，也不要由于作业的重要性而多考虑时间。若作业的持续时间定得多，会造成时间上的浪费；反之，则会造成人为的紧张局面，两者都可能影响全局任务的完成。

（4）列出作业明细表。把调查研究的结果列成作业明细表。作业明细表包括以下几项内容：作业代号、作业名称、紧前作业、紧后作业、持续时间。

（5）绘制网络图。在绘制网络图时，首先根据作业明细表，从起始结点出发将作业的逻辑关系正确地表示出来，其次检查一下网络草图是否正确反映作业的逻辑关系，纠正错误。在确认草图的正确性后，进行整理，尽可能地消除那些不必要的交叉线，将曲线形状的箭线改为直的或折的箭线，删去多余的虚作业和结点。最后，对整理后的草图给结点编号，找出关键路线，进行整体布局从而确定网络图。

11.3 网络时间参数的计算

网络的时间参数计算主要包括项目各活动的作业时间、结点时间和活动时间的计算，此外还应考虑时差，并求出关键路线。

11.3.1 作业时间计算

估计确定作业时间一般有以下两种方法。

（1）单点时间估计法又称单一时间估计法，它是指对各项活动的作业时间，仅确定一个时间值。估计时，应以完成各项活动可能性最大的作业时间为准。这种方法适用于有同类活动或类似活动的时间作参考的情况，且完成活动的各有关因素比较确定的情况下使用。

（2）三点时间估计法又称三种时间估计法，它适用于作业时间不确定性较大的情况，可预先估计三个时间值，然后应用概率的方法计算各项活动作业时间的均值和方差。这三个时间值为：最乐观时间，用 a 表示，指在最有利的条件和最顺利的情况下，完成某项活动所需要的时间；最可能时间，用 m 表示，指在正常情况下完成某项活动所需要的时间；最悲观时间，用 b 表示，指在最不利的条件和最差的情况下，完成某项活动所需要的时间。以上三种时间中，最可能时间大于或等于乐观时间，最悲观时间大于或等于最可能时间。

通常假设作业时间服从 β 分布，则作业时间的均值和方差的计算公式如下。

$$t(i,j) = \frac{a+4m+b}{6} \tag{11-1}$$

$$\sigma^2 = \left(\frac{b-a}{6}\right)^2 \tag{11-2}$$

11.3.2 结点时间计算

在网络图中，结点本身并不占用时间，它只是表示某项活动应在某一时刻开始或结束。因此结点时间有两种，即结点最早实现时间（结点最早时间）和结点最迟实现时间（结点最迟时间）。

1. 结点最早实现时间

结点最早实现时间是指从该结点出发的各项活动最早可能开工时间，或以相应结点为箭头事件的箭线所代表的活动可能完成的最早时间，它等于从起始结点到该结点的各条路线中最长的路线上的各项作业时间之和。结点最早实现时间的计算从网络图的起始结点开始，按结点编号顺向计算，直到网络图的终止结点为止，一般假设网络图的起始结点的最早实现时间为零。

假设以 ET_j 表示结点 j 的最早实现时间，则结点 j 的最早实现时间的计算公式为：

$$ET_j = \max\{ET_i + t(i,j)\} \tag{11-3}$$

其中 ET_i 表示结点 i 的最早实现时间，$t(i,j)$ 为活动 (i,j) 的作业时间，$i=1,2,3,\cdots,n$（n 为以结点 j 为箭头事件的箭线数）。结点最早实现时间取括号内的最大值，这是因为当以该结点为箭头事件的各项活动均完成之后，以该结点为箭尾事件的各项活动才能够开始。如果只有一条箭线以结点 j 为箭头事件，则上述公式可简化为：

$$ET_j = ET_i + t(i,j) \tag{11-4}$$

2. 结点最迟实现时间

结点最迟实现时间是指进入该结点的各个事项必须最迟完工的时间，若不完工将影响后续活动的按时开工，使整个项目不能按期完成。结点最迟实现时间的计算从网络图的终止结点开始，按结点编号逆向计算，直到网络图的起始结点为止。由于结点本身不消耗时间，所以网络终止结点的最迟实现时间等于该结点的最早实现时间。

假设以 LT_i 表示结点 i 的最迟实现时间，则结点 i 的最迟实现时间的计算公式为：

$$LT_i = \min\{LT_j - t(i,j)\} \tag{11-5}$$

其中 LT_j 表示结点 j 的最迟实现时间，$t(i,j)$ 为活动 (i,j) 的作业时间，$j=1，2，3，\cdots，n$（n 为以结点 i 为箭尾事件的箭线数）。如果只有一条箭线以结点 i 为箭尾事件，则上述公式可简化为：

$$LT_i = LT_j - t(i,j) \tag{11-6}$$

结点时间参数的计算可直接在网络图上进行，计算的顺序是：先从起始结点开始从左到右计算各结点的最早实现时间，直至终止结点，并将计算结果填在相应结点旁的方框内；然后从终止结点开始，从右到左计算各结点的最迟实现时间，直至起始结点，并将计算结果填在相应结点旁的三角形框内。如图 11-3 所示。

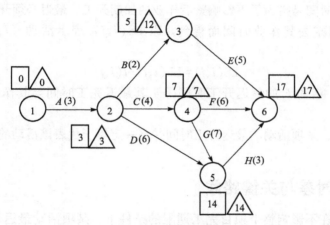

图 11-3　某项目的结点时间计算图

11.3.3　活动时间的参数计算

活动时间的参数有 4 个：最早开工时间（ES）、最早完工时间（EF）、最迟完工时间（LF）、最迟开工时间（LS）。

1. 活动最早开工时间

活动最早开工时间是指该活动最早可能开始的时间，它等于代表该活动的箭线的箭尾结点的最早实现时间。以 $ES(i,j)$ 表示活动 (i,j) 的最早开工时间，则：

$$ES(i,j) = ET_i \tag{11-7}$$

如在图 11-3 表示的网络图中，活动 A 的最早开工时间等于结点 1 的最早实现时间，即为 0；活动 B、C、D 的最早开工时间等于结点 2 的最早实现时间，即为 3。

2. 活动最早完工时间

活动最早完工时间是指该活动可能完工的最早时间，显然，最早完工时间为该活动的最早开工时间加上其作业时间。以 $EF(i,j)$ 表示活动 (i,j) 的最早完工时间，则：

$$EF(i,j) = ES(i,j) + t(i,j) \tag{11-8}$$

或者

$$EF(i,j) = ET_i + t(i,j) \tag{11-9}$$

如在图 11-3 中，活动 A 的最早完工时间等于结点 1 的最早实现时间与活动 A 的作业时间之和，即等于 3，以此类推，就可以算出其他各活动的最早完工时间。

3. 活动最迟完工时间

活动最迟完工时间是指该活动箭头结点的最迟实现时间，它等于该活动的最迟开工时间与其作业时间之和。以 $LF(i,j)$ 表示活动 (i,j) 的最迟完工时间，则：

$$LF(i,j) = LT_j \tag{11-10}$$

或者

$$LF(i,j) = LS(i,j) + t(i,j) \tag{11-11}$$

如在图 11-3 中，活动 F 的最迟完工时间等于结点 6 的最迟实现时间，即等于 17。

4. 活动最迟开工时间

活动最迟开工时间是指为了不影响紧后作业的如期开工，最迟必须开工的时间，它由该活动最迟完工时间减去其作业时间而得到。以 $LS(i,j)$ 表示活动 (i,j) 的最迟开始时间，则：

$$LS(i,j) = LF(i,j) - t(i,j) \tag{11-12}$$

在图 11-3 中，活动 F 的最迟开工时间等于其最迟完工时间与其作业时间之差，即等于 11。

需要注意的是，某项活动的最迟开工时间并不一定等于代表该活动的箭线的箭尾结点的最迟实现时间。

11.3.4 活动时差与关键路线

活动时差是指在不影响整个项目完工期限的条件下，某项活动最迟开工（完工）时间与最早开工（完工）时间之间的差值，也就是活动开始时间或完工时间允许推迟的最大限度。活动时差也称为活动的松弛时间，它可以在不影响整个项目完工期限的条件下，为计划进度的安排提供机动性。活动时差一般可以分为活动总时差和活动单时差。

1. 活动总时差

活动总时差是指在不影响总体项目完工时间的条件下，某项活动最迟开工时间与最早开工时间之差。它表明该项活动的开工时间允许被推迟的最大限度，也称为"宽裕时间"或"富余时间"。以 $ST(i,j)$ 表示活动 (i,j) 的总时差，则：

$$ST(i,j) = LS(i,j) - ES(i,j) = LF(i,j) - EF(i,j) = LT_j - ET_i - t(i,j) \tag{11-13}$$

2. 活动单时差

活动单时差是活动总时差的一部分，它是指在不影响下一个活动最早开工时间的前提下，某项活动的开工时间或完工时间可以前后松动的最大范围。又称为"自由富余时间"。以 $S(i,j)$ 表示活动 (i,j) 的单时差，则：

$$S(i,j) = \mathrm{ET}_j - \mathrm{ET}_i - t(i,j) \tag{11-14}$$

时差表明各项活动的机动时间，即有时间潜力可以利用。时差愈大，说明时间潜力也愈大。网络图的精髓就在于利用时差来规定和调整整个项目的进度，以求提高效率。

3. 关键路线

在一个网络图中，总时差为零的活动，称为关键活动，时差为零的结点称为关键结点。一个从起始结点到终止结点，沿箭线方向由时差为零的关键活动所组成的路线，就称为关键路线。关键活动的总时差为零，意味着没有任何缓冲余地，只能按时完成，因此，保证一项活动 (i,j) 在关键路线上的必要条件为：

① $\mathrm{ET}_i = \mathrm{LT}_i$ 　　　　　　　　　　(11-15)

② $\mathrm{ET}_j = \mathrm{LT}_j$ 　　　　　　　　　　(11-16)

③ $\mathrm{ET}_j - \mathrm{ET}_i = \mathrm{LT}_j - \mathrm{LT}_i = t(i,j)$ 　　　　(11-17)

关键路线通常是从起始结点到终止结点时间最长的路线，要想缩短整个项目的工期，必须在关键路线上想办法，即缩短关键路线上的作业时间。反之，如果关键路线工期延长，则整个项目的工期将被拖长。在一个网络图中，至少有一条关键路线，还可能有多条关键路线，关键路线的长度决定了整个项目的工期。关键路线也不是一成不变的。在一定条件下，关键路线可以变成非关键路线，非关键路线也可以变成关键路线。因此，在网络计划的执行过程中，要用动态的观点来看待关键路线。

小提示

项目体现了战略机遇和战略风险，因此管理层对项目投入足够的关注和资源是十分关键的。而项目常常是用于具有一定程度不确定性的情况下，这些情况有可能导致延期、预算超支和不能满足技术要求。为了最大限度地降低这些影响，管理层必须确保计划周密，谨慎地选择项目经理和团队成员，以及监控项目的进展。

4. 网络时间表上计算方法

网络时间除了经常采用图上计算法（见图 11-3），还可以使用表上计算法。表上计算法，又称表格法。就是先制定一个表格，把各项活动的有关资料，如结点编号、作业时间等填入表格，然后在表上计算参数。当网络图活动数较多、结构比较复杂时，往往采用表上计算法。例如，对图 11-3 采用表上计算法，如表 11-1 所示。

表 11-1　网络时间参数的表上计算法

活动	活动时间	ES(i,j)	EF(i,j)	LS(i,j)	LF(i,j)	ST(i,j)	关键活动
A (1, 2)	3	0	3	0	3	0	√
B (2, 3)	2	3	5	10	12	7	
C (2, 4)	4	3	7	3	7	0	√
D (2, 5)	6	3	9	8	14	5	
E (3, 6)	5	5	10	12	17	7	
F (4, 6)	6	7	13	11	17	4	
G (4, 5)	7	7	14	7	14	0	√
H (5, 6)	3	14	17	14	17	0	√

11.4　网络计划的优化

通过绘制网络图、计算时间参数和确定关键路线，可以得到一个初始的计划方案。但一般不可能在最初的方案中就得到最经济合理的指标。为此，在初始计划方案制订以后，通常都需要进行调整与改善，使方案不断优化。

11.4.1　时间-资源优化

要达到时间-资源优化，需考虑两种情况：第一种情况是，在资源一定的条件下，寻求项目的最短工期，即有限资源条件下的工期优化问题；第二种情况是，在工期一定的条件下，通过平衡资源，求得工期与资源的最佳结合，即工期一定条件下的资源均衡问题。

1. 有限资源条件下的工期优化问题

由于人力、物力和财力有限，使一些活动不能同时进行，某些活动必须推迟进行。在这种条件下，一般采用试算法，使工期尽可能短。为了使工期最短，首先要尽可能保证关键活动准时进行；然后，保证时差最小的活动优先进行。主要途径如下。

（1）抓住关键路线。缩短关键活动的作业时间。如采用改进作业方法或工艺方案、合理划分工作任务等技术措施。

（2）采取组织措施。在作业方法或工艺流程允许的条件下，对关键路线上的各项关键活动组织平行或交叉作业。合理调配工程技术人员或生产工人，尽量缩短各项活动的作业时间。

（3）利用时差。从非关键活动上抽调部分人力、物力，集中于关键活动，缩短关键活动的时间。

2. 工期一定条件下的资源均衡问题

在工期不能变动的条件下，通常按照每天的需求量，根据资源对完成项目计划的重要性，对不同资源分别进行安排与调配。下面以某项目所需人力的安排与调整为例，说明有限资源合理安排的一般方法。

例　某项目各项活动的作业时间及每天所需的人力资源如图 11-4 所示。图中箭线上方所示数字为作业时间，下方所示数字为所需人数。粗线箭头表示关键路线，项目完工时间为 15 天。

假定人力资源的限制为每天工作人数不超过 15 人。如果按各项活动的最早开工时间安排进度，每天所需人数如表 11-2 所示。从该表可以看出，如按各项活动的最早开工时间安排人数，则项目前期所需人数过多，超过限制；而后期则较少，整个周期内人力分配很不均匀。因此，要考虑总人数的限制，并在保证项目完工时间不变的条件下，调整各项活动的时间安排，使每天的使用人数尽量均匀。调整原则是：

（1）首先要保证各项关键活动的需求量；

（2）利用非关键路线上各项活动的总时差，调整各项非关键活动的开工时间与完工时间。

在表 11-2 中，项目后期所需人数很少，对能够推迟开工的活动，可适当向后推迟。经过调整与平衡，可以得到一个比较均匀的人力分配方案，并使每天所需总人数不超过所限制的数量。调整后的项目进度及每天所需人数如表 11-3 所示。

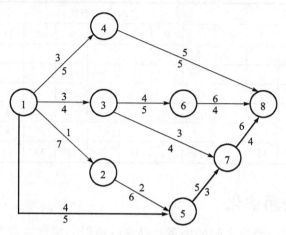

图 11-4　网络图示例

表 11-2　图 11-4 的人力资源分配表

相关活动	作业时间	工程进度/日次														
		1	2	3	4	5	6	7	8	9	10	11	12	13	14	15
①—②	1	7														
①—③	3	4	4	4												
①—④	3	5	5	5												
①—⑤	4	5	5	5	5											
②—⑤	2		6	6												
③—⑥	4				5	5	5	5								
③—⑦	3				4	4	4									
⑤—⑦	5					3	3	3	3	3						
④—⑧	5				5	5	5	5	5							
⑥—⑧	6								4	4	4	4	4	4		
⑦—⑧	6										4	4	4	4	4	4
每日用人合计		21	20	20	19	17	17	13	12	7	8	8	8	8	4	4

表 11-3　图 11-4 调整后的人力资源分配表

相关活动	作业时间	工程进度/日次														
		1	2	3	4	5	6	7	8	9	10	11	12	13	14	15
①—②	1	7														
①—③	3			4	4	4										
①—④	3								5	5	5					
①—⑤	4	5	5	5	5											
②—⑤	2		6	6												
③—⑥	4						5	5	5	5						

相关活动	作业时间	工程进度/日次													
		1	2	3	4	5	6	7	8	9	10	11	12	13	14	15
③—⑦	3					4	4	4								
⑤—⑦	5					3	3	3	3	3						
④—⑧	5											5	5	5	5	5
⑥—⑧	6										4	4	4	4	4	4
⑦—⑧	6										4	4	4	4	4	4
每日用人合计		12	11	15	9	11	12	12	13	13	13	13	13	13	13	13

11.4.2 时间–费用优化

这是综合考虑工期与费用之间的关系，寻求以最低的项目总费用获得最佳工期的一种方法。

项目费用分为直接费用和间接费用。直接费用是指人工、材料、能源等与各项活动直接有关的费用。间接费用是指管理费用、销售费用等其他费用。这两种费用与工期的关系，一般来说，缩短工期会引起直接费用的增加和间接费用的减少，而延长工期会引起直接费用的减少和间接费用的增加。图 11-5 表示费用与工期之间的一般关系。这种关系在实际中也可能呈曲线形式。

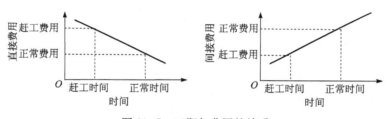

图 11-5　工期与费用的关系

为了解决时间–费用优化问题，可以运用手算法。基本思路是通过压缩关键活动的作业时间来取得不同方案的总费用、总工期，从中进行比较，选出最优方案。基本步骤如下。

（1）找出关键路线。

（2）如果沿此路线不能找出缩短作业时间而费用增加比较少的作业，则得到解；否则进行下一步骤。

（3）缩短作业所需时间，计算费用增加量。其缩短的极限是出现下面任何一种情况：其他路线成为关键路线；缩短的作业达到其最小所需时间。返回步骤（1）。

小资料

在公路工程建设中，施工单位在与业主签订施工合同时，都有一个工期要求。但当这个工期不能满足工程进度的实际需求或预计按时完工的概率较低时，就需要对网络图中有关工序的时间进行压缩。另外，即使合同工程周期满足工程进度的实际需要，也存在这种工期是否满足最低费用日程的问题。工程周期通常通过增加关键路线上关键工序的资源数量来压缩，而这种资源数量的增加必然是以追加投资为代价的，即要增加赶工费用。

本章习题

一、判断题

1. 网络图由三个要素组成，即活动、事件和路线。（　　）

2. 结点式网络图又称为双代号网络图，因为它不仅需要一种代号表示活动，还需要另一种代号表示事件。（　　）

3. 关键路线通常是从网络图始点到终点时间最长的路线，在一个网络图中只有一条关键路线。（　　）

4. 三点时间估计法又称三种时间估计法，它适用于作业时间不确定性较大的情况。（　　）

5. 网络计划的工期优化法，就是通过压缩某些关键工作的持续时间，以达到缩短工期的目的。（　　）

二、选择题

1. 项目特点是（　　）。

A. 一次性　　　　　B. 独特性　　　　　C. 时限性　　　　　D. 开放性

2. 项目管理的基本特征是（　　）。

A. 普遍性　　　　　B. 目的性　　　　　C. 独特性　　　　　D. 集成性

3. 项目管理在企业中的应用包括（　　）。

A. 开发新产品　　　B. 软件系统开发　　C. 设备大修工程　　D. 单件生产

4. 在绘制网络图时，需要遵循（　　）规则。

A. 从左到右，紧前活动画出之后再画紧后活动

B. 在一个完整的网络图中，必须有且仅有一个起始事件和一个终止事件

C. 网络图中不允许出现循环回路

D. 任何两个结点之间不允许有多条箭线直接相连

5. 网络图的绘制步骤包括（　　）。

A. 确定作业项目　　　　　　　　　　　B. 确定作业之间的逻辑关系

C. 确定作业的持续时间　　　　　　　　D. 列出作业明细表，绘制网络图

思考题

1. 项目及项目管理有哪些特点？

2. 说明常用的网络计划技术的使用方法。

3. 按表 11-4 提供的资料：

（1）绘制双代号网络图；

（2）计算每个活动的期望时间；

（3）确定完工时间和关键路线。

表 11-4　某项目有关资料

活动	紧后活动	a	m	b
A	B, C	4	6	8
B	F	3	5	7
C	D, E	4	5	8
D	G	3	5	7
E	H	5	6	7
F	G, I	6	8	11
G	J	6	8	10
H	J	5	7	9
I	K	3	8	13
J	K	6	7	8
K	—	1	2	3

案例分析

项目计划的编制

　　某市电子政务信息系统工程，通过公开招标，确定工程的承建单位是丁公司，按照《合同法》的要求与丁公司签订了工程建设合同。合同生效后，丁公司开始进行项目计划的编制，项目由 A、B、C、D、E、F、G、H 活动模块组成，表 11-5 给出了各活动之间的依赖关系，以及它们在正常情况和赶工情况下的工期及成本数据。假设每周的项目管理成本为 10 万元，而且项目管理成本与当周所开展的活动多少无关。

表 11-5　项目各活动之间的依赖关系及正常和赶工情况下的工期与成本

活动	紧前活动	正常情况		赶工情况	
		工期/周	成本/（万元/周）	工期/周	成本/（万元/周）
A	—	4	10	2	30
B	—	3	20	1	65
C	A、B	2	5	1	15
D	A、B	3	10	2	20
E	A	4	15	1	80
F	C、D	4	25	1	120
G	D、E	2	30	1	72
H	F、G	3	20	2	40

　　资料来源：http://www.cnitpm.com/pm/30434.html。

【问题】

　　1. 找出项目正常情况下的关键路径，并计算此时的项目最短工期和项目总体成本。

　　2. 假设项目必须在 9 周内（包括第 9 周）完成，请列出此时项目中的关键路径，并计算此时项目的最低成本。

第 12 章
作业排序管理

【学习目标】

1. 掌握作业排序的有关概念；
2. 掌握并能够运用作业排序规则解决一些简单的作业排序问题；
3. 了解车间作业控制的方法；
4. 理解服务企业的有关排序方法。

【导入案例】　滨南支行三项措施减少客户排队等待时间

工商银行滨南支行积极响应上级行号召，采取多项措施通过合理分流和引导努力减少客户排队等待时间，提高客户服务满意度。

加强引导，做好服务。代发工资高峰期，充实大堂力量，大堂人员积极帮助客户打印对账簿、存折，引导客户将存折的资金转至银行卡内通过自助设备取款。同时，安排灵活机动的柜员，在业务办理高峰期时及时安排柜员上岗，充实柜面量，提高服务质量。积极推行无卡折存款，帮助客户通过自助渠道办理现金业务。引导客户避免业务高峰期至网点办理业务，既可节约自己的时间，又能降低网点高峰期压力。平日里积极引导客户将存折或存单换成银行卡，在卡上办理定期存款、节节高等业务，收益效率双丰收。

积极协调，做好配合。在大堂里第一时间将能自助的业务分流至自助设备区域。在柜面上能自助办理的业务柜员第一时间呼叫大堂，告知大堂人员帮助客户在自助设备办理。若有特殊情况，大堂人员和柜员及时沟通合理分流，做到服务至上。另外，运营主任随时手持平板电脑，对于系统里的业务及时进行现场核对授权。

合理设岗，及时分流。该行充分利用贵宾室和非现金柜，将费时耗力的特殊业务分流至该区域，不压柜。另外，运营主任注意授权平板电脑排队等候里的排队人数和实际在网点的客户数，若有空号，让柜员及时叫出，将空号消灭。提高柜员业务技能和业务熟练程度，减少因为业务不熟悉或注意力不集中犯错误而导致的业务办理时间过长。

资料来源：大众网。

12.1　排序问题基本概念

12.1.1　作业排序

作业排序（job sequencing）是指合理地安排各项作业活动、运作资源利用或者配置设施的时间表。具体来说就是，为每台设备、每位员工详细地确定每天的工作任务和工作顺序的过程。它要解决不同工件在同一设备上的加工顺序问题、不同工件在整个生产过程中的加工顺序问题，以及设备和员工等资源合理分配问题。概括起来就是，作业排序需要解决

"服务者"与"服务对象"之间的关系。这里的"服务者"包括机器、工序、工作地、员工等,而"服务对象"则是指各项工作、客户等。

12.1.2 无限负荷和有限负荷

无限负荷(infinite loading),是指在对工作中心(见 5.4 节工作单元的介绍)分配任务时,并不直接考虑该工作中心是否具有足够的能力来完成所分配的工作,也不考虑每个工作中心中的每个资源完成这项工作的实际顺序,而是只考虑它需要多长时间,大体上估计所分配任务与该工作中心中关键资源的能力是否匹配。

有限负荷(finite loading),是指在对工作中心分配任务时,需要考虑该工作中心的能力是否与所分配的任务匹配,并对其作出详细的安排,要细化到每个工作日的每一时刻,以及每一种资源要做的工作的时间安排。如果有某个作业由于工件缺货而延迟,那么整个系统就会停滞,开始进入等待时间,一直到可以从前面的作业中获得所需的工件。理论上讲,当采用有限负荷时,所有的计划都是可行的。

12.1.3 前向排序和后向排序

前向排序(forward scheduling)是指系统接受某个订单后,立即对该订单所需的作业按从前向后的顺序进行排序。前向排序系统能够显示出完成某项订单的最早时间。后向排序是指从未来的某个时期开始,按照从后向前的顺序进行排序。后向排序可以显示在某个日期前完成订单的最晚开工时间。

12.1.4 纵向加载和横向加载

纵向加载是指向工作中心分配作业任务时,采用无限负荷法,并且不去考虑作业任务的优先性;相反,横向加载是指在向工作中心分配作业任务时,采用有限负荷法,并且需要考虑作业任务的优先性。

▶▶▶ 小资料

根据行业的不同,作业排序可分为制造业的排序和服务业的排序。制造业的排序工作只是解决工件在生产过程中的加工次序问题,而服务业中由于有客户的参与以及其产品的不可储存性,因此在服务业中的排序工作中,主要是解决如何安排服务能力以满足客户的需求。

12.2 作业指派

作业指派是指为各生产或操作中心分配工作任务。分配方法是一种特殊的可将任务或工作分配给相应资源的线性规划模型。例如,将一种工作分配给某台机器;将某一合约分配给某个投标人;将人员分配到一定的项目上等。分配方法的分配目标是使完成现有任务的成本或时间达到最少。分配方法所分配的问题特征为:一件工作(或一个人)仅分配给一台机器(或一个项目)。经常使用的分配方法是匈牙利法。匈牙利法的基本思想是,在各种指派方案的时间（成本）预算表的基础上，通过表上作业法，得出总时间（成本）最低的指派方案。

匈牙利法的基本步骤如下。

（1）将每行数字减去该行中的最小数字，将每列数字减去该列中的最小数字。

（2）画数量最小的水平线和垂直线以盖住表中所有的零，若直线数等于表中的行或列的数，那么最佳分配方案就找到了。

（3）从未被直线盖住的所有数中减去其中最小的数，并将此最小数加到所有直线两两相交之处的数上，再回到步骤（2）往下操作直至出现可能的最佳分配。

（4）最佳分配总是在表中零位置出现。

利用上述求解算法进行 4 个工件与 4 台设备的作业指派。各种指派方案所需的加工时间参见表 12-1。表 12-2～表 12-6 分别对应着求解算法的 4 个步骤。

表 12-1　时间预计表

工件	设　备			
	一	二	三	四
1	10	5	6	10
2	6	2	4	6
3	7	6	5	6
4	9	5	4	10

表 12-2　减小行值

工件	设　备			
	一	二	三	四
1	5	0	4	5
2	4	0	2	4
3	2	1	0	1
4	5	1	0	6

表 12-3　减小列值

工件	设　备			
	一	二	三	四
1	3	0	1	4
2	2	0	2	3
3	0	1	0	0
4	3	1	0	5

表 12-4　覆盖零元素

工件	设　备			
	一	二	三	四
1	3	0	1	4
2	2	0	2	3
3	0	1	0	0
4	3	1	0	5

表 12-5　修改矩阵

工件	设　备			
	一	二	三	四
1	1	0	1	2
2	0	0	2	1
3	0	3	2	0
4	1	1	0	3

表 12-6　最优指派方案

工件	设　备			
	一	二	三	四
1	10	5	6	10
2	6	2	4	6
3	7	6	5	6
4	9	5	4	10

12.3　制造业作业排序

12.3.1　$n/1$ 作业排序

$n/1$ 作业排序就是 n 种工件在单台设备上加工的排序。这是一种简单的排序问题。排序问题在理论方面的难度随着机器设备数量的增加而提高，而不是随着加工工件数量的增加而提高。因此，对 n 的唯一约束条件就是它必须是确定的、有限的数字。$n/1$ 作业排序经常使用的排序规则如下。

（1）最短加工作业时间规则（shortest processing time，SPT 或 shortest operation time，SOT）。优先选择加工所需时间最短的工件，然后是第二短的，以此类推。

（2）先到先服务规则（first come first served，FCFS）。按照工件到达的先后顺序，优先选择最早进入排队队列中的工件。

（3）交货期规则（earliest due date，EDD）。优先选择交货期最早的工件进行加工。

（4）开始日期规则。用约定的交货日期减去作业的正常提前期。优先选择最早开工时间的工件进行加工。

（5）剩余松弛时间规则（STR）。

$$STR = 交货期前的剩余时间 - 剩余的加工时间$$

优先选择剩余松弛时间最短的工件进行加工。

（6）每个作业的剩余松弛时间规则（STR/OP）。

$$STR/OP = \frac{交货期前的剩余时间 - 剩余的加工时间}{剩余作业数}$$

优先选择每个作业剩余松弛时间最短的工件进行加工。

（7）关键比率规则（CR）。

$$关键比率 = \frac{交货日期 - 当前日期}{剩余工作日数}$$

优先选择关键比率最小的工件进行加工。

（8）排队比率规则（QR）。

$$排队比率 = \frac{计划中的剩余松弛时间}{计划中的剩余排队时间}$$

优先选择排队比率最小的工件进行加工。

（9）后到先服务规则（LCFS）。

后到的订单放在先到的订单上面，工作人员在操作的时候通常会先加工上面的订单。

（10）随机原则。主管或工作人员选择自己喜欢的作业先进行操作。

例 12-1 是根据 FCFS、SPT、EDD 和 CR 4 种规则进行的 $n/1$ 作业排序实例。

例 12-1　某加工企业的车间要为 2008 年 7 月加工的 5 批产品进行作业排序，每批产品的件数都是相同的，均为 2 000 件，企业对各种产品的加工时间都有确定的限定，销售部门也都提出了各种产品的预定交货期，如表 12-7 所示。

表 12-7 产品加工限时及预定交货期

产品	加工限时/天	交货日期（从现在起天数）/天
A	3	6
B	5	4
C	6	9
D	4	5
E	1	10

（1）首先选择 FCFS 规则，则排序结果就是 A—B—C—D—E。其排序结果如表 12-8 所示。

表 12-8 FCFS 规则排序的结果

加工顺序	加工时间/天	流程时间/天	交货日期/天	工作延迟时间/天
A	3	3	6	0
B	5	8	4	4
C	6	14	9	5
D	4	18	5	13
E	1	19	10	9
合计	19	62		31

总流程时间 = 3+8+14+18+19 = 62（天）

平均流程时间 = $\frac{62}{5}$ = 12.4（天）

平均延迟天数 = $\frac{0+4+5+13+9}{5}$ = 6.2（天）

（2）选择 SPT 规则，则排序结果就是 E—A—D—B—C。其排序结果如表 12-9 所示。

表 12-9 SPT 规则排序的结果

加工顺序	加工时间/天	流程时间/天	交货日期/天	工作延迟时间/天
E	1	1	10	0
A	3	4	6	0
D	4	8	5	3
B	5	13	4	9
C	6	19	9	10
合计	19	45		22

总流程时间 = 45（天）

平均流程时间 = $\frac{45}{5}$ = 9（天）

平均延迟天数 = $\frac{22}{5}$ = 4.4（天）

（3）选择 EDD 规则，则排序结果就是 B—D—A—C—E。其排序结果如表 12-10 所示。

表 12-10 EDD 规则排序的结果

加工顺序	加工时间/天	流程时间/天	交货日期/天	工作延迟时间/天
B	5	5	4	1
D	4	9	5	4
A	3	12	6	6
C	6	18	9	9
E	1	19	10	9
合计	19	63		29

总流程时间 = 63（天）

平均流程时间 = $\frac{63}{5}$ = 12.6（天）

平均延迟天数 = $\frac{29}{5}$ = 5.8（天）

（4）选择 CR 规则，B 的关键比率为 4/5 = 0.8，则排序结果为 B—D—C—A—E。其排序结果如表 12-11 所示。

表 12-11 CR 规则排序的结果

加工顺序	关键比率	加工时间/天	流程时间/天	交货日期/天	延迟交货时间/天
B	0.8	5	5	4	1
D	1.25	4	9	5	4
C	1.5	6	15	9	6
A	2	3	18	6	12
E	10	1	19	10	9
合计		19	66		32

总流程时间 = 66（天）

平均流程时间 = $\frac{66}{5}$ = 13.2（天）

平均延迟天数 = $\frac{32}{5}$ = 6.4（天）

将以上 4 种规则的排序结果汇总，如表 12-12 所示。

表 12-12 各优先规则对比

规 则	总流程时间/天	平均流程时间/天	平均延迟时间/天
FCFS	62	12.4	6.2
SPT	45	9	4.4
EDD	63	12.6	5.8
CR	66	13.2	6.4

很明显，在这里，SPT 规则比其他的都要好，但是结果一直是这样吗？答案是肯定的。而且，能够从数学上证明，在 $n/1$ 情况下使用其他的衡量标准，如平均等待时间和平均完成时间，SPT 都能产生最优解。实际上，这种简单的规则是如此有用，以至于被称为"整个排序学科中最重要的概念"。

12.3.2　$n/2$ 作业排序

稍微复杂一点的就是 $n/2$ 作业排序了，即两个或者更多的作业必须在两台机器上以共同的工序进行加工。在 $n/2$ 作业排序当中，运用最为广泛的就是约翰逊法则（Johnson's rule）了。目的是使从第一个作业开始到最后一个作业结束的总流程时间最短。约翰逊法则包括以下几个步骤：

（1）列出每个作业在两台机器上的加工时间；

（2）选择最短的加工时间；

（3）如果最短的加工时间来自第一台机器，那么先完成这个作业，如果来自第二台机器，那么这个作业就排在最后进行操作；

（4）对于剩余的作业重复（1）和（3），直到整个排序完成。

例 12-2 是约翰逊法则应用实例。

例 12-2　有 5 件特殊的产品需要在两台设备上进行生产，第一台设备设为 1，第二台设备设为 2，如表 12-13 所示。

表 12-13　某设备生产信息

产品	设备 1/小时	设备 2/小时
A	6	8
B	4	3
C	2	5
D	9	12
E	10	1

解：第一步，列出每个作业在两台机器上的加工时间。

第二步，具体又可分为以下 4 个步骤。

（1）操作时间最短的工作是生产产品 E，它在第二台设备上生产，因此将其安排在最后，并从要安排的工作中划掉它：

				E

（2）产品 C 的操作时间是第二短的，其在第一台设备上生产，因而放在第一位，并删掉它：

C				E

（3）产品 B 的操作时间是第三短的，其在第二台设备上生产，因而放在倒数第二位：

C			B	E

（4）剩下的两个产品中最短的操作时间是 A，6 小时，在第一台设备上生产，所以先安排 A，然后安排 D：

C	A	D	B	E

排序的时间为：

设备 1	2	6	9	4	10
设备 2	5	8	12	3	1

这种工作排序的分段时间可通过图 12-1 的方式表示出来。

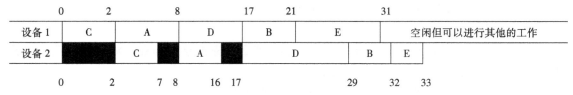

注：黑框部分为等待时间。

这样，5 件产品总共需要 33 个小时即可完成。

图 12-1　约翰逊法则工作排序的甘特图

12.3.3　n/m 作业排序

n/m（$m \geqslant 3$）的流水作业排序是一个相当复杂的问题。像一些比较简单的流水作业排序问题，只要采取枚举法就可以解决了。但是当 n 和 m 的数值都很大的时候，计算量就会相当大了，为求最优解而付出的代价是不经济的。这个时候，只需要得到自己满意的解就可以了，这时也可以把它称作现实最优解，并不需要理论上的最优解。

为了解决一些较复杂的排序问题，人们提出了各种启发式算法，其中比较有名的就是 CDS 法。CDS 法是由坎贝尔（Cambell）、杜德克（Dudek）和史密斯（Smith）三个人提出来的，取三个人名字的第一个字母命名的方法。CDS 法是受约翰逊法则的启发而得来的。它是将 n/m 排序问题转换成 $m-1$ 个 $n/2$ 排序问题，然后取其中的最优值，从而得到 n/m 排序问题的较为满意的解。

假定 p_{ik} 为第 i 种工件在第 k 台设备上的加工时间，那么可以使用 CDS 方法解决加工时间为 $\sum_{k=1}^{l} p_{ik}$ 和 $\sum_{k=1}^{l} p_{i,\,m-k+1}$，（$l = 1, 2, \cdots, m - 1$）的工件排序问题，CDS 法的基本思路就是：用约翰逊法则先求出从 $l=1$ 到 $l=m-1$ 次 $n/2$ 的排序最优解，然后取其中最好的结果作为 n/m 排序问题的近似最优解。CDS 法的基本步骤如下。

（1）求加工时间为 p_{i1} 和 p_{im} 的排序问题，先不管中间其他设备的情况，而是只考虑第一台设备和最后一台设备。

（2）求加工时间为 $p_{i1}+p_{i2}$ 和 $p_{i,m-1}+p_{im}$ 的排序问题，就是将第一台设备和第二台设备看成是一个工作中心，将第 $m-1$ 台设备和第 m 台设备看成是一个工作中心，同样不考虑其他设备情况。

（3）以此类推，直到计算加工时间为 $\sum_{k=1}^{l} p_{ik}$ 和 $\sum_{k=1}^{l} p_{i,\,m-k+1}$ 的排序问题，也就是将第 1 台至第 $m-1$ 台设备看作是一个工作中心，然后将第 2 台至第 m 台看成是另一个工作中心。

（4）取以上 $m-1$ 次排序结果中的最好结果，即为 n/m 排序问题的近似最优解。

12.4　车间作业控制

车间作业控制（shop-floor control，现在也常常翻译成生产作业控制）是指使用来自车间的数据和数据处理文件来维护和传递关于车间工单和工作中心的状态信息。进行车间作业控制的工具和方法有很多，工具通常有日常调度单、各种状态和异常报告和输入输出控制报告。在这里，只简单地介绍两种车间作业控制的工具。

12.4.1　甘特图

甘特图是作业排序与作业跟踪控制中最常用的一种方法。它最早是由亨利·L. 甘特（Henry L. Gantt）在 1971 年提出来的。许多车间的独立部门，不管是小型的还是大型的车间，都使用这个古老的甘特图来帮助计划和跟踪工作。它不仅可以用来协调许多计划好的活动，而且还可以用来进行项目规划。其优点就在于简单明了，能够普遍运用于作业、任务、项目等的计划和控制。图 12-2 显示了某车间的作业进度甘特图。

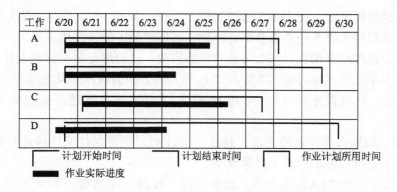

图 12-2　某车间的作业进度甘特图

12.4.2　输入/输出控制

输入/输出控制（input/output control）是制造计划和控制系统的一个主要特征。它的目的是管理工作流，其主要原则是：工作中心的输入永远不能超过工作中心的输出。当输入超过输出时，工作中心就会出现积压的现象，结果导致工作中心上游作业的预计提前期被迫延长，并且会形成阻塞，导致工作中心下游的作业时断时续，从而使工作没有效率。相反，如果输入小于输出，工作中心就会出现等待作业到达的情况，这使工作中心没有得到有效的利用。如果输入与输出处于一种平衡的状态，那么就不会出现上述问题。输入/输出控制方法可以帮助管理者分析输入与输出之间的差异，并找出问题产生的根源，从而采取相应措施，从源头上解决问题，保证作业计划能够顺利完成。表 12-14 显示了某台设备输入/输出的控制信息。

表 12-14　某台设备输入/输出控制

	时期	1	2	3	4	5	6
输入	计划	230	240	230	240	235	240
	实际	260	230	220	245	230	250
	差异	+30	−10	−10	+5	−5	+10
	累计	+30	+20	+10	+15	−10	0
输出	计划	230	250	240	245	240	240
	实际	220	270	225	240	240	245
	差异	−10	+20	−15	−5	0	+5
	累计	−10	+10	−5	−10	−10	−5
积压		38	78	48	43	33	23	+18

12.5　服务部门的人员排序

12.5.1　连续休息日下的人员安排

根据国家的法律规定，每个员工每周的法定工作时间是 40 个小时，每天的法定工作时间是 8 小时。所以许多服务企业都会制订计划，以便使员工能连续休息两天。如果计划不能做到让每个员工连续休息两天，那么将会带来加班费，这显然是企业管理人员不愿意看到的情况。另外，大多数员工也可能喜欢每周休息两天。下面的程序是从詹姆斯·布朗（James Brown）和拉杰·泰布雷维勒（Rajen Tibrewala）为解决这个问题而给出的方法中修改而来的。

（1）目标。根据人员计划的要求，制订一个计划，使得在员工连续休息两天的五日制工作日的情况下，部门需求的员工数量最少。

（2）程序。从一周每天需要的员工总数开始，按照一次增加一名员工的方法制订一个计划。这个程序需要分成两步。

第一步，在所有需要工作的员工中每一天指派第一个员工。把每天对员工的总需求量记录下来，这样可以追踪每天员工的需求数量。正数就意味着员工已经被分配在那一天工作。

由于第一个员工有可能被分配到全部的 7 天当中，因此用圆圈画出需要员工人数最少的连续两天。这两天可以考虑作为第一个员工的休息日。最小的两天是指这两天中需要员工数的最大值不大于其他任何两天中需要员工数的最大值。这能保证需要员工最多的一天可以安排到员工。虽然周日和周一分处一周的两周，但在实际中它们也是连在一起的，因此也可以被选择。倘若出现相等的情况，选择相邻的工作日需求量也最小的两天作为休息日。这个相邻工作日可以是这两天之前，也可以是之后。如果还是相等的话，就选择前面的两天。

第二步，对于第二个员工，从每个是正数、没有画圆圈的日子里减去 1，然后把结果填入第二个员工对应的行。这表明这些工作日可以少需要一个人，因为第一个员工已经指派给这些日子了。

对于第二个员工、第三个员工以及接下来的员工重复上面的步骤，直到不再需要员工为止才算完成计划。

表 12-15 就是一个典型的连续休息制情况下的人员安排的过程和结果。

表 12-15　连续休息制下的人员安排

	每天所需员工数/人						
	星期一	星期二	星期三	星期四	星期五	星期六	星期日
	4	3	4	2	3	1	2
员工 A	4	3	4	2	3	0	0
员工 B	3	2	3	1	0	0	2
员工 C	2	1	2	0	2	0	0
员工 D	1	0	0	0	1	1	0
员工 E	0	0	1	0	0	0	0

在表 12-15 中，员工 A、C 都是在星期六和星期日休息，员工 B 在周五和周六休息，员工 D 在周二和周三休息，员工 E 仅在周三工作，因为其他工作日不再需要员工了。注意：员工 C 和 D 在周四也不上班。

12.5.2　日工作制下的人员安排

日工作制下人员安排的目标就是使用尽可能少的员工来完成每天必需的工作，并使实际输出与计划输出的差距最小。

为了制订这个计划，银行管理人员（以银行为例）把诸如支票、结账单、投资证明等输入统称为"产品"，这些产品都要按规定的路线通过不同的过程或者"功能"（接收、分类和编译等）。对这些不同的功能，每天都预测其需求，通过计算这些需求量就可以知道每项功能所需要的人工工时，进一步求出每项功能所需要的工人数。然后将这些数据列表、求和，并且根据缺勤和空缺因素调整得到计划工时。接着将得到的计划工时除以每个工作日的工作时间就可以得到需要的工人数以及每天需要的人员工时（见表 12-16）。表 12-16 是部门人员制订计划的依据，据此，可以计划出所需员工数、可用工人数、计划输入和实际输出两者之间的差异，以及针对差异所采取的管理措施（见表 12-17）。

表 12-16　日工作制计划下的员工工时

		接收		预处理		微缩拍摄		核实		总计
产品	日批量	P/H	H_{std}	P/H	H_{std}	P/H	H_{std}	P/H	H_{std}	H_{std}
支票	2 000	1 000	2.0	600	3.3	240	8.3	640	3.1	16.7
结账单	1 000	—	—	600	1.7	250	4.0	150	6.7	12.4
备忘录	200	30	6.7	15	13.3		—			20.0
投资	400	100	4.0	50	8.0	200	2.0	150	2.7	16.7

续表

		接收		预处理	微缩拍摄		核实		总计
收费单	500	300	1.7		300	1.7	60	8.4	11.8
所需的总时间		14.4		26.3	16.0		20.9		77.6
1.25 倍时间（缺勤和空缺）		18.0		32.9	20.0		26.1		
除以 8 小时等于所需的员工		2.3		4.1	2.5		3.3		12.2

注：P/H 表示每小时的生产率，H_{std} 表示所需的时间。

表 12-17　员工计划

功　能	所需员工	可用人员	差　异	管理措施
接收	2.3	2.0	−0.3	加班
预处理	4.1	4.0	−0.1	加班
微缩拍摄	2.5	3.0	+0.5	用多余的人力去核实
核实	3.3	3.0	−0.3	从微缩拍摄处得到 0.3 的人力

12.5.3　小时工作制下的人员安排

小时工作制常见于餐饮等服务企业。因为餐饮业的特点是每个小时对员工人数的需求量都是不同的，特别是高峰期间需要的工作人员多，而在非高峰期间需要的人员少。管理人员必须要不断地调整以适应这种不断变化的情况。这种人员需求计划可以用一种简单的规则来实现：那就是"第一小时"原则。"第一小时"原则是在假定每个员工都是在 8 小时轮班工作制情况下进行的。它是指在第一小时，可以根据需求量来分配足够的员工来进行相应的工作，在接下来的时间段里，根据需要，增加工作人数，以满足每个时间段的需求。当在某个时间点上，一个或者几个员工下班了，就需要补足确实需要的员工来满足对人员的需求。

例 12-3　表 12-18 为一个 24 小时营业的餐厅中前 12 小时的员工需求情况。

表 12-18　某 24 小时营业的餐厅中前 12 小时的员工需求情况

	10 点	11 点	12 点	13 点	14 点	15 点	16 点	17 点	18 点	19 点	20 点	21 点
需求/人	4	6	8	8	6	4	4	6	8	10	10	6

计划是在 10 点分配 4 名员工，在 11 点和 12 点分别再增加两名员工以满足这两个时间段的人员需求。特别注意一下，在 14 点到 17 点出现了多余的员工。在 18 点的时候，有 4 名在 10 点上班的员工下班了，而这个时候却需要 8 名员工，所以必须另外再增加 4 名员工开始进行轮班工作。同样，在 19 点的时候，11 点开始上班的两名员工下班了，这时可用的人数降到了 6 个，因此，根据需求，需要再增加 4 名员工。这样，在 21 点的时候就有 10 个人在岗了，超出了需求人数，因此不再需要增加员工。如果有了新的需求时，继续执行该程序（见表 12-19）。

表 12-19　某 24 小时营业的餐厅前 12 小时的员工分配结果

	10 点	11 点	12 点	13 点	14 点	15 点	16 点	17 点	18 点	19 点	20 点	21 点
需求/人	4	6	8	8	6	4	4	6	8	10	10	6
分配	4	2	2	0	0	0	0	0	4	4	2	0
工作中	4	6	8	8	8	8	8	8	10	10	10

注：18 点的 8 人与之前时间段的 8 人是不同的，因为存在下班的人数，之后的 19 点、20 点也是一样。

12.6　服务部门随机服务系统排序

一般来说，顾客申请服务的时间和得到服务的时间都是随机变量，这是产生排队现象的根本原因。

12.6.1　随机排队模型

一般情况下，随机服务系统都是由输入过程、排队规则和服务结构三部分构成的。

（1）输入过程。输入即指顾客到达并提出申请服务的过程。

（2）排队规则。当所有的服务台前都有顾客时，顾客就需要排队了，为顾客进行服务采用的规则通常是 FCFS、LCFS、随机规则、有优先权先服务规则等。

（3）服务结构。服务结构是指提供服务的服务人员数或服务台数。如理发店有几个理发师、火车站有几个售票窗口、银行有几个营业窗口，以及它们的服务时间。根据服务台的多少以及它们之间的相互关系，服务结构可分为单队单服务台、多队多服务台等。

表 12-20 显示了 6 种典型的排队模型的特性。

表 12-20　6 种典型的排队模型的特性

模型	分布	服务阶段	顾客源	到达方式	排队规则	服务时间分布	队列允许长度	典型例子
1	单通道	单阶段	无限	泊松	FCFS	指数	无限	银行出纳服务系统，单通道收费桥收费系统
2	单通道	单阶段	无限	泊松	FCFS	均匀分布	无限	游乐园的滑行车道
3	单通道	单阶段	无限	泊松	FCFS	指数	有限	冰激凌店，餐馆收银员
4	单通道	单阶段	无限	泊松	FCFS	离散分布	无限	洲际航班
5	单通道	单阶段	无限	泊松	FCFS	爱尔朗	无限	单人美发店
6	多通道	单阶段	无限	泊松	FCFS	指数	无限	汽车经销商零部件供应柜台，双通道收费桥收费系统

下面以表 12-20 中的模型 1 为例，介绍该模型的定量描述方法。模型 1 的定量描述需要用到以下一些参数。

λ：平均到达率。

μ：平均服务率。

ρ：服务能力利用率，$\rho = \lambda / \mu$。

P_0：服务系统中没有顾客的概率。

P_n：服务系统中顾客数为 n 的概率。

L_s：服务系统中顾客的平均数。

L_q：处于排队等待状态中的顾客的平均数。

W_s：每位顾客在该服务系统中的平均停留时间。

W_q：每位顾客排队的平均时间。

则模型 1 中的一些相关公式如下。

$$P_0 = 1 - \frac{\lambda}{\mu} = 1 - \rho$$

$$P_n = \left(\frac{\lambda}{\mu}\right)^n P_0 = \rho^n P_0$$

$$L_s = \frac{\lambda}{\mu - \lambda}$$

$$L_q = L_s - \rho = \frac{\rho\lambda}{\mu - \lambda}$$

$$W_s = \frac{1}{\mu - \lambda}$$

$$W_q = \frac{\rho}{\mu - \lambda}$$

例 12-4 某理发店有一名技术相当好的理发师，很多顾客都慕名前来，其顾客的到达方式服从泊松分布，顾客的理发时间服从指数分布，已知 $\lambda = 4$ 人/小时，$\mu = 5$ 人/小时。根据以上公式，可以计算出该理发师服务系统的各参数。

$$\rho = \frac{\lambda}{\mu} = \frac{4}{5} = 80\%$$

$$L_q = L_s - \rho = \frac{\rho\lambda}{\mu - \lambda} = \frac{80\% \times 4}{5 - 4} = 3.2$$

$$W_q = \frac{\rho}{\mu - \lambda} = \frac{80\%}{5 - 4} = 0.8$$

因此，该理发师服务能力的利用率为 80%，平均有 3.2 个顾客在等待接受理发服务，每位顾客平均需要等待 0.8 个小时才能接受服务。

12.6.2 控制顾客到达率的措施和方法

要想提高顾客服务水平，就需要采取一定的措施和方法控制顾客的到达率，最终达到降低顾客需求随机性的目的（注：随机性是不可以消除的，只可以降低）。

（1）预约。预约可以控制顾客到达的时间，因为服务者和顾客都是根据自己的时间来安排的，这样可以提高服务能力的利用率，同时也可以降低顾客等待的时间，从而最终提高服务质量。

（2）差异定价方法。通过适当提高高峰期的价格，或降低低谷期的价格，可以将高峰期的一些顾客需求转移到低谷期，充分利用服务能力。如卡拉 OK 厅采取白天价格比晚上价格低、工作日比周末低，电信局实行晚间长途电话价格减半的策略，旅游景点采取淡季价格比旺季价格低的策略。

本 章 习 题

一、判断题

1. 横向加载是指向工作中心分配作业任务时，采用无限负荷法，并且不去考虑作业任务的优先性。（　　）

2. 运用约翰逊法则实现 $n/2$ 作业排序的基本要求是：两个或者更多的作业分别在两台机器上以不同的工序进行加工。（　　）

3. $n/1$ 作业排序就是 n 种工件在单台设备上加工的排序，n 的唯一约束条件就是——它必须是确定的有限的数字。（　　）

4. 甘特图是作业排序与作业跟踪控制中最常用的一种方法，能够普遍运用于作业、任务、项目等的计划和控制。（　　）

5. 匈牙利方法的基本思想是，在各种指派方案的时间（成本）预算表的基础上，通过表上作业法，得出总时间（成本）最低的指派方案。（　　）

二、选择题

1. 需求确定情况下的服务部门的人员排序方法主要包括（　　）。

A. 连续休息日下的人员安排　　　　　　B. 随机需求服务规则

C. 日工作制下的人员安排　　　　　　　D. 小时工作制下的人员安排

2. 车间作业控制常用的工具和方法是（　　）。

A. 日常调度单　　　　　　　　　　　　B. 各种状态和异常报告

C. 甘特图　　　　　　　　　　　　　　D. 输入输出控制

3. $n/1$ 作业排序经常使用的排序规则有（　　）等。

A. 最短加工作业时间规则　　　　　　　B. 先到先服务规则

C. 交货期规则　　　　　　　　　　　　D. 关键比率规则

4. 一般情况下，随机服务系统都是由（　　）构成。

A. 输入过程　　　　　B. 输出过程　　　　　C. 排队规则　　　　　D. 服务结构

思考题

1. 什么是作业排序？为什么要进行排序？

2. 请举例说明作业排序的几种常用的优先规则。

3. 在期末考试时，你使用什么样的优先规则来安排你的学习时间？如果你有 5 门考试科目，你会有几个备选计划？

4. 在众多的评价标准中，SPT 规则提供了一个最优方案。那么，一个银行经理应该用 SPT 规则作为优先规则吗？为什么？

5. 什么样的作业适宜按照"处理时间最长的作业首先进行"原则进行排序？

6. 在什么情况下使用作业指派方法？

7. 试述连续休息日下的人员安排。

8. 与制造作业排序相比，服务作业排序有哪些重要特征？

案例分析

麦当劳在中国市场的作业流程

假设中午你想到快餐店就餐，而不是去通常的饭店或自己烧菜。最主要的动因是什么？那一定是想省点时间。

醒目且选择有限的套餐最大化减少了顾客徘徊不定的时间。顾客清楚地喊出 1 号或 2 号套餐，又极大地方便了服务人员配餐。所有这些不都是在为顾客节省时间吗？对照一下国内有些小吃店的做法。墙上挂满了做工精致的木牌，但上面字却是那么小，不到近处很难看清楚上面的食品名称和价格。加之，没有固定组合，选来选去，既耽误了自己的时间，又影响到别的顾客选择。

麦当劳制定了详细的、标准化作业流程，以便在没有排队等候的情况下，顾客也能在 2 分钟以内得到他们所需要的全部食品。

麦当劳使用标准化的设备，按照标准规范培训操作人员，以执行标准化的食品加工流程。麦当劳餐厅仿佛是一家高度自动化的工厂。为了达到规范与统一，麦当劳在食品加工线上大量采用自动化的设备，这样就减少了人的判断和误差。麦当劳把烤制食品的时间精确到秒。怎样翻动面包、面包烤好后怎样在上面添加配料、肉饼怎样起锅等都是标准化的。标准化的作业流程极大地减少了食品准备和配送时间。

麦当劳实行标准化的设施布置。麦当劳把标准化的设施布置应用在以下几个方面。

（1）厨房布置和物料摆放标准化，所有的食物都事先放在纸盒或饮料机里。

（2）为实现得来速餐厅真正的快捷性，麦当劳设计了环绕型车道。在距餐厅不远的地方装上通话器，上面标有醒目的食品名称和价格。乘客经过时，只要打开车门，对着通话器报上所需食品，当车行驶到食品配送窗口时，就能一手交钱，一手拿取食品，并能立刻驱车上路。

人们可能并不认为麦当劳提供的食物是世界上最好的，但都认为它是世界上最好的快餐店。万变不离其宗，作为快餐，最为核心的一定是"快"与"餐"。而麦当劳就牢牢地抓住了这两个要旨。

资料来源：https://wenku.baidu.com/view/05474a4e83d049649a665827.html。

【问题】

1. 结合案例说明麦当劳作业流程设计的标准与原则？

2. 应该遵循什么样的程序，才能使麦当劳具有充分的灵活性来适应顾客对于"快"的需求，同时保证不流失顾客？

第 4 篇

运营系统维护与修正

4

❖ 质量管理
❖ 硬件维修与软件维护管理
❖ 业务流程再造

第 13 章

质量管理

【学习目标】

1. 理解质量的概念以及核心特征；
2. 了解全面质量管理的思想和内涵；
3. 了解过程控制能力和抽验检验理论的内容和应用；
4. 认识服务业全面质量管理的特征。

【导入案例】　　　　上汽通用汽车有限公司的召回计划

2015 年 7 月 16 日，上汽通用汽车有限公司向国家质检总局备案了召回计划，将自 2015 年 10 月 1 日起，召回部分进口 2009—2012 年款别克昂科雷汽车，生产日期为 2008 年 8 月 15 日至 2012 年 2 月 1 日。据该公司统计，在中国大陆地区共涉及 23 309 辆。本次召回范围内的车辆，在长期使用后，后举升门气压撑杆内可能有杂质颗粒进入，导致气压下降，由于后举升门的保护程序不够完善，极端情况下，气压撑杆不足以将后举升门维持在全开状态，若人员忽视或未注意到车辆的报警提示，并在后举升门开启区域内停留，会增加人员受伤风险，存在安全隐患。上汽通用汽车有限公司将为召回范围内的车辆采取对后举升门的保护程序进行升级并检修后举升门气压撑杆的措施，以消除该隐患。

上汽通用汽车有限公司将通过别克特约售后服务中心主动与用户联系，安排免费检修事宜。用户可拨打免费客户服务热线、登录国家质检总局网站进出口商品检验栏目或缺陷产品管理中心网站、关注微信公众号来了解本次召回的详细信息。此外，还可拨打国家质检总局缺陷产品管理中心热线电话或地方出入境检验检疫机构的质量热线反映在召回活动实施过程中的问题或提交缺陷线索。

资料来源：http://finance.sina.com.cn/roll/2016-05-27/doc-ifxsqxxu4547506.shtml。

13.1　质量与质量管理

小资料

在第二次世界大战之后，日本从美国引进了质量管理，坚决持续地进行质量改进，创立了日本式的全面质量控制（total quality control，TQC），一举使"日本制造"成为世界高级产品的象征，日本因此成为世界经济强国。美国质量管理专家朱兰（J. M. Juran）在考察了日本经济之后曾说："日本的经济复兴，是一次成功的质量革命。"无疑，质量问题已经成为世界性的主题，这一切缘于质量因素的复杂性、质量问题的严重性及质量地位的重要性。

13.1.1 质量的概念

ISO 9000（2000 版）标准对质量的定义为：一组固有特性满足要求的程度。该定义中，固有特性是指满足顾客和其他相关方要求的特性，并由其满足要求的程度加以表征。美国质量管理专家朱兰给质量下的定义非常简单：质量就是适用性。朱兰认为组织应该更多地站在顾客或用户的立场思考问题，"任何组织的基本任务就是提供满足顾客要求的产品，包括服务。"而另一位著名学者费根堡姆（Feigenbaum）对质量的定义为：产品和服务的营销、工程、制造和维护的总复合特征，通过这些特征，使用中的产品或者服务将满足顾客的期望。不难看出，费根堡姆的质量定义的顾客属性更为明显，客户对产品的预期使用影响了产品的质量。根据朱兰等人 1988 年的观点，质量具有以下 5 种特性：

（1）技术方面的特征（如强度和硬度）；

（2）心理方面的特性（如味道、美感、身份）；

（3）与时间有关的特性（如可靠性和可维护性）；

（4）合同方面的特性（如质量担保条款）；

（5）伦理道德方面的特性（如销售人员的谦恭有礼、诚实）。

而美国学者戴维·嘉文（David Garvin）则更为具体地提出了质量含义的 8 个方面。

（1）性能。指的是产品工作的基本特征。例如，电视机的性能意味着声音、图像清晰度、颜色以及收到信号的能力；服务行业的性能通常指快捷的服务。

（2）特色。指为使顾客使用更加便利的附加功能，它是产品性能的次要方面。如飞机上的免费饮料，电视机的遥控器。

（3）可靠性。指产品在特定的一段时间内不会出现问题的概率。通常以产品出现问题的平均时间来测定。

（4）一致性。是指产品或服务与其说明书的一致程度。如加工零件的公差，饮料中的维生素含量是否达标。

（5）持久性。是对产品使用生命周期的衡量。通常是指产品已不能再修理而必须进行更换之前的持续时间。

（6）服务性。这里指速度、熟练性和修理的难易。指产品出现问题时修理的准备情况和难易程度。

（7）美感。用来衡量产品外观、感觉、声音、味道和气味。这显然是个人的判断，因人而异。

（8）可感觉的质量。客户并不总有产品或服务的完全信息，如产品的持久性就很难觉察。它必须对产品的有形和无形方面加以推断。客户对质量的印象实质上就是可感觉的质量。

从以上质量的定义能够看出，现代质量管理特别强调从满足客户需求的角度来评价产品或服务的质量，但是客户需求是动态的、广泛的，因而质量具有广义性、时效性、相对性和经济性的特征。

广义性：质量不仅指产品质量，还包括过程、体系的质量。

时效性：顾客及利益相关方的需求因时间、地点而变化，质量要求必须不断作出调整。

相对性：由于客户及利益相关方的需求日趋多元化、个性化，即使是对同一产品的同一功能也可能提出不同的需求。只要能满足需求，就应该是质量好的。没有绝对的评价标准。

经济性："物美价廉"和"性价比"都反映出质量的经济性，质量及价格是产品在市场中的两个参数。

▶ 学习误区 ◀

对一些学习和从事管理工作的人士来讲，对质量问题存在着很多误解，尤其是以下几个方面。

（1）认为质量意味着好、奢侈、光亮或者分量。质量定义为符合要求，如果质量符合要求就是有质量的，著名质量管理学家菲利普·克劳士比（Philip B. Crosby）认为这是理解质量问题必须首先澄清的问题。

（2）质量是无形的，因而是无法衡量的。质量是以质量成本来衡量的，质量成本就是不符合要求所造成的浪费。

（3）质量的一切问题都是工人，特别是那些制造工厂的工人所引起的。实际上，只有在管理层作出正确决策的基础上工人才能做出合格的产品。

13.1.2　质量管理

1. 质量管理的概念

质量管理是在质量方面指挥和控制组织的协调的活动。在质量方面的指挥和控制活动，通常包括制定质量方针和质量目标、质量策划、质量控制、质量保证和质量改进。

这一概念可以从以下几个方面来理解。

（1）制定质量方针、质量目标，为实现质量目标实施质量策划、质量控制、质量保证、质量改进等全部活动，即为质量管理。

（2）质量管理职能是通过建立实施、保持和持续改进质量管理体系来实现的。

（3）质量管理必须由组织的最高管理层来推动才能取得成功，这是构成各项管理的重要内容。

2. 质量管理的发展过程

质量的历史可大致分为三个阶段：质量检验阶段、统计质量控制阶段和全面质量管理阶段。

1）质量检验阶段（20世纪初至20世纪20年代）

这一阶段的特点就是按照标准规定，对成品进行检验，即从成品中挑出不合格品，这种质量管理方法的任务就是防止不合格品流入市场。这个阶段的弱点在于：其一，无法预防废品产生，废品产生之后很难补救；其二，对成品进行全数检验，经济上很不合理，在某些情况下也不现实（如破坏性实验）。随着生产规模的扩大，这种弊端更加突出。

▶ 小资料 ◀

20世纪初，美国出现了流水作业等先进的生产方式，提高了对质量检验的要求，随之在企业管理中出现了专门的质量检验人员，成立了专职的质检部门。

2）统计质量控制阶段（20世纪20年代至20世纪70年代）

统计质量控制方法利用数理统计原理，使质量管理的职能由专职检验人员转移给专业的质量工程师承担，这标志着将事后检验的观念转变为预测质量事故的发生并事先加以预防的观念。但在这个阶段由于过分强调质量控制的统计方法，忽视了组织管理工作，使得人们误认为"质量管理就是统计方法"，并且由于数理统计方法理论比较深奥，因而对质量管理产生了一种"高不可攀、望而生畏"的感觉，认为是"质量管理专家的事情"，在一定程度上阻碍了数理统计方法的普及和推广。

小资料

美国贝尔实验室工程师休哈特（W. A. Shewhart）提出统计过程控制（SPC）对生产过程进行监控，以减少对检验的依赖。这种新方法解决了事后把关的不足。1930 年，贝尔实验室的另两名成员道奇（H. F. Dodge）和罗米格（H. G. Romig）又提出了统计抽样方法，并设计了实际使用的"抽验检验表"，解决了全数检验和破坏性检验在应用中的困难。

20 世纪 50 年代，美国著名质量管理专家戴明（W. Edwards Deming）提出质量改进的观点，在休哈特之后系统和科学地提出用统计学的方法进行持续改进；强调大多数质量问题是生产和经营系统的问题；强调最高管理层对质量管理的责任。此后，戴明不断完善他的理论，最终形成了对质量管理产生重大影响的"戴明十四法"。

3）全面质量管理阶段（20 世纪 70 年代至今）

全面质量管理早期也被称为全面质量控制，现在国际上通用全面质量管理（total quality management，TQM）一词。全面质量管理首先由美国质量管理专家费根堡姆提出，他在 1961 年出版的《全面质量管理》一书中正式提出"全面质量管理"这一概念，指出：为了生产具有合理成本和较高质量的产品，以适应市场的需求，只注意个别部门的活动是不够的，需要对覆盖所有职能部门的质量活动进行策划。

综上所述，质量管理发展的 3 个阶段的区别在于：质量检验阶段靠的是事后把关，是一种防守型的质量管理；统计质量控制阶段主要在生产过程中实施控制，通过控制原因而实现预期的目标，是一种预防型的质量管理；而全面质量管理，则保留了两者的长处，以满足客户的要求为目标，对产品生命周期的整个过程实施管理，是一种"全面的、全过程的、全员参加"的质量管理。

3. 质量管理的基本内容

（1）质量方针：由组织的最高管理者正式发布的该组织总的质量宗旨的方向。通常质量方针与组织的总方针一致，并为制定质量目标提供框架。

（2）质量管理体系：质量管理体系是指实施质量管理的组织结构、职责、程序、过程和资源。质量管理体系是质量管理的组织管理。ISO 9000：2000 系列标准确立了质量管理的 8 项原则：以客户为关注焦点、领导作用、全员参与、过程方法、管理的系统方法、持续改进、基于事实的决策方法以及与供方的互利关系。

（3）质量策划：致力于制定质量目标，并规定必要的运行过程和相关资源，以实现质量目标。质量策划通常包括产品策划、过程、产品实现、资源提供和测量分析改进等诸多环节的策划。

（4）质量控制：致力于满足质量要求。质量控制的目标是确保产品、体系、过程的固有特征达到规定要求的核心步骤。

（5）质量保证：所谓质量保证，是指为使人们确信某实体能满足质量要求，在质量体系内所开展的并按需要进行正式的有计划和系统的全部活动。质量保证的核心思想是强调对用户负责，其核心问题在于使人们相信某一组织有能力满足规定的质量要求，给用户、第三方和本企业最高管理层提供信任感。

质量保证分为内部质量保证和外部质量保证。内部质量保证是质量管理职能的一个有机组成部分，是为了企业各层管理者确信本企业具有满足质量要求的能力所进行的活动。外部质量保证是为了使用户和第三方确信供方具备满足质量要求的能力所进行的活动。

（6）质量改进：是质量管理的一部分，致力于增强满足质量要求的能力，是一个企业持续改进和提高的过程。

（7）质量成本：质量成本是为了保证满意的质量而发生的费用以及没有达到满意的质量而造成的损失，它是总成本的一个组成部分。质量成本主要包括运行质量成本和外部保证成本两个部分（见表 13-1）。

表 13-1 质量成本的构成表

类 别		定 义	内 容
运行质量成本	预防成本	最小化失败和检测的费用	质量计划工作费用、新产品审查评定费用、培训费用、工序控制费用、收集和分析质量数据费用、质量报告费用
	检验成本	测定质量是否符合标准的费用	进货检验费、零件检验与试验费、成品检验与试验费、测试手段维护保养费、检验材料的消耗或劳务费、检测设备的保管费、质量审计
	内部故障损失	在顾客接收到产品或服务之前的故障所引起的费用	废品损失、返工损失、复检费用、停工损失、降低产量损失、处理费用/失败分析、重新试验费用
	外部故障损失	在顾客接收到产品或服务之后的故障所引起的费用	处理用户申诉费、以旧换新、退货损失、保修费用、折价损失、违反法律的责任损失、形象损失
外部保证成本		在合同环境条件下，根据用户提出的要求，为提供使人们确信某实体能满足质量要求的客观证据所支付的费用	为提供附加的质量保证措施、程序、数据等所支付的费用；产品的验证实验和评定的费用，如经认可的独立试验机构对特殊的安全性能进行检测试验所发生的费用；为满足用户要求，进行质量体系认证所发生的费用等

13.2 全面质量管理

13.2.1 全面质量管理概念的提出

美国学者费根堡姆在 1961 年出版的《全面质量管理》一书中正式提出"全面质量管

理"这一概念，费根堡姆将全面质量管理定义为：在充分考虑满足客户要求的条件下，在最经济的水平上进行市场研究、设计、生产和服务，把企业各部门的研制质量、维持质量和提高质量的活动构成一体的有效体系。全面质量管理有两个核心：一是永无止境地推进质量改进，即持续不断地改进质量；二是追求用户满意的目标，要不断地满足或超出用户的期望。

全面质量管理的特点主要体现在"全面"上，所谓"全面"可以从以下 4 个方面理解。

（1）TQM 是全面质量的管理。全面质量就是产品质量、过程质量和工作质量。全面质量管理的重要特征就是不仅仅局限于产品质量，而是从保证产品质量入手，用工作质量保证产品质量。

（2）TQM 是全过程的管理。全过程是相对于制造过程而言的，就是要求把质量管理活动贯穿于产品质量生产、形成和实现的全过程，全面落实预防为主的方针。

（3）TQM 是全员参与的质量管理。提高产品质量必须依靠企业全体员工的努力，特别是高层管理者的重视。全体员工都要具备质量意识，承担具体的质量职能，积极关心产品质量。

（4）TQM 是全社会推动的质量管理。全面质量管理的开展要求全社会推动这一点之所以必要，一方面是因为一个完整的产品往往需要许多企业共同协作完成，而单独依靠企业内部的质量管理无法完全保证产品质量。另一方面，来自全社会宏观质量活动所创造的社会环境可以激发企业提高产品质量的积极性和认识到其必要性。例如，通过优质优价等质量政策的制定和贯彻，以及实行质量认证、质量立法、质量监督等活动以取缔低劣产品的生产，使企业认识到，生产优质产品无论对社会还是对企业都有利，从而认真对待产品质量问题和质量管理问题，使全面质量管理得以深入持久地开展下去。

13.2.2　全面质量管理的内容

全面质量管理是生产经营活动全过程的质量管理，要将影响产品质量的一切因素都控制起来，主要应抓好以下几个环节的工作。

1. 市场调研

市场调研过程要了解用户对产品质量的要求，以及对本企业产品质量的反映，为下一步工作指明方向。

2. 产品设计

产品设计是产品质量形成的起点，是影响产品质量的重要环节。设计阶段要制定产品的生产技术标准。为使产品质量水平设计得先进合理，可以利用经济分析方法，根据质量与成本和售价之间的关系来确定最佳质量水平。

3. 采购

原材料、协作件、外购件的质量对产品质量的影响非常明显，因此，要从供应单位的产品质量、价格和履约能力等方面来选择供应商。

4. 制造

制造过程是产品实物形成的过程，制造过程的质量管理主要通过控制影响产品质量的各种因素，即操作者的技术熟练水平、设备、原材料、操作方法、检测手段和生产环节来保证产品质量。

5. 检验

制造过程中同时存在着检验过程。检验在生产过程中起把关、预防和预报作用。把关就是及时挑出不合格品，防止其流入下道工序或出厂；为了更好地起到把关和预防的作用，同时兼顾减少检验费用和时间的考虑，要正确选择检验方式和方法。

6. 销售

销售是产品质量实现的重要环节。销售过程中要实事求是地向用户介绍产品的性能、用途、优点等，防止不切实际地夸大产品质量，影响企业信誉。

7. 服务

抓好对用户的服务工作，如提供技术服务、编制好产品说明书、开展咨询活动、解决用户的疑难问题、及时处理出现的质量问题等。对用户服务的质量影响着产品的使用质量。

13.3 全面质量管理的方法

13.3.1 PDCA 循环方法

在质量管理活动中，要求把各项工作按照"作出计划—实施计划—检查实施效果"的顺序，将成功的纳入标准，不成功的留待下一循环去解决的工作方法，这就是质量管理的基本工作方法，实际上也是企业管理各项工作的一般规律。这一工作方法简称为 PDCA 循环。P（plan）是计划阶段，D（do）是执行阶段，C（check）是检查阶段，A（action）是处理阶段。PDCA 循环是美国质量管理专家戴明最先总结出来的，又称为戴明环。

1. PDCA 循环步骤

在 PDCA 循环的 4 个阶段共有 8 个步骤。

属于计划阶段的步骤有 4 个：① 找出所存在的问题；② 寻找问题存在的原因；③ 找出其中的主要原因；④ 针对主要原因，研究、制定措施。措施计划要明确采取措施的原因（why）、执行措施预期要达到的目标（what）、在哪里执行措施（where）、由谁来执行（who）、何时开始执行和何时完成（when），以及如何执行（how），通常简称为要明确 5W1H 问题。

属于实施阶段的步骤有 1 个：贯彻和执行措施，即按规定的目标和方法实实在在地去做。

属于检查阶段的步骤有 1 个：调查执行效果，即检查计划实施的结果是否与计划阶段所制定的目标相一致。

属于处理阶段的步骤有 2 个：① 巩固措施，即把成功的经验和失败的教训加以总结，形成标准（即制度化和规格化），指出应该怎样做和不应该怎么做；② 对遗留问题，提交到下一循环解决。

2. PDCA 循环特点

1）按顺序循环

PDCA 循环一定要按顺序形成一个大环，像一个车轮，不停地转动，每转一次提高一步。

2）大环套小环，互相促进

如果把整个企业的工作作为一个大的 PDCA 循环，那么各个部门、小组还有各自小的 PDCA 循环，就像一个行星轮系一样，大环带动小环，大环指导和推动着小环，小环又促进了大环，有机地构成一个运转的轮系，如图 13-1 所示。

3) 循环按阶梯式上升

PDCA 循环要周而复始地进行，每一次循环都有新的内容和目标，因而就会前进一步，解决一批问题，质量水平就会有新的提高。犹如上楼梯一样逐步上升，如图 13-2 所示。

在解决问题的过程中，常常不是一次 PDCA 循环就能够完成的，需要将 PDCA 循环持续下去，直到彻底解决问题。每经历一次循环，都需要将取得的成果加以巩固，也就是修订和提高标准，按照更高的新标准衡量现状，必然会发现新的问题，这也是为什么将循环持续下去的原因和方法。每经过一个循环，质量管理会达到一个更高的水平，不断坚持 PDCA 循环，就会使质量管理不断取得新成果。

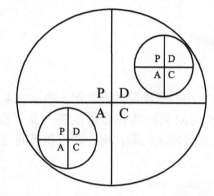

图 13-1　PDCA 循环大环套小环示意图

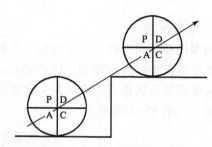

图 13-2　PDCA 循环阶梯式上升

13.3.2　其他方法

1. 检查

包括度量、考察和测试。

2. 控制图

可以用来监控任何形式的输出变量，可用于监控进度和频率等的变化，判断产品（服务）过程是否处于受控状态。其具体介绍见 7.5.2 节的内容。

3. 统计样本

对产品（服务）执行情况的统计值是质量管理的基础，统计样本涉及了样本选择的代表性，合适的样本通常可以减少质量管理的费用，当然这需要一些样本统计方面的知识，质量管理者有必要熟悉样本变化的技术。

4. 流程图

流程图通常被用于质量管理过程中，其主要目的是确定以及分析问题产生的原因。

5. 鱼刺图

通过对产生问题原因和结果的分析进一步剖析产生质量问题的根源，从而从深层次进行改进和完善。如图 13-3 所示。

6. 趋势分析

趋势分析是应用数学技术，根据历史数据预测未来的发展，趋势分析通常被用来监控：

（1）技术参数，多少错误或缺点已被识别和纠正，多少错误仍然未被校正；

（2）费用和进度参数，多少工作在规定时间内被按期完成。

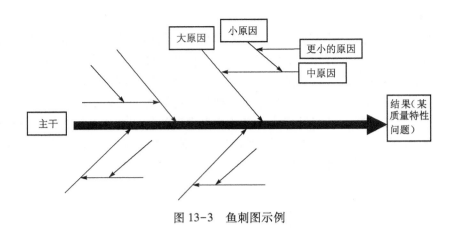

图 13-3　鱼刺图示例

7. 帕累托图

帕累托图又叫排列图、主次图，是按照发生频率大小顺序绘制的直方图，表示有多少结果是由已确认类型或范畴的原因所造成。它是将出现的质量问题和质量改进产品（服务）按照重要程度依次排列而采用的一种图表。可以用来分析质量问题，确定产生质量问题的主要因素。如图 13-4 所示。

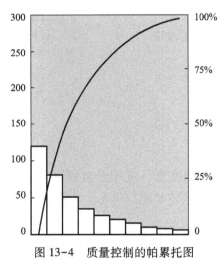

图 13-4　质量控制的帕累托图

排列图用双直角坐标系表示，左边纵坐标表示频数，右边纵坐标表示频率，分析线表示累积频率，横坐标表示影响质量的各项因素，按影响程度的大小（即出现频数多少）从左到右排列，通过对排列图的观察分析可以抓住影响质量的主要因素。

13.4　过程能力控制

过程能力控制是运用统计过程控制（statistical process control，SPC）技术对生产过程的各阶段进行监控，并对过程出现的异常进行预警，从而达到改进与保证质量的目的。1924年美国的休哈特（W. A. Shewhart）提出了过程控制的概念与实施过程监控的方法，并首先提出用控制图对生产过程质量进行监控，以达到预防为主的目的。

13. 4. 1　过程能力与过程变异

过程能力（process capability）是指处于稳定状态下的生产过程本身创造符合设计及符合顾客要求的产品的能力，它反映了过程波动的大小。过程变异则是指过程在每次交付产品或服务时无法准确产生相同结果的现象。

影响过程能力的因素主要包括设备、工艺、材料、操作、环境等方面。由这些基本因素导致的变异有两类：随机性变异和系统性变异。理想情况下，在过程中应该只存在随机性变异，但实际生产过程中还不可避免地存在着系统性变异。

通常情况下，处于统计受控状态的过程仅受随机性因素的影响，因此过程的质量特征值服从正态分布。由概率论可知，正态分布曲线的特性可用均值 μ 和标准差 σ 两个参数来表征。标准差 σ 越小则正态曲线越高、越窄，说明过程质量特征值波动的范围越小，过程能力越充分；反之，σ 越大则正态曲线越低、越宽，说明过程质量特征值波动的范围越大，过程能力越不足。

过程能力分析是质量改进中一项非常重要的工作，主要分析生产过程满足产品规范的程度，用于发现过程的质量瓶颈和过程中存在的问题，明确质量改进方向。

13. 4. 2　过程能力指数

过程能力指数是表示过程能力满足产品技术标准的程度。技术标准是指加工过程中产品必须达到的质量要求，记为 C_P。通常以标准（公差）范围 T 与过程能力 B（$B=6\sigma$）的比值来表示。

作为技术要求满足程度的指标，过程能力指数越大，说明过程能力越能满足技术要求，甚至有一定的能力储备。但是不能认为过程能力指数越大，加工精度就越高，或者说技术要求越低。

13. 4. 3　过程能力指数的计算

根据数据类型的不同，采用的衡量指标也不一样，下面分别介绍。

1）计量值的过程能力指数的计算

按照前面关于 C_P 的定义

$$C_P = \frac{公差范围}{过程能力} \tag{13-1}$$

如果公差范围用 T 表示，过程能力用 6σ（过程能力 B 用样本标准差来表示）表示，则过程能力指数的一般表达式为：

$$C_P = \frac{T}{6\sigma} = \frac{T_U - T_L}{6\sigma} \tag{13-2}$$

式中：T_U 为公差上限；T_L 为公差下限；$T = T_U - T_L$。

通常标准差 σ 是未知的参数，因此往往用样本标准差 s 作为 σ 的估计值，即：

$$s = \sqrt{\frac{\sum_{i-1}^{n} (x_i - \bar{x})^2}{n-1}} \qquad (13-3)$$

定义 $\hat{C}_P$ 为相应的 C_P 的估计值，则有：

$$\hat{C}_P = \frac{T_U - T_L}{6s} \qquad (13-4)$$

由式（13-4）可以看出，C_P 值与公差范围的大小成正比，与标准差的大小成反比。

在上面的计算中，并未考虑均值的偏移现象，如图 13-5 所示。如果均值发生偏移，即产品质量特征值的分布中心 μ 与公差中心 M 不重合时，C_P 的值就会改变。此时，用 C_{PK} 来计算过程能力，因此，C_P 也称为理想的过程能力指数。

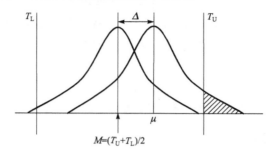

图 13-5　工序分布中心与公差中心不重合

C_{PK} 的计算见式（13-5）。

$$C_{PK} = \min\left\{\frac{T_U - \mu}{3\sigma}, \frac{\mu - T_L}{3\sigma}\right\} = \frac{T_U - T_L - 2\Delta}{3\sigma} = (1-k)C_P \qquad (13-5)$$

式（13-5）中，$\Delta = \left| \mu - M \right| = \left| \mu - \dfrac{T_U + T_L}{2} \right|$，表示分布中心和公差中心的绝对偏移量；$\mu$ 为实际工序分布中心；M 为公差中心，$M = \dfrac{(T_U + T_L)}{2}$；$k = \dfrac{2\Delta}{T_U - T_L}$，表示相对偏移系数。

前面仅仅讨论了具有双侧公差的过程能力指数计算，下面讨论单侧公差的情况。

只对公差上限有要求，而对公差下限不做要求时：

$$C_{PU} = \frac{T_U - \mu}{3\sigma} \qquad (13-6)$$

只对公差下限有要求，而对公差上限不做要求时：

$$C_{PL} = \frac{\mu - T_L}{3\sigma} \qquad (13-7)$$

当存在均值的偏移时：

若仅有公差上限，则 $C_{PU} = C_{PK}$；

若仅有公差下限，则 $C_{PL} = C_{PK}$。

过程能力的质量水平值可根据过程能力指数划分为 5 个等级：$C_P > 1.67$，特级，能力过高；$1.67 \geqslant C_P > 1.33$，一级，能力充分；$1.33 \geqslant C_P > 1.0$，二级，能力尚可；$1.0 \geqslant C_P > 0.67$，

三级，能力不足；$C_P \leqslant 0.67$，四级，能力严重不足。

2）计数型数据过程能力指标的计算

在实际生产中，有些过程的输出不能用计量值数据来衡量，只能根据是否存在缺陷及缺陷的多少来判定过程能力高低，常用 DPU 和 DPMO 两个指标来表示计数型过程能力。

DPU——单位产品缺陷数（defect per unit）。其计算见式（13-8）。

$$DPU = \frac{样品中检测出的缺陷个数}{样品中单位产品个数} \qquad (13-8)$$

DPU 虽然能反映出过程质量的高低，但不能表示过程相对质量的高低。为了横向比较过程间的相对质量，常使用 DPMO——每百万出错机会中的缺陷数（defect per million opportunities，有时候也称 PPM）表示过程质量水平。

$$DPMO = \frac{DPU \times 10^6}{单位产品上出现缺陷的机会数} \qquad (13-9)$$

3）过程能力计算中应注意的问题

只有计算正确的过程能力指数才能客观、真实地反映出过程的生产能力，因此计算过程能力指数前必须注意以下前提条件。

（1）选取关键质量特性值，确保准确发现问题。非关键质量特性值由于不能真实、准确地反映顾客需求，因此不利于后续的分析工作。

（2）符合正态性假设才能判断过程是否处于统计受控状态（稳定状态），进而准确估计过程的不合格品率。

（3）确保过程能力的稳定才能计算过程能力指数，对于不稳定的过程，计算 C_P 和 C_{PK} 是没有任何意义的。

（4）符合独立性假设才能保证数据反映实际的加工能力。

（5）确立合格的抽样方案，样本的容量要适当，一般为 100~200，只有在破坏性抽样或抽样费用高、时间长的情况下才使用小样本。

（6）异常值会影响到数据分布的正态性，也会使样本均值、样本差失真，不能真实反映实际过程，因此在计算过程能力指数之前，应首先检查有无异常值的存在。

适宜的过程能力指数应根据具体产品的规格要求来确定，一般机械加工要求的过程能力较低，精密加工则对过程能力要求较高。

13.5　抽　样　检　验

13.5.1　全数检验与抽样检验

1. 全数检验

所谓全数检验，就是对全部产品逐个地进行审核，从而判定每个产品合格与否的检验。它又称全面检验、100% 检验，其处理对象是每个产品，这是一种沿用已久的检验方法。

一般认为，只有全数检验才能可靠地保证产品的质量，在心理上有一种安全感；而且，通过全数检验可以提供较多的质量情报。因此，若检验费用较低且对产品合格与否比较容易鉴别时，全数检验还是一种适宜的检验方法，特别是随着检测手段的现代化，最近又有向全数检验发展的趋势。全数检验存在以下问题。

（1）大规模生产数量多、速度快、要求高，若采用全数检验，必须增加人员、添置设备、多站设点，显得很不经济。

（2）在有限的人力条件下全数检验工作量很大，势必缩短每个产品的检验时间或减少检验项目，这将降低产品质量的保证程度。

（3）全数检验也存在着错检、漏检的情况。在一次全数检验中，平均只能检出70%的不合格品。检验误差与批量大小、不合格品高低、检验技术水平与责任心强弱等因素有关。

（4）不能应用于破坏性检测等一些试验费用十分昂贵的检验。

2. 抽样检验

抽样检验是从一批产品或一个过程中抽取一部分单位产品，进而判断产品批或过程是否接收的活动。它不是逐个检验批中的所有单位产品，而是按照规定的抽样方案和程序从一批产品中随机抽取部分单位产品组成样本，根据样本测定结果来判定该批产品是否接收。

因为抽样检验不是检验批中的全部产品，因此，相对于全数检验，它具有以下特点。① 检验的单位产品数量少，费用少，时间省，成本低。② 检验对象是一批产品。③ 接收批中可能包含不合格品，不接收批中也可能包含合格品。④ 抽样检验存在两类错判的风险，即存在把合格批误判为不合格批，或把不合格批误判为合格批的可能。但从统计检验的原理可知，这两类错误都可以被控制在一定的概率以下。

抽样检验主要适用于以下场合：① 破坏性检验；② 数量很多，检验工作量很大的产品的检验；③ 检验对象是连续体的检验；④ 检验费用比较高时的检验。

按质量特性值的性质以及供需双方的需要，抽样方案可分为以下两类。① 计数抽样检验。计数抽样检验包括计件抽样检验和计点抽样检验。计件抽样检验是根据被检样本中的不合格品数，推断整批产品是否接收的活动。计点抽样检验是根据被检样本中的产品包含不合格品数的多少，进而推断整批产品是否接收的活动。计数抽样检验具有手续简便、节约费用的优点。② 计量抽样检验。计量抽样检验是通过测量被检样本中产品质量特性的具体数值，并与标准进行比较，来推断整批产品是否接收的活动。计量抽验具有提供的信息较多、判定明确的优点，更适用于对关键质量特性的检验。

对一般的成批成品抽验，通常采用计数抽验方法；而对于那些需做破坏性检验以及检验费用非常高的项目，一般采用计量抽验方法。

13.5.2 抽样检验的基本术语

1. 单位产品

单位产品是实施抽样检验而划分的基本产品单位。有的单位产品是可以自然划分的，如电视机、电冰箱等。而有的单位产品是不可自然划分的，如铁水、布匹等。对不可自然划分的单位产品必须根据具体情况给出单位产品的定义。如1 L自来水、1 m^2玻璃等。

2. 批量

批量是指检验批中单位产品的数量。常用 N 表示。批量的大小，应当因时、因地制宜地确定。体积小、质量稳定的产品，批量宜大些。但是批量不宜过大，否则，一方面不易取得具有代表性的样本；另一方面，这样的批一旦被拒收，经济损失也大。

3. 不合格

不合格是指单位产品的任何一个质量特性不满足规范要求。根据质量特性的重要性或不符合的严重程度分为以下几种。① A 类不合格：被认为应给予最高关注的一种类型的不合格，也可以认为单位产品极重要的质量特性不符合规定，或单位产品的质量特性极不符合规定。② B 类不合格：关注程度稍低于 A 类不合格，或者说单位产品重要的质量特性不符合规定，或单位产品的质量特性严重不符合规定。③ C 类不合格：单位产品的一般质量特性不符合规定，或单位产品的质量特性轻微不符合规定。

4. 不合格品

有一个或一个以上不合格的单位产品称为不合格品。通常分为以下几种。① A 类不合格品：有一个或一个以上 A 类不合格，也可能有 B 类和 C 类不合格的单位产品。② B 类不合格品：有一个或一个以上 B 类不合格，也可能有 C 类不合格，但没有 A 类不合格的单位产品。③ C 类不合格品：有一个或一个以上 C 类不合格，但没有 A 类、B 类不合格的单位产品。

5. 抽样检验方案

为实施抽样检验而确定的一组规则，其中包括对样本大小所作的规定，以及通过对样本的检验结果决定批量是否合格的判定规则。

13.5.3　抽样原理与方案

在抽样检验中，根据从检验批最多可以抽几个样本就必须对该检验批作出接收与否的判断这一标准，可将抽样方案分为一次抽样、二次抽样和多次抽样等类型。根据抽样类型的不同，判定程序有所不同。本节仅介绍一次抽样的理论和方法，读者如果对其他抽样感兴趣，请查阅相关资料。

1. 一次抽样的概念

所谓一次抽样，是指从批中只抽取一个大小为 n 的样本，如果样本的不合格品数 d 不超过某个预先指定的数 c，则判定此批为接收，否则判不接收。其操作原理示意如图 13-6 所示。图中 N 为批量，n 为样本大小，d 为批中的不合格品数，c 为接收数。用符号 $(n\,|\,c)$ 表示这样一个抽样方案。从定义上看，一个 $(n\,|\,c)$ 包含两个规则。① 规定样本的大小。② 判断规则：如果 $d \leq c$，批接收；如果 $d > c$，批不接收。

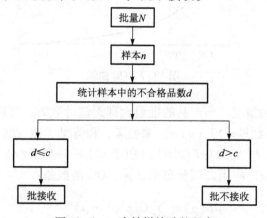

图 13-6　一次抽样检验的程序

一次抽样的优点在于方案的设计、培训与管理比较简单，抽样量是常数，有关批质量的信息能最大限度地被利用。缺点是抽样量比其他类型大；在心理上感觉仅一次抽样就判定结果似欠慎重。

2. 一次抽样方案的特性

（1）批量为有限的情况。设一批产品的批量为 N（N 为有限数），批中不合格品总数为 D_0，则这批产品的不合格率 p 为：

$$p = \frac{D_0}{N} \tag{13-10}$$

按照一次抽样的规则，只要在随机抽取的一个大小为 n 的样本中不合格品数不超过 c，就会接收这批产品。在这个样本中所含不合格品的个数实际上是个随机变量。用 X 代表这样一个随机变量，并且用 d 表示随机变量 X 的任意观测值。根据概率论的超几何分布可知：

$$P(X=d) = \frac{C_D^d C_{N-D}^{n-d}}{C_N^n} \tag{13-11}$$

式中：N——批量的大小；

D——批量中的不合格品数；

n——样本大小；

d——样本中不合格品数。

只要 $0 \leqslant d \leqslant c$，就可以判定这批产品是合格的。这批事件是互不相容的，所以接收这批产品的概率为：

$$P(X=0)+P(X=1)+P(X=2)+\cdots+P(X=c) \tag{13-12}$$

如果用 $L(p)$ 表示当批不合格率为 p 时抽样方案（$n \mid c$）的接收概率，就有：

$$L(p) = \sum_{d=0}^{c} P(X=d) = \sum_{d=0}^{c} \frac{C_D^d C_{N-D}^{n-d}}{C_N^n} = \sum_{d=0}^{c} \frac{C_{NP}^d C_{N(1-p)}^{n-d}}{C_N^n} \tag{13-13}$$

$L(p)$ 规定抽样方案为（$n \mid c$）的检验特性函数，简称 OC 函数。把 $L(p)$ 画在坐标上，就得到了抽样特性曲线，简称 OC 曲线。如图 13-7 所示。

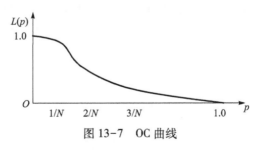

图 13-7　OC 曲线

（2）批量为无限大的情况。当产品的批量大到无法计数时，可以认为它是无限大的。假定已知批不合格率为 P，如果采用（$n \mid c$）来检验，和情况（1）相似，批的接收概率为：

$$P(X=0)+P(X=1)+P(X=2)+\cdots+P(X=c)$$

但这时接收概率 $L(p)$ 应用二项分布来计算，OC 函数是：

$$L(p) = \sum_{d=0}^{c} C_D^d p^d (1-p)^{n-d} \tag{13-14}$$

（3）批量为有限，但（n/N）≤0.1。$N>100$ 时，虽然可以用超几何分布来计算，但是非常复杂，而只要（n/N）≤0.1，就可以用二项概率去近似超几何概率。

$$L(p) \approx \sum_{d=0}^{c} C_{DP}^{d} p^{d} (1-p)^{n-d} \tag{13-15}$$

（4）批量 N 为有限，但（n/N）≤0.1 且 $p \le 0.1$。在这种情况下可以用泊松概率去近似超几何概率。

$$L(p) \approx \sum_{d=0}^{c} \frac{(\mu)^{d}}{d!} e^{-\mu} \qquad \mu = np \tag{13-16}$$

在实际应用中，人们已经列出了超几何概率计算表，对给定的 N，D，n，d，可以从表上查出 $L(p)$ 的概率。

3. 一次抽样方案的制订

1）抽样检验的两种错误

从图 13-8 可见，不可能 100%地接收检验批量（除非 $p=0$），而只能以高概率接收，低概率 α 不接收这批产品，这种由于抽检原因把合格批错判为不合格批而不接收的错判称为第一类错判。这种错判给生产者带来损失，这个不接收的小概率 α 叫作第一类错判率，又称为生产风险率。它反映了把质量较好的批错判为不接收的可能性大小。

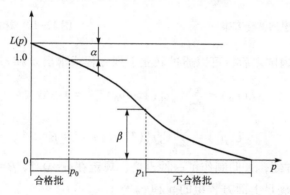

图 13-8　实际需要的 OC 曲线

另外，当采用抽样检验来判断不合格品率很高的劣质批（$p \ge p_1$）时，也不能肯定 100%不接收（除非 $p=1$）这批产品，还有小概率 β 接收的可能。这种由于抽检原因把不合格批错判为接收的错误称为"第二类错误"。这种错判使用户蒙受损失，这个接收的小概率 β 叫作第二类错判率，又称为使用方风险率。它反映了把质量差的批错判为接收的可能性大小。

一个较好的抽检方案应该由生产者和消费者共同协商，对 p_0 和 p_1 进行通盘考虑，使生产者和消费者的利益都受到保护。

2）理想的抽样方案

由生产者和消费者协商确定一个批不合格品率 p_0，当 $p<p_0$ 时，要求百分之百地接收，即 $L(p)=1$；当 $p>p_0$ 时，要求百分之百地拒收，即 $L(p)=0$。这就构成一个理想的抽样方案，如图 13-9 所示。但是，这样的抽样方案实际上是不存在的。因为即使是全数检验，有时也会有错检和漏检。

3）标准型抽样方案

标准型抽样方案就是同时严格控制生产者和消费者风险的一种抽样方案。为了建立这样一个抽样方案，标准的做法是，由生产者和消费者协商确定 p_0 和 p_1，把 p_0 作为批的合格质量标准，把 p_1 作为批的不合格质量标准，并且规定：

当 $p=p_0$ 时，必须以某个指定的高概率 $(p_0，1-\alpha)$，$(p_1，\beta)$ 接收；

当 $p=p_1$ 时，必须以某个指定的低概率 β 接收。

对于 α 和 β 的值，经过长期实践和理论证明，一般取 $\alpha=0.5$，$\beta=0.10$，比较合适。从 OC 曲线来看，一个标准型抽样方案的 OC 曲线必须通过预先规定的两个点 $(p_0，1-\alpha)$，$(p_1，\beta)$，如图 13-10 所示。

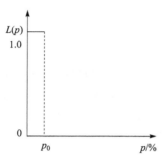

图 13-9　理想的抽样方案

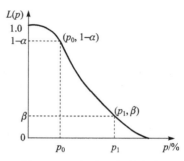

图 13-10　标准型抽样方案

当 p_0，α，p_1，β 确定之后，可以通过联立下列方程式求出 n 和 c。

$$L(p_0) = \sum_{d=0}^{c} C_n^d p_0^d (1-p_0)^{n-d} = 1 - \alpha \tag{13-17}$$

$$L(p_1) = \sum_{d=0}^{c} C_n^d p_1^d (1-p_1)^{n-d} = \beta \tag{13-18}$$

为了实际工作的方便，人们制作了一种表格，规定在 $\alpha=0.5$，$\beta=0.10$ 时，对任意一对 p_0 和 p_1 值，查出近似满足上面方程组的 n 和 c。

13.6　服务业全面质量管理

13.6.1　服务质量的定义

服务质量评估是在服务传递过程中进行的，每一次的顾客接触都是一个使顾客满意或不满意的机会。顾客对服务质量的感知定义为：对接受的服务的感知与服务的期望的比较。当感知超过期望时，服务被认为具有高质量，顾客感到喜悦；当期望与感知一致时，服务质量是满意的；当没有达到期望时，服务被认为是不可接受的，顾客感到生气和不满意。对服务质量的期望受口碑、个人需要和过去经历等因素的影响。

13.6.2　服务质量的特征

服务企业的质量除了具有制造企业的质量特征之外，还具有自身的特征。

（1）质量标准更难建立，对服务质量作出评价也要困难得多，因为大多数服务具有无形产品的特征。

（2）顾客参与到服务质量中才能接受服务，因此提高服务质量不仅是服务业的责任，也包含着顾客的努力。

（3）服务环境对顾客感觉中的服务质量有很大影响，在服务消费过程中，顾客不仅根据服务人员的行为，而且会根据服务环境中的各种有形证据，如服务设施、服务人员的仪容仪表来评估服务质量。

服务业的全面质量管理集中体现在有形产品和无形产品的有机统一，顾客的消费过程和企业生产过程的同步发生，哪个环节出现问题都将影响提供给顾客的服务的质量，服务业的每一位员工都是质量管理员，必须做好关键时刻（服务人员和顾客的每次接触都是服务关键时刻）的质量管理工作和检查工作。全面质量管理更是服务性企业和顾客之间的信息沟通，服务人员必须详细了解顾客的需要和要求，为顾客提供定制化、个性化、多样化的服务，满足每一位顾客的需要。要不断地提高服务质量，服务性企业必须主动征求顾客的意见，了解顾客对服务质量的期望及对服务过程的影响，才能切实提高服务运营系统的服务质量。

本章习题

一、判断题

1. 质量检验阶段是一种事后把关型的质量管理，因此不是一种积极的质量管理方式。（　　）

2. 全面质量管理，以满足客户的要求为目标，对产品生命周期的整个过程实施管理，是一种"全面质量的、全过程的、全员参加、全社会推动的"的质量管理。（　　）

3. 过程能力指数是表示过程能力满足产品技术标准的程度，过程能力指数越大，加工精度就越高。（　　）

4. 在运用 PDCA 循环解决问题的过程中，一般一次 PDCA 循环就能够完成。（　　）

5. 抽样检验是从一批产品或一个过程中抽取一部分单位产品，进而判断产品批或过程是否接收的活动。（　　）

二、选择题

1. 现代质量管理特别强调从满足客户的需求的角度来评价产品或服务的质量，但是客户需求是动态的、广泛的，因而质量具有（　　）的特征。

A. 广义性　　　　　　B. 时效性　　　　　　C. 相对性　　　　　　D. 经济性

2. 质量管理发展经历了（　　）阶段。

A. 质量检验阶段　　　　　　　　　　　B. 统计质量控制阶段

C. 质量改进阶段　　　　　　　　　　　D. 全面质量管理阶段

3. PDCA 循环方法包括（　　）这几个阶段的循环。

A. 计划阶段　　　　　B. 执行阶段　　　　　C. 检查阶段　　　　　D. 处理阶段

4. 抽样检验主要适用如下的场合（　　）。

A. 破坏性检验　　　　　　　　　　　　B. 检验工作量很大的产品的检验

C. 检验对象是连续体的检验　　　　　　D. 检验费用比较高时的检验

 **思考题**

1. 如何正确理解质量的内涵？
2. 简述全面质量管理的特点和基本工作方法。
3. 简述过程能力控制和抽样检验的基本原理。
4. 简述服务业全面质量管理的含义。

案例分析

上汽通用汽车有限公司的全国质量奖

2015 年 10 月 23 日，第十五届全国质量奖获奖名单揭晓，上汽通用汽车公司凭借业内领先的卓越绩效管理和企业综合质量与竞争能力，一举荣获第十五届全国质量奖，并在 6 家获奖企业中以优异的成绩名列首位。本届全国质量奖评委从卓越绩效模式的各个维度全面考核了上汽通用汽车的质量管理体系，并高度评价了其所具有的六大优势，包括良好的战略管理机制和流程，具有特色的企业文化体系，涵盖优化组织结构和创新人才开发培养机制，技术核心能力储备和提升，以及全公司制造系统的精益生产与出色的信息化建设等。上汽通用汽车有限公司所做出的质量管理改进有以下几方面。

以客户为中心，以市场为导向。售后服务及其优秀的经营战略头脑——既增加商品信誉、提升用户信任度，又通过热线反馈，直接了解客户要求，从而设计出更好的产品。它体现了上汽通用高标准要求的售后服务与区域营销，反映出上汽通用"以客户为中心，以市场为导向"的经营理念。

企业质量文化建设。经过多年发展，上汽通用已形成了其独有的、优秀的企业文化，如"三不"原则和"三全"质量文化。"三不"原则指的是"不接受、不制造、不传递缺陷"的质量价值观，"三全"指的是"全员、全时、全程，追求卓越质量"的核心质量文化，再加上"人人都是质量第一责任人"的质量管理理念等思想，构成了上汽通用的优秀企业质量文化。并通过宣讲、培训、建言、激励等方式强化质量理念，让质量文化建设形成了长效机制。

全过程控制。对于上汽通用而言，车辆生产制造环节是质量保证的重点。上汽通用以通用汽车全球制造系统（GMS）为基础，采用全球领先的精益生产制造系统。在生产过程中，生产部门通过自检、100% 全检、过程抽检等多种手段实施全过程控制。全过程控制加强了原材料的进厂检验和厂内自制零部件的工序和成品检验，从而在材料上保证了产品的质量。

柔性化生产与柔性化质量管理。上汽通用的柔性化生产，是指在同一条生产线上同时共线生产多种不同平台、不同车型的车辆，从而实现快速灵活地响应客户订单需求及贯彻精益生产理念。柔性化生产能够提高企业生产效率，具有时间和成本方面的优势。在日益激烈的企业竞争中，能让企业获得更强的竞争力。

与柔性化生产相适应的是柔性化质量管理，柔性化质量管理将管理与技术充分结合，满足了消费者对产品质量的要求，并推动企业持续发展，不断前进。

制造质量。上汽通用贯彻和实施精益制造的工具和体系是全球制造系统 GMS，而制造质量 BIQ 则是用来衡量 GMS 实施水准和制造质量水平的一种精益制造标准。BIQ 是指在制造工序中求质量，将质量引入到工序中的方法，通过这些方法可以检测到缺陷的存在，从而实施对策以防止同样的缺陷再次出现。

制造质量管理的系统化，构成了"制造质量管理系统"，是质量管理中非常关键且实用的一种系统。

本质安全化。生产环境对于产品质量具有一定程度上的影响，因为汽车生产工艺较为复杂，对环境有着更为严格的要求，如组装预测量精密汽车仪器时，需要质量高、中等湿度的空气。除了达到温度、湿度等一般汽车生产环境要求以及规范员工行为外，上汽通用还不断改善作业现场环境、完善设备本质安全化以降低事故发生概率与严重度。本质安全是指操作失误时，设备能自动保证安全；当设备出现故障时，能自动发现并自动消除，确保人身和设备的安全。本质安全化就是使设备达到本质安全而进行的研究、设计、改造和采取各种措施的一种最佳组合。

本质安全化是对生产环境的一种改进，既保证员工人身安全，也确保了设备的安全和企业产品质量的稳定。

资料来源：http://finance.sina.com.cn/roll/2016-05-27/doc-ifxsqxxu4547506.shtml。

【问题】

1. 总结上汽通用全面质量管理的主要特点。
2. 上汽通用全面质量管理的理念能起到什么作用？

第 14 章 硬件维修与软件维护管理

【学习目标】

1. 了解设备购置、维修与管理的基本概念；
2. 认识设备故障的一般规律；
3. 理解设备磨损的基本规律；
4. 了解信息系统维护的基本内容。

【导入案例】 唐山分公司一厂设备部的一线篦冷机液压管路改造

唐山分公司一厂的原篦冷机液压管路使用已到寿命，经常发生液压主管路焊口裂缝漏油现象，去年累计漏油 3.5 吨以上，停窑次数达到 5 次以上，增加较多油耗损失并严重影响窑运转率。唐山分公司一厂利用去年底大修期间，进行一线篦冷机整体管路改造，将主管路改到风室外部，出现问题不用停机条件下可在外面操作修复，同时可避免二次污染；液压缸各支管路增加阀门，可快速有效排查工作异常液压缸；液压管路整体布局重新敷设，减少弯头数量，降低压力损失；泵站出口管路改为高压软管，较少液压冲击引起的振动。为了进一步避免一、二线篦冷机液压油管损坏后造成油箱大量跑油，将一、二线篦冷机油箱液位控制改为模拟量带数显液位计，中控室上位画面添加液位显示，液位曲线与液位报警。原来为液位继电器控制，低位报警与低位停车相差 100 mm，高位报警与停车相差 450 mm。改完后油位显示 809 mm。将高位报警设为 815 mm，低位报警设为 790 mm，低位停车设为 780 mm，延时 5 秒停篦床改造后液位控制更加精确，液压油管漏油后跑油量由原来的 10cm，变为 2cm，每次减少跑油量 300 kg。改造后运转良好，未出现漏油现象，管路整体振动较原先有明显好转。

资料分析：https://wenku.baidu.com/view/76a4f8d16294dd88d0d26bb4.html。

14.1 设备购置与维修管理

14.1.1 设备购置的目的

设备购置是设备管理工作的起点，是指根据生产和服务系统的需要而购买、设计制造和配置设备的活动。在设备购置活动中，首先要确定购置的目的以避免盲目购置给企业带来损失。按目的不同，设备购置分为以下几种。

（1）更新型购置：也称替换购置，即以先进的、高效率、高精度、高性能的新设备替换同类的旧设备。其目的是实现企业的技术进步，提高生产效率和产品质量，降低产品成本。更新型设备购置一般需要筹集较多资金，应慎重选择更新时机，并在设备选择中详细进行技术经济论证，才可能取得更好的经济效益，实现更新购置的目的。

（2）产品开发型购置：是指为了开发新产品或改进老产品而购置设备。其目的是通过设备购置实现企业的产品战略，增强企业的竞争力并在开发产品的过程中实现企业的技术进步。

（3）扩张型购置：是指以扩大同类产品规模为目的的设备购置。扩张型设备购置可以使企业迅速扩大产品产量，使企业在竞争中占有更大的市场份额，获取更高的收益。扩张型购置一般不会使企业获得技术进步。

14.1.2　设备的选择

设备选择应满足生产的实际需要，结合企业生产经营的发展战略进行综合考虑。选择设备的目的是使企业有限的设备投资用在购置生产必需的设备上，以发挥投资的最大经济效益。一般来说，技术上先进、经济上合理、安全节能、满足生产的实际需要是企业选择、制造、引进设备时必须遵守的原则。因此，在设备选择时应该考虑的因素有：① 生产性；② 可靠性；③ 维修性；④ 安全性；⑤ 耐用性；⑥ 节能性；⑦ 环保性；⑧ 成套性；⑨ 适宜性。

14.1.3　设备购置的经济评价

企业在进行设备购置前，除了对设备进行技术分析之外，还必须对设备购置进行经济评价，评价的方法主要有以下几种。

1）投资回收期法

投资回收期是指用设备的盈利收入来偿还该设备支出所需要的时间。投资回收期法从设备的投资费用与设备采用后带来的生产效率提高、能源消耗降低、产品质量提高而产生的效益两个角度来进行分析。其分析公式见式（14-1）。

$$投资回收期 = \frac{设备投资额}{采用新设备后年节约额} \tag{14-1}$$

在其他条件相同的情况下，投资回收期短的设备应优先考虑。

2）设备寿命周期费用换算法

设备寿命周期费用是指企业为设备一生投入的费用，它包括两大部分：一是设备的一次性投资，即设备购买及运输、安装调试费或自制设备的研制、设计和制造费用；二是设备的使用费亦称维持费，即设备在投入运行之后，在使用年限内，为了保证设备的正常运行而定期支付的费用，包括能源消耗费用、维修费用、保险费用及其他相应费用。这是设备运行的一生中需年年支出的费用。考虑到资金的时间价值，在进行设备寿命周期费用分析时，要把不同时间的费用支出换算成同一时间的费用相加来分析，其换算方法有 3 种。

（1）年费法：年费法是把设备寿命周期费用换算成每年的平均费用来进行评价的一种方法。其分析公式见式（14-2）。

$$设备平均年总费用 = （购置费-残值）\times 资本回收系数+残值\times 利息率+每年使用费 \tag{14-2}$$

式中，资本回收系数可用 $\dfrac{i(1+i)^n}{(1+i)^n-1}$ 求得。其中，i 为银行利息率，n 为设备使用年限。

（2）现值法：现值法是把每年支出的使用费换算成现值，再与设备购置费综合起来进行评价的方法，其公式见式（14-3）。

设备寿命周期费用现值=设备购置费+年使用费×年金现值系数−残值×现值系数

$$(14-3)$$

式中，年金现值系数为$\dfrac{(1+i)^n-1}{i(1+i)^n}$，现值系数为$\dfrac{1}{(1+i)^n}$。

（3）终值法：这种方法是将设备购置费和设备运行中每年支出的使用费按复利全部换算成设备寿命终结时的价值进行比较。因为这种方法的计算量较大，而效果又与上述两种方法相同，所以很少用。

14.1.4　设备维修管理

英国标准3811给"维修"下的定义是：各种技术行动与相关的管理行动相配合，其目的是使一个物件保持在或者恢复到能履行它所规定功能的状态。设备维修管理是指依据企业的生产经营目标，通过一系列技术、经济措施，对设备寿命周期内所有设备的物质运动形态和价值运动进行的综合管理工作。一般来说，设备维修管理的内容包括以下几个方面。

（1）建立设备管理平台。包括建立相应的组织机构和信息处理系统，制定相应的规章制度和标准措施等，以形成管理机制，为设备管理其他内容的实施提供条件和依据。这项内容也可称为设备管理的基础工作。

（2）依据企业生产经营目标及生产需要制定设备规划。

（3）组织设备购置中的技术经济评价及设备购置后的安装与调试活动。

（4）精心维护保养、维修和及时检查设备，保证设备正常运行。

（5）适时改造和更新设备。

 **小资料**

苏联的计划预修制

苏联的计划预修制是以保障设备正常运转，减少和避免设备因不正常磨损、老化和腐蚀而造成的损坏，防止设备的意外事故，延长设备使用寿命，充分发挥设备潜力为目的；以设备磨损规律为基本理论；以计划为基本手段；对设备进行定期检查、调整，并按一定的修理周期和修理周期结构对设备进行预防性保养和修理的一种设备管理模式。

14.1.5　设备的维修

设备经过长期运转，性能和精度将会出现不同程度的下降，如果不能及时维修，必将影响产品的生产数量、质量和成本。因此维修工作是设备管理中的重要环节，在生产实践中，由于设备对运营系统的重要程度、自身结构的复杂程度也有区别，因此对不同的设备应采取不同的维修方式，常用的维修方式有以下3种。

（1）标准维修法。标准维修法也称强制维修法，是指根据设备零件的寿命，预先编制具体的维修计划，明确维修日期、类别和内容。设备运转一段时间后，不管其技术状态如何，必须按照计划进行修理。标准维修计划性强，可以使维修前的准备工作有条不紊，从而缩短维修时间。但这种方式容易形成过剩维修，造成维修费用过高。故多用于设备安全运行保障程度要求高，设备结构比较复杂、比较重要的设备维修。

（2）定期维修法。定期维修法是指根据设备的使用寿命、生产类型、工作条件和有关定额资料事先规定各类计划修理的固定顺序、计划修理间隔及其修理工作量。修理内容不作规定，而在修理前根据设备状态来确定。定期维修既有一定的计划性，又有一定的针对性，既有利于做好维修准备，缩短维修时间，又可以减少和避免过剩维修，多用于一般设备的维修。目前我国维修基础比较好的企业，多采用此法。

（3）检查后维修法。检查后维修法是指根据设备零部件的磨损资料，事先只规定设备检查总次数、时间和内容。而每次修理的具体期限、类别和内容均由检查后的结果来决定，这种方式可以充分利用设备的物理寿命，维修费用较低。但检查结果可能因主观判断有误而不准确，从而作出不完全正确的维修决定。同时也难以做好维修前的准备工作，容易延长维修时间。检查后维修一般用于简单、不重要的设备维修。

小资料

美国的生产维修体制

在美国的生产维修体制中，不仅提出了应以生产为中心，视设备在生产中的重要程度而采取不同的维护保养和维修方法，注重设备管理经济性的设备管理思想，更重要的是提出了维修预防的思想，即提倡在设计制造阶段就考虑设备的可靠性和维修性，从设计制造上提高设备素质，从根本上防止故障和事故的发生，从而减少和避免维修。维修预防思想的提出是设备管理在观念上的突破，为以后出现的设备综合管理奠定了一定的思想基础。

14.2　设备磨损、故障与合理使用

14.2.1　设备磨损

设备在使用和闲置过程中都会逐渐降低和失去原有的功能而贬值。这就是设备磨损。设备磨损分有形磨损和无形磨损两种形式。

（1）有形磨损。有形磨损是指设备的物理磨损。设备在运行时因摩擦、振动而使设备技术状态出现劣化的现象，或在闲置中因自然力的风化、锈蚀等作用，或因使用不合理、管理不善和缺乏必要的维护保养而使设备失去精度和工作性能下降的现象。

（2）无形磨损。无形磨损是指由于经济发展或科技进步的原因，使设备的原有价值贬值而造成的磨损。第一类无形磨损是由于设备制造部门工艺和管理水平的提高，使生产某种设备的生产成本降低，产品的市场价格下调，因而造成原有设备的相应贬值。这类磨损不影响设备的功能；第二类无形磨损是由于科技的进步，出现性能更完善、效率更高的新型设备，而使原有设备显得陈旧落后，甚至丧失部分或全部使用价值。这类磨损也称为技术性磨损。

14.2.2　设备磨损规律

设备及其零件从投入使用到磨损报废，根据其磨损程度可形成一条有规律的磨损曲线。如图14-1所示，根据磨损量的大小，设备磨损一般可分为3个阶段。

第Ⅰ阶段为初期磨损阶段，零件的表面宏观几何和微观几何都要发生明显变化，磨损速

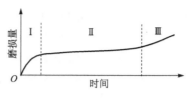

图 14-1　设备有形磨损规律

度很快，曲线呈陡峭状态。但这一阶段对设备来说没有什么危害，是设备进入正常运转的必经阶段，也称为"磨合期"。

第Ⅱ阶段为正常磨损阶段，在这个阶段，零件的磨损基本上随时间均匀增加。在正常情况下，零件磨损非常缓慢。

第Ⅲ阶段为急剧磨损阶段。在这个阶段，设备正常的磨损关系被破坏，接触情况恶化，磨损速度加快，磨损量大大增加，曲线又呈陡峭状态。这一阶段，设备的精度和工作性能急剧降低，如不进行维修，设备将不能正常工作，甚至会出现重大事故，致使设备报废。

依据磨损规律，加强对设备的保养和维护，有计划地适时修理和更换设备及其零部件，就可以避免或减少设备故障。

14.2.3　设备折旧

1. 设备使用费用

设备投入使用后，为了保障其正常工作，企业要不断地投入运行费用、保养维护费用、监测维修费用和技术改造费用等。企业在这些费用投入之前，要从经济角度对各种设备运行方案及各种保养维护、监测维修、改造及更新等方案进行分析评价。因为不同方案的效果与费用是不同的，应选择效果与费用比值较高即经济上更合理的方案，并在方案执行中严格控制费用支出，在方案执行后认真核算，以求得以较低的使用费用来保护设备的有效运行。

2. 设备折旧

设备折旧是指设备在其使用寿命内，按照确定的方法对应计折旧额进行的系统分摊。设备投入使用后，其折旧方法的选择将直接影响企业的成本、利润和纳税，也会影响企业的技术进步。目前，我国企业常用的折旧方法主要有两类：一类是平均折旧法，即将设备的价值平均分摊到设备使用期限内的各期；另一类是加速折旧法，即在设备使用期限的前几期内以较高的折旧率快速折旧，在较短的时间内收回设备投资。这两类方法各有利弊，前者可以使企业的成本费用较稳定，但不利于企业的技术进步；后者有利于企业的技术进步，可以促使企业不断采用新技术，但会提高企业的成本费用，减少企业的收入和纳税。

14.2.4　设备的故障与故障率曲线

1. 设备故障

设备故障是指设备在其寿命期内，由于磨损或操作使用等方面的原因，发生丧失其规定功能的状况。设备故障会严重影响企业的正常生产。因此，研究设备故障及其发生规律，减少或避免故障的发生，是设备管理的一个重要内容。

根据其发生原因的不同，设备故障一般可分为渐发故障和突发故障两类。渐发故障是由于设备功能逐渐老化而引起的故障。这类故障一般有规律可循，往往表现为局部功能的丧失。设备无论是处于运行还是闲置状态，均会出现性能老化。突发故障是因偶然性、意外性的管理不善或操作失误而形成的故障。突发故障的发生往往是随机的，一旦发生，对设备的损坏会很大，可能会使设备完全丧失功能，必须停机修理。突发故障一般无规律可循，应通过提高管理水平来减少或避免。

2. 设备故障率曲线

设备故障的发生有一定的统计规律，其规律也形成一条曲线，通常称为浴盆曲线，如图 14-2 所示。

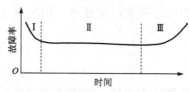

图 14-2　设备老化性故障规律

从图 14-2 中的浴盆曲线可以看出，设备故障的变化分为 3 个阶段。

第 I 阶段为早期故障期。这一阶段设备刚投入使用，由于设计、制造、安装调试中的缺陷，或操作者不适应，往往会出现较多的故障。随着设备的不断调整和操作者熟练性提高，故障率会越来越低。

第 II 阶段为偶发故障期。在这个阶段内，设备已进入正常运转阶段，故障很少，故障率维持较低水平。一般是由于操作失误或维护保养不当而引起突发故障。

第 III 阶段为老化故障期。在这个阶段，构成设备的某些零件已经老化，或进入急剧磨损阶段，因而故障率上升。为了降低故障率，要在零件达到急剧磨损之前，进行预防维修，修复或更换将要损坏的零件。

14.2.5　设备的合理使用

正确、合理使用设备，可以减轻磨损，并使之保持良好的性能和应用精度，从而充分发挥其应有的生产率。合理使用设备必须注意以下几点：

（1）要根据设备的性能、结构和其他技术特征，合理地安排生产任务和工作负荷；

（2）为设备配备具有一定熟练程度的操作者；

（3）要为设备创造良好的工作环境；

（4）要经常对员工进行正确使用和爱护设备的宣传教育；

（5）制定有关设备使用和维修方面的规章制度，建立健全设备使用责任制。

14.3　设备基本维护策略

14.3.1　集中维修与分散维修

集中维修是指把企业所有维修力量集中起来组成专门的设备维修部门，负责整个企业的设备维修工作。集中维修方式的优点是有利于提高维修技术水平，能够集中力量完成复杂、技术难度大的维修任务。其缺点是容易出现生产与维修脱节，不能及时处理出现故障的机器等。分散维修是指由企业的各个部门各自设立维修小组，每一个小组负责本部门的设备维修，其优点是能够把各部门的生产与维修统一起来，维修工作的时间安排比较灵活；缺点是分散了维修力量，难以处理技术难度大的维修任务，另外也容易造成维修人员冗余。

14.3.2　委托维修与自行维修

对于规模较小、设备数量较少的企业，没有必要自己建立一套完整的维修队伍。如果设备需要维修，可以委托其他企业或专业维修公司进行维修保养，这样可以节省不必要的开支。而对于规模较大的企业，如果设备数量足够多，则应建立自己的维修部门，负责本企业的设备维修保养工作。

14.3.3　备用设备问题

在有些情况下，一旦设备出现故障，就有可能造成很大的损失。为缓解这一情况，有时预先准备一些备用设备，一旦生产设备出现故障，马上用备用设备代替，然后修理出了故障的机器，如计算机网络系统的备用服务器等。但是，备用设备会占用大量资金，造成企业成本上升。因此，设备管理的任务之一就是找到一个平衡点。

> ### 小资料

英国和德国的设备维护比较

英国工厂的机器设备与德国的几乎一样，但英国工厂的设备维护很差。因此，与德国工厂的设备相比，英国工厂的设备经常发生故障且持续时间较长，技工的修理技术也相对较差，机器和生产的故障对企业经营和盈利的影响深远。

14.3.4　维修人员的确定

企业应该具有多大的维修规模取决于很多因素。维修人员过多，造成成本上升；维修人员过少，又不能保证生产需要，也会影响企业的经济效益。因此，维修决策的内容之一就是决定维修人员的数量。维修人员的数量与待维护设备的数量和种类有关，也与维修频率及对生产停顿的影响程度有关。这个问题可以借助于排队论加以解决。

将所有设备看成需要维修部门服务的对象，然后把停歇时间和维修造成的成本与维持维修人员的支出相比较，来寻求等待成本和维修人员成本的平衡。

14.3.5　预防性维修与事后修理

是采取预防性维修，还是设备发生故障后再来抢修，这也是一个设备维修的决策问题。采取预防性维修，容易造成设备的过度维修，浪费时间和金钱；采取故障后抢修，容易导致故障机器停歇时间过长，对生产造成的损失太大。管理人员必须作出决策。通常是从成本的角度去平衡，寻求总成本最低的预防维修水平，避免造成过度维修。

14.3.6　更换时机决策

设备更新时机不仅取决于设备自身的磨损，也取决于相关技术的发展，还取决于经济上的考虑。因此，设备更新时机的确定应从这三个因素去分析和评价。

14.4　信息系统维护

在信息系统投入正常运行之后，就开始了生命周期短至 4～5 年、长则达 10 年的系统运行与维护阶段。系统维护的目的是保证信息系统正常而可靠的运行，并能使系统不断得到改善和提高，以充分发挥作用。系统维护的任务就是要有计划、有组织地对系统进行必要的改动，以保证系统中的各个要素随着环境的变化始终处于最新的、正确的工作状态。

14.4.1　企业信息系统的构成

企业在生产和运营过程中使用的软件主要包括：物料资源计划（MRP/MRPⅡ）软件、配送需求计划（DRP）软件，以及在此基础上进一步包括了客户关系管理（CRM）、人力资源管理（HRM）等内容的企业资源计划软件（ERP），运营计划与调度软件（APS），准时制管理系统（JIT）软件，供应链管理软件（APS），运营各环节的模拟仿真软件（Witness）等。所有这些运营管理软件构成了企业运营管理的信息系统。

企业运营信息系统投入运行后，由于系统内外环境的变化，设备和人员等因素的影响，会使系统的正常运行受到干扰。另外，由于企业业务的变化或增长，某些生产设备的更新，工艺流程的变更，新的有关信息处理要求的出现等因素，也会使系统的应用软件暴露出某些问题，而需要修改软件。信息系统维护就是为了排除干扰，改进软件设计，保证系统正常、可靠地运行，并在运行中使系统不断得到改善和提高。

 **小资料**

信息系统维护的重点

信息系统维护的重点是系统应用软件的维护工作，按照软件维护的不同性质划分为纠错性维护、适应性维护、完善性维护和预防性维护 4 种类型。根据对各种维护工作分布情况的统计结果，一般纠错性维护占 21%、适应性维护占 25%、完善性维护达到 50%，而预防性维护及其他类型的维护仅占 4%。可见系统维护工作中，半数以上的工作是完善性维护。

14.4.2　信息系统维护的内容

系统维护面向信息系统中的各种构成因素，按照维护对象的不同，系统维护的内容可分为以下几类。

1. 应用软件维护

应用软件的维护即对程序的维护。由于系统的各种业务流程是先于应用程序发生的，因此当业务流程出现问题或有某些变化时，就必然要修改应用程序，以适应新的变化。所以，应用程序的维护是系统维护中最主要的内容。应用软件系统维护的内容主要包括 4 类：完善性维护、纠错性维护、适应性维护和预防性维护。

2. 数据维护

在系统运行过程中，随着业务流程的变化，对数据的要求也在不断改变，包括删除过时数据，增加新的数据，调整数据结构，备份和恢复数据等。

3. 代码维护

由于信息系统应用范围和应用环境的变化，系统中的各种代码需要进行某些增加、删除、修改的操作，或者设置一些新的代码，这些工作均属代码的维护。

4. 计算机硬件设备的维护

计算机硬件系统是保障信息系统运行的物质基础，因此，必须注意对硬件设备的维护，操作人员要严格遵守操作顺序和规则，维护人员要做好对设备的日常维护与管理，及时进行易损件的更换及一般故障的处理。因此，必须时刻监视系统硬件的工作情况，及时发现系统不正常运行的现象或苗头，以便采取预防措施。平日要做好对计算机设备的定期检修与维护，有关备品配件的准备及补充计算机的日常消耗品。同时，做好系统运行记录。

5. 数据库与代码维护

系统的正常运行有赖于状态良好的数据库提供存取信息的支持。为了防止特殊情况下（如断电、严重的误操作等）对数据库的损害，为了适应业务变化引起的对数据库的某些更改要求，必须加强对数据库的维护。一方面，为防止数据库的丢失、损坏，应定时进行数据库备份，当原数据库系统发生问题时，备份数据库能保障信息系统的正常运行。另一方面，系统运行一段时期后，由于对数据库不断进行增、删、改的操作，可能引起数据库物理结构的破坏，影响对数据库存储空间的利用和降低数据的存取效率。为此，需要进行数据库的重组织操作，按原设计要求重新安排数据记录的存储位置。

6. 系统安全维护

系统安全主要是指硬件设备的安全，也包括应用软件与文档的安全及数据的安全。① 硬件的安全。为保证系统中硬件的安全，应建立并严格执行有关制度，如进入机房的制度，禁止非机房值班人员随意进入机房；设备操作制度，禁止非值班人员操作机器；设备的保养维修制度，应定期、定时检查设备的运行状态，保证有足够的设备备件及备品，及时排除各种故障苗头。② 应用软件及文档的安全。系统的工作是靠应用软件来实现的。故保证应用软件的安全十分重要。信息系统维护过程中必须加强对原版应用软件的管理，以备日后需要时进行复制。而在系统中运行工作的，是复制的应用软件。各种文档资料是保证系统有序工作及进行系统维护与日常运营管理的重要依据。因此，也应建立备份并妥善保管，应建立使用文档资料的制度并严格执行。③ 数据的安全。为防止系统中数据资料的丢失、损坏及防止他人篡改、滥用系统内的数据信息，应利用加密技术及规定进入系统的权限，来保证系统中数据的安全。

14.4.3　信息系统管理制度

为切实保障信息系统的正常运行，制定一套规范的信息系统维护制度是十分必要的工作，相关的制度如下。

1. 系统及子系统操作员操作制度

该制度中规定中心机房的环境条件要求，如温度、湿度、噪声、含尘量、电磁辐射等，并规定数据的检查与备份制度，正常职责范围及事故处理细则等。子系统操作员则负责子系统的管理与操作。该制度规定子系统终端室的工作环境要求、工作职责及事故处理细则等。系统操作员和子系统操作员每天应填写系统运行工作日志。

2. 计算机房管理制度

制度规定上机操作规程、保证机器正常运行的措施、意外故障发生时的处理办法、机房的安全与清洁制度等。

3. 文档资料管理制度

规定文档管理人员的职责；文档的保管、借阅办法；文档资料修改的细则等。

4. 软件维护制度

企业信息系统的实质内容集中体现在它的应用软件上。一套系统的核心就是一套完整的应用软件。因此，对应用软件的维护必须加倍小心，不能轻易改动。当必须修改软件时，应首先提出申请报告，经逐级审批后，指定专人修改；软件改完后，需会同用户进行测试验收；用户验收签字后，软件人员应提交软件修改报告与新版的源程序，由指定的机构和人员接收，存档备案。

本章习题

一、判断题

1. 设备折旧是指设备在其使用寿命内，按照确定的方法对应计折旧额进行的系统分摊。（　　）

2. 设备磨损的含义是设备在使用和闲置过程中都会逐渐降低和失去原有的功能而贬值。（　　）

3. 设备及其零件从投入使用到磨损报废，根据其磨损程度可形成一条有规律的磨损曲线。这条曲线通常称为浴盆曲线。（　　）

4. 分散维修是指把企业所有维修力量集中起来组成专门的设备维修部门，负责整个企业的设备维修工作。（　　）

5. 系统维护的任务就是要有计划、有组织地对系统进行必要的改动，以保证系统中的各个要素随着环境的变化始终处于最新的、正确的工作状态。（　　）

二、选择题

1. 企业在进行设备购置前，除了对设备进行技术分析之外，还必须对设备购置进行经济评价，评价的方法主要有（　　）。

A. 投资回收期法　　　B. 年费法　　　　　　C. 现值法　　　　　　　D. 终值法

2. 下列对设备磨损理解正确的有（　　）。

A. 设备磨损分为有形磨损和无形磨损两大类

B. 设备的有形磨损反映了设备使用价值的降低

C. 无形磨损也会引起设备原始价值的贬值

D. 技术进步使设备的有形磨损加快，无形磨损减缓

3. 下列对设备故障理解正确的有（　　）。

A. 设备故障一般可分为渐发故障和突发故障两类

B. 渐发故障的发生一般有规律可循

C. 突发故障的发生往往是随机的

D. 突发故障应通过提高管理水平来减少或避免

4. 设备维修常用的方法包括（   ）。

A. 标准维修法

B. 软件维护法

C. 定期维修法

D. 检查后维修法

思考题

1. 设备为什么要进行经济评价？

2. 解释有形磨损、无形磨损的含义。

3. 简述设备磨损与设备故障的一般规律。

案例分析

沈阳热电有限公司的设备维修管理

沈阳热电有限公司生产部副主任刘嘉坐在家里的电脑前，整理着这近五个月的工作，明天就要向公司生产副总经理汇报这段时间的工作及下一步的设备维修管理工作计划，尤其是新建机组的检修计划，最近五个月的工作情景在脑海里一帧一帧地出现，历历在目。

在去年夏末的一天，刘嘉得到汇报，1、2、3 号检修空压机空气中带油太多，经过多次处理未见效果，无法投入运行；3 号仪表空压机由于长期故障，主机厂内大修处理，其他设备已拆作备件使用。1、2 号仪表空压机运行期间，运行人员发现 1 号操作界面突然显示不准确，无法控制，造成空气压力无法保证，刘嘉只能命令除渣专业将一台正在检修状态下的空压机恢复运行，勉强维持生产用气。如果发生其他机组异常，将会发生扩大事故的情况。刘嘉还了解到在他上任前的那年年初，还连续发生几次由于锅炉送、引风机轴承温度急剧升高，损坏并造成机组减负荷的事件。

以上这些还是在正规场合提出的问题，已及时发现、处理的。私下里工人还在议论，这几年职工只出不进，没有新鲜血液，年富力强的工人越来越少，而且空压机维护本来不归锅炉专业负责，没有专门的维护人员，既不知道怎么干，也不想知道怎么干，就是应付一下差事，能弄好就弄，弄不好就报告，反正你也考核不了我。锅炉的领导也想把这个工作推出去，干不好，正好证明我们部门没有能力负责这个设备的检修，当初就不想接这个活，这次正好顺势就推出去了。

在经过几次事件之后，刘嘉对设备维修的细化分工、在订货时候性价比如何考虑、公司下一步维修计划的制定，产生了许多的问号，而且公司领导还在会议上提到"新的机组刚刚投产，生产经营压力较大，生产部得想想办法啊！"

资料来源：邓峰. 沈阳热电设备维修管理案例研究［D］. 沈阳：辽宁大学，2012.

【问题】

1. 请分析沈阳热电有限公司的设备维修与管理存在的问题与原因。

2. 假设你是刘嘉，你如何制定合理的设备维修工作计划？

第 15 章
业务流程再造

【学习目标】

1. 了解业务流程再造的内涵和本质特征；
2. 了解业务流程再造的步骤和每个阶段的要点；
3. 理解业务流程再造与全面质量管理的相通之处；
4. 认识业务流程再造的基本原则。

【导入案例】　　　　　海尔的人力变革

2016 年的人本中国高峰论坛上，海尔集团副总裁王筱楠表示，海尔集团已经没有人力资源部门了。我们今天就来看一看，海尔在人力资源管理上有哪些变革。

张瑞敏曾在某次会议上透露，过去海尔集团一年最多招 3 000 人，现在一个都不招，"不是不需要新鲜血液了，而是都从创业平台上去选"，如今世界就是海尔的人力资源部。海尔重构了组织和人之间的关系，海尔已经从制造企业变为平台企业。据统计，2015 年海尔集团一万多名管理人员在"企业平台化，员工创客化，用户个性化"的感召下成为 2 000 多个小微企业的创业者，约有 200 家在工商局注册等级的公司。

海尔实行"人单合一，自负盈亏"，对员工实行充分授权，激发了员工的工作积极性和创造性，为形成员工的主人翁精神提供了系统动力。同时"人单合一，末位淘汰"，实现了员工在自主经营体的互相协作，又使得员工之间相互竞争，这就会让企业效益大大增加，企业更能从中甄选出优秀员工，淘汰掉不适合的员工，从而降低人力资源管理成本。

在海尔，创造性的有了一张表格，就是所谓的"人单酬"表格，海尔内部也称之为温度计。为用户创造的价值在温度计上的位置分成 5 段，最好的叫分享，往下依次是提成，挣工资，亏欠、破产。每个员工根据为用户创造的价值在温度计上的位置来决定自己的收入。"挣工资"是单纯的打工仔，"亏欠"就是浪费了企业的资源。

资料来源：http://www.hrsee.com/? id=533。

15.1　流程再造的本质

管理学家迈克尔·哈默（Michael Hammer）是业务流程再造的先驱。他把流程再造（reengineering）定义为"从根本上对业务流程进行重新思考、重新设计，使当前绩效考核的关键指标得到较大的改进，如成本、质量、服务和速度"。

业务流程再造的核心思想是要打破企业按职能设置部门的管理方式，代之以业务流程为中心，重新设计企业管理过程。

业务流程再造的本质体现在以下几个方面。

（1）流程再造的驱动力：实现企业目标是企业流程再造的驱动力。

（2）流程再造的目标：取得性能与绩效的明显改善。流程再造强调从整体着眼，改造的目的在于提高总体性能。

（3）流程再造的核心：流程再造是并行的，打破了传统工序的观念，从跨越职能部门的角度，从企业整体目标的角度重新审视传统的企业管理过程，跨越不同职能部门的界限，进行管理和业务过程重构。

（4）流程再造的技术支持：由于整合业务会使工作复杂性提高，许多成功的企业就运用信息技术来提高员工的作业与决策能力。

15.2　流程再造的基本原则

流程再造的目的是获得显著的改进，以满足顾客目前对质量、速度、创新、定制及服务等的要求。关于流程再造和整合，哈默提出了7条原则。

原则1：流程再造应着眼于最终结果，而非具体任务。原先由不同的人完成的几种专业化的工作应该合并为一个工作。这个工作可以由一个业务员或一个工作小组来完成。围绕最终结果来组织流程再造可以缩短传递过程，从而加快速度，提高生产力，并对顾客的要求作出快速响应。同时，它也提供了一个可以与顾客全面接触的环境。

原则2：对需要使用流程产出的人员，请他们参与流程再造。换句话说，必须以最有意义的方式来开展工作。这就要求最熟悉流程的人参与流程再造，从而打破了部门内和部门间的传统界限。例如，顾客自己可以做一些简单的维修工作，供应商可以参与零件库存的管理。

原则3：把信息处理工作并入到产生这些信息的实际工作中。这意味着信息收集人员应该同时负责处理信息。这样能大大降低其他工作人员处理信息的需要，通过减少处理过程中与外部联系的次数，来降低信息处理的错误率。

原则4：把地理位置上分散的资源集中化。信息技术现在已经使得分散/集中的混合运营模式变为现实。它可以让许多独立的组织同时处理同一项任务，实现并行工作，同时改善了公司的整体控制。例如，电信网络公司使公司可以与分散的组织以及独立领域的人员保持联系，在实现规模经济的同时，保证其灵活性和对顾客的响应能力。

原则5：将并行活动联结起来，而不只是合成其工作成果。仅仅将并行活动的工作成果进行合成，是重复工作、高额成本及推迟整个流程产出的主要原因。在整个过程中，这些并行活动都应该始终被联结起来并加以协调。

原则6：把决策点放在工作的执行过程中，并对流程实行控制。作出决策成为工作执行过程中的一部分，这也许是因为现在的职员接受过更多教育，掌握了更多技能，另外还有决策支持技术的作用。现在控制也已经成为流程的一部分。它对组织进行垂直方向的压缩，形成了具有快速响应能力的扁平的组织结构。

原则7：获取源头信息。第一时间在公司的在线信息系统上收集和处理信息，这样能避免收到错误信息，以及重新获取信息的高额成本。

▶ **小资料**

MBL 的保单流程再造

　　MBL（mutual benefit life insurance）是全美第 18 大人寿保险公司，它再造了保单受理流程，推倒原有的岗位设置和部门界限，创设了新的职位——"个案经理"（case manager）。如今，保单受理时间从原来最快的 24 小时缩短为 4 小时。

15.3　流程再造的步骤

15.3.1　第一阶段：战略决策

　　这个阶段是项目策划阶段，常被称为流程再造的建立"宏观模型"阶段，变更的必要性及可行性都要经过严格检查。要强调管理层的支持并寻找流程再造的机会，找出需要变革的流程，并确定流程再造的机会。还应找出需要变更的流程并制定变革范围。流程再造具有战略意义，且具有较大的风险，因此高层领导的支持是至关重要的。

　　这一阶段的主要工作有：① 建立企业愿景；② 确保管理层的支持；③ 确认使用信息技术的机会；④ 结合企业战略，选出流程再造的项目。

15.3.2　第二阶段：再造计划

　　再造计划标志着流程再造的正式开始，该阶段任务包括成立再造工作小组，设立再造工程目标、工程策划，通知相关人员以及进行员工动员等。

　　这一阶段的主要工作有：① 成立再造团队；② 制订工作计划；③ 制定再造目标和评估标准。

15.3.3　第三阶段：诊断分析现有流程

　　在组建了业务流程再造的工作小组之后，工作小组就开始对流程再造的项目负责。它们首先要对现有流程进行描述，然后还要进一步对备选流程进行分析和研究。

　　这一阶段的主要工作为：① 记录现有流程；② 进行流程诊断；③ 分析找出存在的问题。

　　一般情况下，流程的病症是阻碍或分离有效工作流程的活动和业务政策，是官僚习气、缺乏沟通以及非增值增加的结果。因此，分析弊病的重点应该放在确认不需要的活动、活动中的瓶颈以及不必要的步骤等方面。为了发现及诊断出这些病症并最终解决问题，应该采取一些新的方法说明现有的流程，说明这些流程的目的主要为：① 确认分离的职能信息系统并整合成为一个单一的全流程系统；② 对文件、提案以及报告的必要性逐个进行审查，并确认所有不需要的文件或活动；③ 确认正式和非正式的导致不增值的政策和规则等。

15.3.4　第四阶段：社会——技术的再造

　　流程的重新设计包括对各种改造方案的选择，要寻找既能实现企业战略，又与人力资源、组织变革相结合的方案，并尽量将岗位和工作流、信息管理和技术等各方面搭配合适，最终完成进行新的社会——技术系统的设计。在这一阶段，需要再造工作小组的成员有突出的创新精神，要打破常规，大胆设计新的流程。

在这一阶段还要充分考虑信息技术和人力资源与流程再造的匹配程度，加强与相关各方的信息交流，帮助员工获得胜任新工作任务（特别是用应用信息技术）的知识和技能。

为了使高层管理者能够全面了解新流程的特征、过程、工作分配、信息技术结构和系统需求等方面的情况，需要模拟整个新流程的过程（包括工作任务、人员和技术），并决定新旧流程过渡的最佳方法。

> **小资料**

通用电气的业务流程再造

1999 年年初，美国通用电气在韦尔奇的领导下，借助互联网发动了一场"摧毁你的业务"的运动，将通用电气的所有业务流程进行了网络化，用韦尔奇自己的话说：电子商务给通用电气内部官僚主义的棺材钉上了最后一颗钉子。通过流程化的扁平式管理组织取代职能化的层级管理组织，通用电气取得了巨大的成功。

15.3.5 第五阶段：流程再造

在完成了流程的设计后，接下来就应该对现有的流程进行重构了。根据专门设定的人力资源结构及所选择的信息技术平台执行新的流程，这一阶段的主要工作如下。① 改善管理。这一步的重点放在向新组织设计方案的平滑过渡、综合改进上，主要任务有：业务单元的重新组织、组织与岗位重构、岗位转换、通过训练和教育程序向留下的员工授权以及改进工作质量等。根据新设计的流程方案，各种职务的角色和描述都可能改变、消失或重新定义，新组织结构以及详细的职务分配必须传达给受到影响的员工，规定他们的新职责，以预期其行为的规范。加强对员工的培训以使其适应新的岗位。② 信息技术的应用。信息专家在流程再造中的主要任务是建立并运行新的信息体制技术，以便支持流程再造工程。首先是建立详细的系统分析指标，这一工作在方案设计时可能已经完成，不过在正式编码、调试、测试新的信息系统之前，一定要详尽地分析并建立信息再造的指标。③ 重新组建。这项工作着重于向新的组织结构过渡，工作包括组织重建、人员裁减、组建团队、工作交替及员工培训等。根据新的流程设计，向有关人员清楚部署他们日后的工作任务和评价标准。这个阶段的巨大变动所造成的人心不稳，可以通过高层领导、再造小组及其他员工之间的不断沟通和交流得以缓解。

15.3.6 第六阶段：不断更新改进

新的业务流程开始执行后，进行监控和评价流程的表现，包括对在战略构想阶段设置新的目标的评价以及新流程的动态监控。同时确认它与公司其他流程管理活动之间的联系是评价阶段的主要任务。

1）评价内容

评价的指标主要从流程表现、信息技术的表现、生产率指数等方面来考虑。再造后的评估是确定再造目标的实现程度，同时还将客户的新要求与再造目标相比较，依此找出进一步的改进方向。由于流程再造与自治小组的结构和多面手员工之间有很强的依赖性，所以为确保流程的完整性、准确性和可操作性，应该对新设计的流程进行详细审查。

2）与质量改进等工作的结合

尽管流程再造的目标与致力于改进质量管理工作的目标有所不同，但是在再造工程的最后阶段——不断完善改进阶段，如果能把志在巨变的流程再造运动与只求逐步改进的全面质量结合起来，将会取得好的结果。因此，有时候，只有对新流程的某些方面不断进行新的调整，才能取得令人满意的成绩。而使用统计过程控制等全面质量管理工具，可以不断地调整某些指令性指标，以便不断增加必要的流程改进。

15.4　流程再造的技术和工具

15.4.1　流程再造的技术

（1）战略决策阶段的代表性技术包括调查协商会议、信息技术、流程分析和流程的先后顺序矩阵等；

（2）再造计划阶段的代表性技术包括质量屋技术、团队组建技术、项目进度表技术等；

（3）诊断阶段的代表性技术包括流程描述技术、鱼骨分析技术等；

（4）重新设计阶段的代表性技术包括创新技术和 IDEF 方法以及流程模拟技术等；

（5）重新构建阶段的代表性技术包括作用力场分析及社会——技术系统设计技术等；

（6）评价阶段的代表性技术有基于活动的成本分析技术和帕累托图表技术等。

15.4.2　流程再造的工具

流程再造工具是指一种套装软件，它能分析企业的工作流程，且能决定改变原有流程对公司整体的影响。此外，流程再造软件也能协助经理人员在限定的时间内完成指定工作。

流程再造工具最初只提供业务流程绘制功能，新近的软件功能大幅度提升；除上述的基本功能之外，还能提供数据分析及方针分析。这些新开发出来的软件，不但能分析出企业运营之利弊与瓶颈，还能协助公司拟定新的流程，提高效率。

流程再造软件工具按照功能可以分为以下几种。① 流程再造规划工具。② 流程分析工具。③ 作业成本分析工具。④ 图像仿真模型化工具。仿真软件可以分为 3 类：流动图仿真工具、系统动态仿真工具和标的仿真工具。⑤ 营运作业工具。⑥ 基准分析工具。

15.5　流程再造与全面质量管理

15.5.1　流程再造与全面质量管理的相同之处

近 20 年来，企业界普遍认为质量是企业成功的关键因素，但是目前企业界却在逐步偏离传统的"质量"概念，许多为 TQM 辩护的学者认为全面质量管理能够令企业达到成功，但是它被许多企业误用了。尽管许多企业运用 TQM 取得了成功，但是在 20 世纪 80 年代末企业界运用 TQM 却出现了很多的失败案例。这种现象为 BPR 的引入提供了绝好的机会。两种相对的运动出现了，BPR 的支持者宣告 TQM 已结束，而 TQM 的支持者预测 BPR 随着短暂的狂热之后必须会失败。最近的许多运用 TQM 和 BPR 的经验表明两种模式是有联系的，理论界已开始讨论两种战略的共同之处。BPR 的奠基人达文波特和哈默强调："TQM 可以用来保持公司流程在转换期间的平稳过渡，而流程的再造仅有 BPR 能够实现。"赖特指出："通过再造可以达到组织功能的剧烈提高，通过对组织已存在流程的开发，TQM 能够达到事半功倍的作用。"从表面上看 TQM 和 BPR 是两种不同的理念，但在内在机制上确有很多相似之处，见表 15-1。

表 15-1　BPR 与 TQM 的相同点

相同点	BPR 与 TQM
质量运动	两者都着眼于公司未来的发展
参与机构	两者都需要员工和高层管理者的参与，但两者强调的重点不同。BPR 需要更多的高层管理者参与，而 TQM 更强调全员的参与
结果的可测量性	两者的结果都是可以测量的
以消费者为核心	两者都以消费者需求为起点，将消费者满意贯穿始终
以流程为中心	两者都以流程为中心，转变组织以职能和部门划分的思维模式
团队工作	两者都认识到团队的重要性，依靠团队工作来达到组织的成功
培训	两者都提倡培训组织内的每个员工，使每个员工掌握新的技术、工具和术语
文化改变	两者都需要重新审视组织文化，改变传统的等级命令和组织控制。虽然两种方式对文化的改变有所不同，但它们都采取跨职能的工作方式

15.5.2　流程再造与全面质量管理的综合运用

目前对 BPR 和 TQM 的综合运用研究大致分为两类。一类为将 BPR 作为 TQM 的一个工具或子集。企业重点实施 TQM，并配合实施 BPR，其理论依据是 TQM 与 BPR 比较风险较小，企业通过重点实施 TQM 更加容易获得成功，支持此种方式的学者建议将 BPR 作为 TQM 实施框架中的一个有价值的工具，BPR 处于从属地位，它不可能代替 TQM，TQM 为 BPR 的实施提供了必要的基础框架。另一类为先实施 BPR 后实施 TQM 战略。企业重点实施 BPR 后，配合实施 TQM 达到企业性能的持续改善，其理论论据是 BPR 能从根本上迅速改变公司绩效，而 TQM 只能在许多年中持续提高产品的性能，BPR 为 TQM 的实施建立一个框架，从这一点看也符合目前企业再造的经验教训，因此这种方法的支持者们建议企业首先采用 BPR，然后采用持续的改进程序对公司进行革新和进化。

▶▶▶ **小资料**

实践表明，企业运用 BPR 与 TQM 集成战略并不能保证必然获得成功，其失败的原因可能是错误地使用了 BPR 和 TQM 的不足之处，它们通常包括：① 缺乏战略考虑，在没有制订公司未来战略计划的前提下开展 TQM 是失败的主要原因，同样在 BPR 中没有基于长期战略目标的前提下，仅考虑中期的"成本和时间"因素也会导致失败；② 缺乏"员工"导向，研究表明，TQM 较 BPR 更注重员工导向，尽管两种方式都考虑了对员工的影响，但问题还是存在，因为 TQM 和 BPR 是以流程为导向的。虽然两种方式都强调员工的潜能，但最近许多大型项目失败的直接原因是员工的抵触、缺乏员工的支持、缺乏员工的激情，很显然是缺乏正确的文化引导，也就是缺乏员工导向。

业务流程再造中的许多概念都是从质量管理中演化而来的，如团队、员工参与和授权，跨职能，流程分析和评估，供应商参与以及基准点等。另外，在企业的职能日益复杂化的时代，质量管理重新强调在组织中必须以"全面的观点"看待问题。质量管理根据不断需要对组织结构进行变革，这样影响了公司的文化和价值。两者之间最根本的区别是，质量管理强调对所控制的流程进行持续不断的改进，而流程再造则是通过流程改革创造出根本性的、非连续性的变化。因此，在有效生命周期结束之前，一个流程可以通过 TQM 进行改善。而一个生命周期结束之后，就需要进行流程再造。随后，改进活动继续进行，新的循环重新开始。迈克尔·哈默指出，这不是一个一劳永逸的过程。当公司在很多方面都面临着环境改变时，就必须开始进行流程再造。

15.5.3　流程再造与全面质量管理的集成模式的正确使用

通过以上分析可以看出，同时或相继实施 TQM 和 BPR 是可行的，在这种方式下需要发挥其优点，减少其不足之处。

集成模型的运用需考虑的主要因素有：质量、员工、消费者满意、业务流程、企业愿景和价值。① 质量。产品或服务的质量是企业成功的关键。② 员工。这是企业最有价值的内部资源，员工发展是企业高盈利能力、高生产力和高性能的关键因素。其他几个因素虽然是成功的至关紧要的组成部分，它们在早期企业实践中取得非常好的效果，但是容易被竞争者效仿，因此仅能提供很少的竞争优势，员工被认为是企业在未来竞争中获得竞争优势的主要源泉。③ 消费者满意。消费者满意是企业竞争定位的主要资源，不能令消费者满意的企业无法在如今高度竞争的市场上生存。④ 业务流程。流程能力的改变可以通过 TQM 进行逐步提高，通过 BPR 快速地、剧烈地提高，利用信息技术和知识管理提高生产力将是未来的趋势。另外，企业必须理解不同业务流程之间的复杂关系和用一体化的观念理解它们之间的协调——协调包括产品发展流程和市场研究、计划和资源分配、策略和执行等。⑤ 企业愿景和价值观。这是组织凝聚力的实质，它包括战略计划、管理能力和卓越的领导层。本模式提议将最新的战略管理技术运用到计划编制、计划执行和评估阶段。强调主要的竞争优势来源于"自我学习"文化，最主要的资源是企业的员工。

流程再造与全面质量管理的集成模式强调 TQM 和 BPR 的相互作用集成。它要求企业正确使用发展盈利能力、生产力和性能的基本因素，即质量、员工、消费者、业务流程、企业愿景和价值观。当企业正确运用以上 5 个因素时，将导致企业高盈利能力、高生产力、高性能。企业提高质量、员工发展、消费者满意、业务流程、企业远景和价值观将导致企业竞争优势和市场份额的增加，从而将导致企业收入的增加和利润的增加。另外，5 个因素的关系也可以导致输出的增加和输入的减少，导致全面的低成本（包括制造和服务成本），这也可以对高利润和增加生产力有所贡献，导致企业的高性能；对于以盈利为目的的组织，结果是高利润，对于以非营利为目的的组织，意味着低成本的优良服务，两者的结果都是使企业性能提高。

本 章 习 题

一、判断题

1. 业务流程再造的核心思想是要打破企业按职能设置部门的管理方式，代之以业务流程为中心，重新设计企业管理过程。（　　）

2. 流程再造的目的是获得显著的改进，以满足顾客目前对质量、速度、创新、定制及服务等要求。（　　）

3. 流程再造是串行的，是跨越不同职能部门的界限，进行管理和业务过程重构。（　　）

4. 同时或相继实施 TQM 和 BPR 是不可行的，因为，在这种方式下并不能发挥它们的优点，减少它们的不足。（　　）

5. 流程再造应着眼于具体任务，而非最终结果。（　　）

二、选择题

1. 业务流程再造的本质体现以下（　　）方面。

A. 实现企业目标是企业流程再造的驱动力　　　B. 取得性能与绩效的明显改善

C. 为顾客创造价值　　　D. 打破了传统工序的观念

2. 流程再造软件工具按照功能可以分为（　　）等。

A. 流程再造规划工具　　　B. 流程分析工具

C. 图像仿真模型化工具　　　D. 作业成本分析工具

3. 流程再造与全面质量管理的相同之处主要包括（　　）等。

A. 着眼于公司未来的发展

B. 结果都是可以测量的

C. 以消费者需求为起点，将消费者满意贯穿始终

D. 认识到团队的重要性，依靠团队工作来达到组织的成功

4. 流程再造的基本原则主要包括（　　）等。

A. 请需要使用流程产出的人员参与流程再造

B. 把信息处理工作并入到产生这些信息的实际工作中

C. 把地理位置上分散的资源集中化

D. 把决策点放在工作的执行过程中，并对流程实行控制

思考题

1. 流程再造的本质特征是什么？

2. 业务流程再造的步骤有哪些？每一阶段的要点是什么？

3. 业务流程再造与全面质量管理的相同之处有哪些？

案例分析

长城电脑的业务流程再造

长城电脑显示器事业部的财务部门应付账款的工作就是接受采购部门送来的采购订单副本、仓库的收货单和供应商的发票，然后将三类票据在一起进行核对，查看其中的 12 项数据是否相符。部门的绝大部分时间被耗费在检查这 12 项数据上。原有的业务处理流程图如图 15-1 所示。

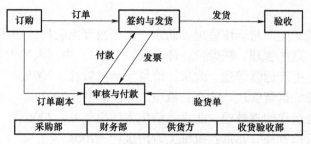

图 15-1　原有的业务处理流程图

原有流程包含三个步骤：① 采购部门向供货商发出订单并将订单的复印件送往财务部门；② 供货商发货，显示器的验收部门收检，并将验收报告送到财务部门；③ 供货商同时将产品的发票送至财务部门。

业务重新设计后，财务部门不再需要按发票审核数据，需要核实的数据项减少为三项：零部件名称、数量和供货商代码，采购部门和仓库分别将采购订单和收货确认信息输入到计算机系统后，由计算机进行电子数据匹配。再造后的公司业务处理流程如图 15-2 所示。

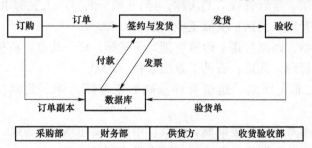

图 15-2　再造后的业务处理流程

新流程中包含两个工作步骤：① 采购部门发出订单，同时将订单内容输入计算机数据库；② 供货商发货，验收部门核查来货是否与数据库中内容相吻合，如吻合就收货，并在终端机用按键通知数据库，计算机会自动按时付款。

资料来源：https://wenku.baidu.com/view/88c135e888eb172ded630b1c59eef8c75ebf954a.html。

【问题】

1. 比较原有业务流程与再造后业务流程的差异在何处？
2. 分析由此改动带来的好处是什么？

参 考 文 献

［1］蔡斯．生产与运作管理：制造与服务．宋国防，译．8 版．北京：机械工业出版社，1999.

［2］陈荣秋，马士华．生产与运作管理．北京：高等教育出版社，1999.

［3］海泽，伦德尔．运作管理．陈荣秋，译．8 版．北京：中国人民大学出版社，2006.

［4］陈心德，吴忠．生产运营管理．北京：清华大学出版社，2005.

［5］靳志宏，关志民．运营管理．北京：机械工业出版社，2007.

［6］齐二石．生产与运作管理教程．北京：清华大学出版社，2006.

［7］张群．生产与运作管理．北京：机械工业出版社，2004.

［8］刘丽文．生产与运作管理．北京：清华大学出版社，1998.

［9］史蒂文森．运营管理．张群，译．北京：机械工业出版社，2005.

［10］程控，革扬．MRP Ⅱ/ERP 原理与应用．2 版．北京：清华大学出版社，2006.

［11］甘华鸣．生产作业．北京：中国国际广播出版社，2002.

［12］杨建华，张群，杨新泉．运营管理．北京：清华大学出版社，2005.

［13］季建华．运营管理．上海：上海人民出版社，2007.

［14］赵树基．生产运营管理．北京：经济日报出版社，2007.

［15］盖泽，富兰泽尔．运营管理．刘庆林，译．9 版．北京：人民邮电出版社，2005.

［16］马风才．运营管理．北京：机械工业出版社，2007.

［17］蔡斯，雅各布斯，阿奎拉诺．运营管理．任建标，译．北京：机械工业出版社，2007.

［18］孔庆善．运作管理．北京：石油工业出版社，2003.

［19］里兹曼，克拉耶夫斯基．运营管理基础．王夏阳，译．北京：中国人民大学出版社，2006.

［20］宝利嘉．最新生产运作精要词典．北京：中国经济出版社，2002.

［21］刘文博．生产与运作管理．北京：清华大学出版社，2012.

［22］邓明荣．供应链管理：战略与实务．北京：机械工业出版社，2012.

［23］邓华，李向波．运营管理．北京：中国铁道出版社，2011.

［24］仝新顺．运营管理．北京：清华大学出版社，2013.

［25］潘春跃，杨晓宇．运营管理．北京：清华大学出版社，2012.